조형진 활자인쇄술 연구 총서

3

中國活字印刷技術史(下)

History of Typography in China (Volume 2)

成造木子

聚珍版擺印書籍固稱簡捷然印數十萬字中揀辦成章其木子大小難以畫一若逐字鐫刻又虛費工費故製造木子之法利用棗木解板厚四分許竪截作方條寬一寸許先架平臺將兩面用線取平以淨厚二分八釐為準然後橫截成木子每個約寬木一塊長一尺四寸寬一寸八分中挖槽寸深三分底牆欲平直外牆以鐵鑲口寸許將木子數十個入排槽內用活閂擠

조형진 활자인쇄술 연구 총서

中國活字印刷技術史(下)

History of Typography in China (Volume 2)

曺 炯 鎭
Cho, Hyung-Jin

成造木子

聚珍版擺印書籍固稱簡捷然只數十萬散字中檢擇成章其木子大小難以畫一若逐字鏇刨又甚繁費工費故製造木子之法利用棗木解板厚四分許豎截作方條寬一寸高先將各條晾乾兩面用鑤取平以准厚二分八釐為準然後橫截成木子每個約寬木一塊長一尺四寸寬一寸八分中挖槽寸深三分底牆欲平直外牆以鐵鑲口方可將木子數十個入排槽內用活閂

〈초 록〉

1. 活字印刷術의 發明 背景과 그 起源

(1) 활자인쇄술의 발명 배경은 선조의 장구한 역사를 통하여 축적된 과학기술 분야의 경험이었다.

(2) 활자인쇄술의 가장 신빙할 수 있는 기원은 宋 시대 慶曆 연간(1041-1048) 畢昇의 膠泥活字인쇄술이다.

(3) 1965年 浙江省 溫州市 白象塔에서 출토된 「佛說觀無量壽佛經」에 대하여, (宋)畢昇 교니활자의 인쇄물인가를 분석하였다.

(4) 1990년 湖北省 英山縣에서 발견된 畢昇의 묘비가 활자인쇄술 발명자 畢昇의 것인가를 검토하였다.

(5) 宋 시대의 활자본으로 알려진 판본들을 고증하여, 그중 5종이 宋 시대의 활자본임을 확인하였다.

(6) 宋・元 시대를 통하여 '활자의 제작・조판・인출'의 기술적 과정에서 발전한 내용을 분석하였다.

(7) 西夏文 활자본 11종을 분석하였고, 그중 西夏 桓宗 연간(1194-1205)에 간행한 「德行集」이 현존 最古의 목활자본임을 밝혔다.

(8) (元)王禎의 인쇄 기술 발전에 대한 공헌을 분석하였고, 元 시대의 활자 3종 및 활자본 3종을 고증하였다.

2. 中國 活字印刷의 通史的 分析

2.1 明 時代 無錫 華·安 兩氏 家門의 活字印刷

(1) 成化(1465-1487)·弘治(1488-1505)·正德 연간(1506-1521)에 江蘇省에서 동활자로 인쇄한 것으로 알려진 九行本 詩集들을 분석한 결과, 신빙성이 부족하여 진일보한 연구가 필요하였다.

(2) 明 시대 초기 활자인쇄의 유행을 주도한 無錫 華씨 가문의 금속활자본 33종을 추적하였다. 아울러 이의 인쇄 기술 수준과 교감 태도 등을 분석하였다.

(3) 安國이 간행한 금속활자본 10종을 추적하였다. 아울러 이의 인쇄 기술 수준, 교감 태도 등을 華 씨의 판본과 비교하였다.

2.2 明 時代 後期의 活字印刷

(1) 130여 종의 활자본(1,000권에 달하는「太平御覽」포함) 분석을 통하여 문화사적 요소와 과학기술적 요소를 고구하였다.

(2) 활자인쇄의 유행 지역은 연근해 지역의 도시뿐만 아니라 내륙 지역까지도 광범위하게 유행하였다.

(3) 활자의 재료는 銅·木·鉛·朱錫 등을 다양하게 사용하였다.

(4) 활자본의 내용은 經學·역사·철학·문학·과학기술·예술·족보 등을 광범위하게 포함하고 있다.

(5) 인쇄 기술의 발달 수준은 우수한 경우와 미숙한 판본이 동시에 나타나는 과도기 현상을 보인다. 특히 금속활자 인출용 油煙墨을 조제하지 못하여 금속활자본의 품질에 큰 영향을 미쳤다.

(6) 교감의 태도는 간혹 우수한 경우가 있기는 하나, 대체로 엄격하지 못하였다.
(7) 현존 활자본 외에 인쇄 기술 연구에 절대적인 문헌 기록이나 인쇄용 실물이 전혀 남아 있지 않아서 간접 자료를 이용할 수밖에 없었다.

2.3 淸 時代 前期의 活字印刷

(1) 활자인쇄의 주체는 중앙정부를 비롯하여 書肆・書院 및 개인에게까지도 파급되었다.
(2) 활자본의 내용은 經學・史部・子部를 비롯하여 문학 작품・類書・천문・수학・음악・정부의 官報까지를 포함하고 있다. 그중에는 10,040권에 달하는 「古今圖書集成」도 포함하고 있다.
(3) 동활자의 유행 지역은 北京・江蘇・臺灣의 3개 省에까지 퍼져나갔다. 활자인쇄 기술 수준도 明 시대보다 발전하여 서품도 훨씬 우수하였다.
(4) 목활자는 활자인쇄의 주된 방법으로, 그 유행 지역은 6개 省에까지 광범위하게 성행하였다. 유행 시기는 주로 乾隆 연간(1736-1795) 「武英殿聚珍版叢書」의 간행 이후였다.
(5) 磁活字로 서적을 간행하여 (宋)畢昇의 교니활자를 계승하기도 하였으니, 泰山 徐志定 眞合齋의 磁版이 그것이다.
(6) 활자인쇄의 기술은 기본적으로 畢昇의 방법을 이용하였다. 그러나 활자의 재료・활자의 제작 기술・조판 기술・묵즙 조제 기술은 장족의 발전을 이룩하였다.
(7) 교감의 태도는 明 활자본보다 신중하여, 여러 방법으로 오류를 정정함으로써 오늘날의 귀감이 될 만하였다.

(8) 內府의 동활자본인 「古今圖書集成」의 고명한 인쇄 기술 수준으로 미루어, 정부의 지원이 활자인쇄 기술의 발전에 지대한 공헌을 한다는 사실도 알 수 있었다.

2.4 淸 時代 後期의 活字印刷

(1) 활자의 재료는 銅·朱錫·鉛·泥 및 木質을 사용하였다. 동활자는 4개 省에서 유행하였다. 활자 조각술은 明 시대의 활자본보다 정교하였다.

(2) 목활자는 14개 省에서 광범위하게 유행하였다. 목활자본 간행 기관은 궁궐·각 지방의 衙門·서원·官書局·祠堂·서사·개인 등이다. 목활자본의 수량은 약 2,000종 정도이다. 그 내용은 經學·小學·史部·子部·시문집·문학 작품·類書·叢書·工具書·족보 등을 포함하고 있다. 목활자의 용도는 서적 인쇄 외에 저당·매매·대여·선물 등으로 사용하기도 하였다. 목활자가 가장 유행한 이유는 ① 저렴한 經濟性, ② 용이한 製作性, ③ 목판인쇄 기술의 轉用性을 들 수 있다.

(3) 李瑤와 翟金生이 泥활자로 서적 인쇄에 성공함으로써 畢昇의 膠泥활자 인쇄가 가능하다는 사실을 증명하였다. 목활자의 인쇄 기술도 畢昇의 膠泥활자의 기술 원리를 바탕으로 발전하였다. 동활자의 인쇄 기술도 꾸준한 발전을 이루었다. 교감 작업도 교감을 중시하는 淸 시대 학자의 전통을 계승하였다.

(4) 부분적으로 소홀히 한 단점도 있었다. 거질의 서적에는 묵색이 고르지 못한 곳이 매양 있었다. 영리를 목적으로 인쇄한 서적이나 족보는 품질이 떨어졌다. 발행 시간에 쫓기는 「京報」는 字行이 삐뚤삐뚤하며 묵색 농담이 고르지 못하고 오자도 있었다.

(5) 활자인쇄 기술은 宋 시대 이래로 900년 동안 사용되어왔으나, 목판인쇄만큼 보편화되지 못하였다. 기술적으로는 활자인쇄와 목판인쇄 모두 시종 수공업적 방법을 사용하였고, 19세기에 이르러 서양의 기계식 鉛활자 인쇄술로 대체되고 말았다. 이처럼 현대적 기계화에 실패한 원인은 ① 완만한 需要性, ② 문자의 語彙性, ③ 낙후된 技術性, ④ 판본의 審美性, ⑤ 묵즙의 着墨性, ⑥ 정치적 출판 통제와 사회적 인식 등을 들 수 있다.

3. 韓·中 兩國 活字印刷의 技術 過程

(1) 泥활자의 제작을 위하여 朝鮮은 구멍을 뚫은 목판을 사용하였고, (淸)翟金生은 도토 주형이나 구리 주형을 사용하여 주조하였다.

(2) 중국 武英殿 聚珍版의 목활자는 방정한 육면체 木子를 만든 후, 문자를 조각하였다. 조선의 금속활자는 蜜蠟鑄造法·鑄物砂鑄造法·單面陶板鑄造法을 이용하였다. 중국의 금속활자는 조각과 주조의 방법을 이용하였다.

(3) 조판 과정에서 조선은 문선을 한 후 조판하였다. (元) 王禎은 인판 틀을 만든 후 문선을 하였으며, 武英殿 聚珍版은 문자를 베껴 쓴 후 문선을 하였다.

(4) 인출 과정에서 한국은 油煙墨을 많이 사용하였으며, 고체 상태로 보존하였다. 중국은 줄곧 송연묵을 사용하면서, 반액체 상태로 저장하였다. 武英殿 聚珍版은 광곽을 인출한 후, 투인 방식으로 문자를 인출하였다.

(5) 인쇄 과정상의 전반적인 기술 수준은 한·중 양국이 대동소이하였다.

4. 韓·中 兩國 活字印刷의 技術 交流

(1) 한·중 양국의 인쇄 관련 업무를 주관하는 인물이 사신으로 수차례 양국을 왕래하기도 하였다. 혹자는 明 시대 금속활자로 서적을 간행한 華씨 문중에 조선에 사신 갔던 인물이 있었음으로써 華 씨의 금속활자는 조선에서 배워왔을 가능성이 있을 것으로 고증하였다. 淸 시대 武英殿 聚珍版을 주관한 金簡이 조선의 후손이라는 점으로 미루어 그 활자인쇄는 간접적으로 조선의 영향을 받았을 것이다.

(2) 한국은 중국의 서적을 수입하여 활자 제작의 자본으로 삼기도 하였다. 한국본 漢籍은 중국으로 역전파되어 중국 본토의 失傳된 서적을 보충하기도 하였다.

(3) 조선이 터득한 활자인쇄의 원리는 문헌을 통하여 畢昇의 교니활자 인쇄술로부터 계시를 받았다. 조선의 금속활자 주조 방법은 중국의 鑄印術과 鑄錢術을 응용하였다. 중국의 목활자를 수입한 사실도 있었다. 그러나 조선의 활자인쇄 기술 수준은 世宗朝(1418-1450)에 이미 최고조에 도달하였다. 따라서 明 시대의 금속활자 인쇄 기술은 이로부터 간접 영향을 받았을 수 있다.

(4) 明 시대의 초기 금속활자본과 조선의 동활자본을 비교하면 정교도에 차이가 있음을 알 수 있다. 따라서 明 시대의 금속활자는 조선에서 직접 건너갔을 가능성은 크지 않다. 다만 조선 동활자 인쇄 기술의 영향을 받았을 가능성은 존재할 수 있다.

요어: 畢昇, 王禎, 金簡, 교니활자, 목활자, 금속활자, 磁활자, 유연묵, 송연묵, 활자의 제작, 조판 과정, 인출 과정, 활자인쇄의 기술 교류, 「佛說觀無量壽佛經」, 「德行集」, 「古今圖書集成」, 武英殿 聚珍版.

〈ABSTRACT〉

1. Background and Origins of Typography Invention

(1) The background of the typography invention was the experience of ancestors accumulated over the long history in the field of scientific technology.

(2) The most plausible origin of typography is the clay-type typography of Sheng Bi during the *Qingli* years (1041-1048) of Song Dynasty.

(3) *Foshuo guanwuliangshou fojing* (Buddhist Sermonic Eternal Life Sutra) excavated from Baixiang-pagoda, Wenzhou City, Zhejiang Province in 1965 was analyzed to validate if it was a print of the clay type of Sheng Bi in Song Dynasty.

(4) It was examined whether the tombstone of Sheng Bi, discovered in Yingshan County, Hubei Province in 1990, belonged to Sheng Bi, the inventor of typography.

(5) After historically examining editions known as Song Dynasty type edition, it was confirmed that 5 of them are Song Dynasty type edition.

(6) The development of typography was analyzed by investing the technical process of type making, typesetting, and brushing throughout Song and Yuan dynasties.

(7) Eleven types of Xixian type edition were analyzed, of which

Dexing ji published in the reign of Xixian Huanzong (1194-1205) was found to be the oldest extant wooden type edition.

(8) The contribution to the development of printing technology by Zhen Wang of Yuan Dynasty was analyzed, and three types and three type editions in Yuan Dynasty were historically investigated.

2. Transhistorical Analysis of Chinese Typography

2.1 Typography of the Two Families of Wuxi Hua and An in Ming Dynasty

(1) As a result of analyzing the nine line edition collection of poems, known to have been printed with bronze type in Jiangsu Province during the years of *Chenghua* (1465-1487), *Hongzhi* (1488-1505), and *Zhengde* (1506-1521), further research is needed due to lack of credibility.

(2) Thirty-three metal type editions of the Wuxi Hua family, who led the trend of typography in the early Ming Dynasty, were traced. In addition, the level of typography technology and proofreading attitude were analyzed.

(3) Ten metal type editions printed by Guo An were traced. In addition, their printing technology level and proofreading attitude were compared with those of Hwa family.

2.2 Typography of the Late Ming Dynasty

(1) Through the analysis of 130 type editions (including 1,000 volumes of *Taiping yulan*), the cultural historical elements as well as the scientific technology elements were historically investigated.
(2) Type printing was widely popular not only in coastal cities but also inland areas.
(3) Various types of materials were used for type, such as bronze, wood, lead, and tin.
(4) The contents of type edition include a wide range of Chinese classics, history, philosophy, literature, scientific technology, art, genealogy, etc.
(5) The level of typological development shows a transitional stage in which both sophisticated and crude cases appeared at the same time. In particular, the quality of metal type edition was greatly affected by the inability to prepare Chinese oil ink for metal type brushing.
(6) The proofreading attitude was sometimes thorough, but in general it was not strict.
(7) Other than the existing type editions, there were no written records or actual materials used for printing deterministic in the study of typographical technology, so indirect materials had to be used.

2.3 Typography of the Early Qing Dynasty

(1) The agent of type printing spread to the central government as well as to book stores, private academies, and individuals.

(2) The contents of type editions include not only Chinese classics, field of history, and field of philosophy, but also literary works, encyclopedia, astronomy, mathematics, music, and the official gazette. Among them, *Gujin tushu jicheng* (Compilation of Books in Past and Present) of 10,040 volumes is also included.

(3) The prevalence of bronze type spread to three provinces: Beijing, Jiangsu, and Taiwan. The level of typography was also more developed than that of Ming Dynasty, and the book quality was much better as the consequence.

(4) Wooden type was the main method for type printing, and its prevalence was widespread in six provinces. The period of popularity was mainly after the printing of 「Wuyingdian Juzhenban Series」 in the reign of *Qianlong* (1736-1795).

(5) Books were printed with ceramic type and succeeded to the clay type of Sheng Bi in Song Dynasty, such as the ceramic edition of Zhenhezhai bookstore owned by Zhi-Ding Xu in Taishan.

(6) The technique of typography basically used the method of Sheng Bi. However, the material of type, type making technology, typesetting technology, and Chinese ink making technology had made great progress.

(7) The attitude of proofreading was more prudent than that of Ming

Dynasty, and it deserves to be a model today by correcting errors in various ways.

(8) Judging from the high level of printing technology of *Gujin tushu jicheng* (Compilation of Books in Past and Present), that is, the bronze type edition by the administration of procurement, it can be inferred that the government's support greatly contributes to the development of printing technology.

2.4 Typography of the Late Qing Dynasty

(1) Various materials for type were used, such as bronze, tin, lead, clay, and wood. Bronze type was widely spread in 4 provinces. The carving technique of type was refined compared to that of Ming Dynasty.

(2) Wooden type was widely popular in 14 provinces. The institutions that printed wooden type editions included palaces, provincial governments, private academies, government-commissioned publishing institutions, shrines, bookstores, and individuals. The number of wooden type editions amounted to 2,000. The contents included Chinese classics, pedagogy of children, field of history, field of philosophy, collection of poems and proses, literary works, encyclopedia, series, toolbooks and genealogy. In addition to printing books, the use of wooden type was for mortgage, trade, lend, or donation as gifts. The reasons why wooden type became the most popular are ① cheap economic cost, ② easy production,

and ③ applicability of woodblock printing technology.

(3) Yao Li and Jin-Shen Zhai succeeded in printing books with clay type, proving that it was possible to print with the clay type of Sheng Bi. The printing technology of wooden type was also developed based on the technical principle of the clay type of Sheng Bi. The printing technology of bronze type also made steady progress. The proofreading work also inherited the tradition of scholars in Qing Dynasty who valued proofreading.

(4) There were also shortcomings. In voluminous books, there were places where the Chinese ink color was uneven. Books printed for profit and genealogies were of poor quality. The official gazette, which was pressed for publication time, had crooked line of letters, uneven ink-color shading and typos.

(5) Type printing has been used for nearly 900 years since Song Dynasty, but it was not as popular as woodblock printing. Technically, both type printing and woodblock printing used hand-crafted method, and were replaced by Western mechanical plumbum type printing in the 19th century. Reasons for the failure of modern mechanization include ① slow demand, ② quantity of characters, ③ outdated technology, ④ aesthetics of edition, ⑤ adhesiveness of Chinese Ink, and ⑥ political control of publication and social perception.

3. The Process of Typography in Korea and China

(1) Wooden plate with a hole was used in the process of making clay type in Joseon Dynasty, whereas clay mould or bronze mould was used for casting by Jin-Sheng Zhai of Qing Dynasty.

(2) A balanced hexahedral form of wood was prepared for carving characters in the wooden types of Wuyingdian Juzhenban in China. Metal types were created by using the methods of lost-wax casting, green-sand casting and single-face casting in Joseon Dynasty. Metal types were created by using carving and casting methods in China.

(3) In the process of typesetting, types were first selected before a printing plate was set up in Joseon Dynasty. On the other hand, Zhen Wang of Yuan Dynasty first set up a printing plate before type selection, and each character was copied prior to type selection in Wuyingdian Juzhenban.

(4) Oil carbon ink was frequently used for type brushing and was kept in solid form in Korea. However, Chinese ink was made from water carbon ink and kept in semi-fluid form in China. Wuyingdian Juzhenban was brushed with background lines first and characters next on each page.

(5) The overall process of technology in the printing was largely the same in both Korea and China.

4. Exchange of Typography between Korea and China

(1) Persons in charge of printing-related business in both Korea and China occasionally visited the two countries as an envoy. Considering the fact that one of the members in Hwa family who printed books using metal type during Ming Dynasty was dispatched to Joseon as an envoy, it has been suggested in a historial context that the metal type of Hwa family was learned in Joseon. Considering that Jian Jin who suggested and supervised printing wooden type of Wuyingdian Juzhenban during Qing Dynasty was a descendant of Joseon, it can be assumed that Jian Jin's typography was indirectly influenced by Joseon.

(2) Korea also imported Chinese books and used them as a manuscript for type production. Chinese books published in Korea were also exported back to China to supplement the books that were lost in mainland China.

(3) Joseon gained clues about the basic principles of typography from Sheng Bi's clay type typography through the literature. The metal type casting method of Joseon applied China's seal casting technology and coin casting technology. There were also instances in which Joseon imported Chinese wooden types. However, the level of typography in Joseon already reached its peak during the reign of King Sejong (1418-1450). Therefore, the typography of metal type during Ming Dynasty may have been indirectly influenced by Joseon.

(4) Comparison of the early metal type edition of Ming Dynasty with the bronze type edition of Joseon Dynasty shows a difference in the degree of sophistication. It is unlikely that the metal type of Ming Dynasty came directly from Joseon. However, there is a possibility that it was influenced by the bronze type typography of Joseon.

Key words: Sheng Bi, Zhen Wang, Jian Jin, clay type, wooden type, metal type, ceramic type, Chinese oil ink, Chinese water ink, type making, typesetting, brushing, exchange of typography, *Foshuo guanwuliangshou fojing* (Buddhist Sermonic Eternal Life Sutra), *Dexing ji, Gujin tushu jicheng* (Compilation of Books in Past and Present), Wuyingdian Juzhenban.

〈提 要〉

依據文獻記錄, 中國古人在十一世紀中葉已發明膠泥活字印刷術, 比西方在十五世紀中期才出現的古騰堡(Johannes Gutenberg, 1400?-1468)活字印刷術, 早了約四百年. 當代學者普遍同意, 中國是活字印刷術的源頭, 探討中國活字印刷技術的進程與演變, 自有其重要意義, 而這正是本書撰述的宗旨. 本書除了參酌原始文獻與歷來學者研究成果之外, 更藉由檢視存世活字印刷品的相關紀錄, 評估其可靠性, 並就其涉及的相關技術進行討論. 全書正文共分爲七章, 以下分述各章節之重點.

1. 活字印刷術之發明背景及其起源

(1) 活字印刷術之發明, 是前人依據需求經過長久累積而得的有關科學技術領域之經驗.

(2) 活字印刷術之起源, 目前可知且可信的最早紀錄爲宋代慶曆年間(1041-1048)畢昇的膠泥活字印刷術.

(3) 針對1965年在浙江省溫州市白象塔出土之≪佛說觀無量壽佛經≫, 就其是否爲畢昇膠泥活字印刷品進行分析.

(4) 探討1990年湖北省英山縣發現的畢昇墓碑, 是否爲活字印刷術發明人畢昇的墓.

(5) 考證世傳所謂宋代活字刊本數種, 確認其中五種爲宋代活字本.

(6) 針對宋・元兩代在「活字製作・排版・刷印」的技術內容與實作過程進行析論.

(7) 分析11種西夏文活字本, 並驗證西夏桓宗年間(1194-1205)所印≪德行集≫爲現存最早木活字本.

(8) 闡述元代王禎在活字印刷技術發展上的貢獻, 並考證元代可知的三種活字及三部活字本.

2. 中國活字印刷之通史式的分析

2.1 明代無錫華・安兩家之活字印刷

(1) 據傳成化(1465-1487)・弘治(1488-1505)・正德年間(1506-1521)在江蘇省曾以銅活字刊印九行本詩集, 經著者考證, 此說似不可信, 存疑待考.

(2) 針對引領明代早期活字印刷發展之無錫華家刊印的三十三種金屬活字本進行追踪, 並分析其印刷技術水平與校勘態度等.

(3) 就安國刊印的十種金屬活字本進行查訪. 並與華家活字本比較, 分析其印刷技術水平與校勘態度等.

2.2 明代後期之活字印刷

(1) 針對一百三十餘種明代活字本(其中包括一千卷的≪太平御覽≫)進行檢視分析, 考究其中涉及之文化史要素與科學技術要素.

(2) 分析明代活字印刷之流行地區, 包括沿海地區之都市, 以及部分內陸地區.

(3) 析論明代活字所用材料, 包括銅・木・鉛・錫等多種.

(4) 活字本圖書的主題內容廣泛, 包括經學・歷史・哲學・文學・科學技術・藝術・家譜等.

(5) 此時期印刷技術之發展水平，是優秀的與未成熟的板本同時並存之過渡現象，是技術研究改良的中間歷程. 其中最明顯的，是尚未能調製金屬活字適用的油煙墨，影響到金屬活字本的書品，相對較差.

(6) 校勘態度雖間有認眞確實的，不過大體不嚴謹.

(7) 文獻與實體證據不足，除現存活字本外，並無研究印刷技術所絶對必要的文獻記錄和印刷所用實物，只能倚賴間接資料，這是現階段在研究上的限制.

2.3 淸代前期之活字印刷

(1) 從事活字印刷之單位，自中央政府普及到書肆・書院及私人.

(2) 活字本主題內容更廣泛，包括經學・史部・子部・文學作品・類書・天文・數學・音樂・政府官報等. 其中卷數最多的，就是將近一萬零四十卷的銅活字本≪古今圖書集成≫.

(3) 銅活字之流行地區擴展到北京・江蘇・臺灣三個省. 印刷技術水平較明代進步，書品提升較前代優良.

(4) 木活字是淸代活字印刷的主要方法，其流行地區擴展到六個省. 木活字流行時期，大抵在乾隆年間(1736-1795)印刷≪武英殿聚珍版叢書≫以後.

(5) 木活字之外，亦有人繼承(宋)畢昇之膠泥活字，改以磁活字印書，如泰山徐志定眞合齋磁版.

(6) 活字印刷技術，基本上是延續畢昇之法. 但在活字材料・活字製作技術・排版技術・墨汁調製技術等，則有長足進展.

(7) 淸人刊印圖書的校勘態度優於明人，能運用多種方法來訂正錯誤，可做今日校書之借鑑.

(8) 由內府銅活字本≪古今圖書集成≫之印刷技術水平之高明, 可推知清代中央政府支持活字印刷, 對其技術發展貢獻不小.

2.4 清代後期之活字印刷

(1) 此期所用活字材料, 包括銅・錫・鉛・泥及木等多種. 其中銅活字流行至四個省. 活字刻製技術較明代更爲精緻.

(2) 木活字已廣泛流行至十四個省. 從事木活字印書的單位有宮廷・各地方官衙・書院・官書局・祠堂・書肆・私人等. 木活字本之數量達約二千種. 其內容包括經學・小學・史部・子部・詩文集・文學作品・類書・叢書・工具書・家譜等. 木活字之用途, 除用於書籍印刷外, 亦可供典當・買賣・出借・作爲禮物等. 木活字在各種活字中最爲流行之理由, 包括: ①經濟性低廉, ②製作容易, ③可轉用雕板印刷技術等.

(3) 李瑤・翟金生等人以泥活字成功印刷書籍, 證明畢昇膠泥活字印刷之可行, 木活字印刷技術也是根據畢昇膠泥活字之技術原理來發展. 銅活字印刷技術, 至此亦繼續發展. 校勘工作承繼清代學者重視校勘的傳統, 態度謹嚴.

(4) 晚期漸有疏漏短處. 巨帙書籍常有墨色不勻現象. 以營利爲目的所印書籍或家譜, 其書品更差. 而趕時間卽時發行的「京報」, 則文字行列不整齊, 墨色濃淡不勻, 亦有錯字.

(5) 活字印刷技術之應用, 自宋代迄清末, 綿亙約九百年, 但不及雕板印刷普及. 而中國之雕版與活字印刷均採手工作業方式, 到了十九世紀, 西方機械式鉛活字印刷術傳入後, 便爲機械式技術取代, 其失敗機械化之原因可歸納爲: ①需要性趨緩, ②語彙性文字, ③技術性落後，④板本審美性不美觀，⑤墨汁着墨性不勻，⑥政治管制印書與社會認識等.

3. 韓・中兩國活字印刷之技術過程

(1) 製作泥活字的技術，朝鮮曾用挖孔之木板，(淸)翟金生採泥土鑄型或銅鑄型來鑄造.

(2) 中國武英殿聚珍版木活字，是先作木子(方形之木六面體)，再於其上刻文字. 朝鮮金屬活字曾用過撥蠟法・鑄砂法・單面陶板鑄法；中國金屬活字則採用刻法與鑄法.

(3) 在排版過程方面，朝鮮是先抽取所需活字再行排版，(元)王禎是先作印框再抽取活字，武英殿聚珍版則先鈔字再抽活字.

(4) 在刷印過程方面，韓國多用油煙墨，以固體狀態保存；中國偏好松煙墨，以半液體狀態貯藏. 武英殿聚珍版先將版框印就，再以套板方式刷印文字.

(5) 印刷過程上全般的技術水平，韓・中兩國大同小異.

4. 韓・中兩國活字印刷之技術交流

(1) 韓・中兩國主持印刷關聯工作之人物，各曾以使臣身分多次來往兩國，而明代採用金屬活字印書的無錫華家，有族人奉派出使朝鮮，有人考證華家的金屬活字可能是學自朝鮮. 另據傳主持淸代武英殿聚珍版之金簡爲朝鮮的後裔，可推知其採用活字印刷的作法間接受朝鮮的影響.

(2) 韓國由中國輸入漢籍以之做爲製作活字之底本，而韓國印本漢籍傳播到中國, 補充中國本土佚失的書籍.

(3) 朝鮮對活字印刷原理之熟悉, 是由文獻所載畢昇膠泥活字印刷術受到啓發. 朝鮮金屬活字之鑄造法, 或許也受到中國的鑄印術與鑄錢術的啟示, 而朝鮮曾由中國輸入木活字. 但朝鮮之活字印刷技術水平, 到了世宗朝(1418-1450)已到達最高境界. 明代之金屬活字印刷技術可能間接受此影響.

(4) 比較明代早期金屬活字本與朝鮮銅活字本, 二者之精緻度有差別, 可見明代的金屬活字直接自朝鮮傳入之可能性不大. 不過受朝鮮銅活字印刷技術影響之可能性應該存在.

關鍵詞: 畢昇, 王禎, 金簡, 膠泥活字, 木活字, 金屬活字, 磁活字, 油煙墨, 松煙墨, 活字製作, 排版過程, 印出過程, 活字印刷技術交流, ≪佛說觀無量壽佛經≫, ≪德行集≫, ≪古今圖書集成≫, 武英殿聚珍版.

목차(하권)

사진・書影・표 목차(하권)

VIII

韓·中 兩國 活字印刷의 技術 過程

Ⅷ. 韓·中 兩國 活字印刷의 技術 過程*

The Process of Typography in Korea and China

◁ 目 次 ▷

〈抄 錄〉

(1) 泥活字의 제작 과정에서 朝鮮은 구멍을 뚫은 목판을 사용하였고, 淸 시대의 翟金生은 교니 주형이나 구리 주형을 사용하여 주조하였다.

(2) 중국 武英殿 聚珍版의 목활자는 木子를 만든 후 문자를 조각하였다. 조선의 금속활자는 蜜蠟鑄造法·鑄物砂鑄造法 및 單面陶板鑄造法을 이용하였고, 중국의 금속활자는 조각과 주조의 방법을 이용하였다.

(3) 조판 과정에서 조선은 문선을 한 후 조판하였다. (元)王禎은 인판 틀을 만든 후 문선을 하였으며, 武英殿 聚珍版은 문자 수 대로 같은 문자끼리 베껴 쓴 후 문선을 하였다.

(4) 인출 과정에서 한국은 油煙墨을 많이 사용하였으며, 고체 상태로 보관하였다. 중국은 묵즙을 유연으로 조제한 것이 아니며, 반액체 상태로 저장하였다. 武英殿 聚珍版은 투인 방식으로 인출하였다.

(5) 기타 인쇄 과정상의 구체적인 기술은 다소 차이가 있지만, 전체적으로 목활자의 제작 방법·금속활자의 주조 과정·조판 과정·교정과 인출 및 해판 등은 대동소이하였다.

요어: 활자인쇄, 활자 제작, **組版**, 인출

* 曺炯鎭, "韓中兩國 活字印刷의 技術的 過程", 「書誌學硏究」 제17집(1999. 6), 237-262.

<ABSTRACT>

(1) Wooden plate with a hole was used in the process of making clay type in Joseon Dynasty, whereas clay mould or bronze mould was used for casting by Jin-Sheng Zhai of Qing Dynasty.

(2) A hexahedral form of wood was prepared for carving characters in the wooden types of Wuyingdian Juzhenban in China. Metal types were created by using the methods of lost-wax casting, green-sand casting and single-face casting in Joseon Dynasty, whereas metal types were created by using carving and casting methods in China.

(3) In the process of typesetting, types were first selected before a printing plate was set up in Joseon Dynasty. On the other hand, Zhen Wang of Yuan dynasty first set up a printing plate before type selection, and each character was copied and classified into the same characters prior to type selection in Wuyingdian Juzhenban.

(4) Chinese oil carbon ink was frequently used for type brushing and was kept in solid form in Korea. However, Chinese ink was not made from oil carbon in China, and it was kept in semi-fluid form. Wuyingdian Juzhenban was brushed with background lines first and characters next on each page.

(5) Although there were some differences in the specific techniques for printing between the two countries, the methods of making wooden types, the casting process of metal types, the typesetting process, correction, brushing, and disassembly were similar overall.

key words: typography, type production, typesetting, type brushing

1. 小 緖

서지학 영역에서 정신 문명적 주제의 연구는 실험을 필요로 하지 않는다. 교수학과 목록학 영역의 연구가 대부분 이에 속한다. 그러나 물질 문명적 주제의 연구는 문헌을 통하여 아무리 잘 연구하였다 할지라도, 그 결론을 연구자 스스로도 장담하지 못한다. 문헌 연구의 결론은 실험으로 증명되어야 비로소 그 결론이 옳았는지를 판단할 수 있기 때문이다. 판본학 영역의 연구가 대부분 이에 속한다.

오늘날 한국 서지학 영역의 여러 문제들이 문화사적인 관점에서 문헌적인 연구 방법으로 이루어져 왔다. 이는 지금까지의 연구를 집대성한다거나 연구 수준을 가름하기 위해서는 유용한 방법이다. 그러나 구체적인 문제, 특히 과학 기술적인 요소를 해결하기 위해서는 문화사적인 방법만으로는 결정적인 단서를 제공하기 어렵다. 더욱이 과거 봉건 사회 시대에는 국가가 다르다고 할지라도 사회 구조나 생활 방식이 비슷하여 인식의 차이도 크지 않았다. 그러나 오늘날에는 국가의 관념이 강조되면서 문헌을 해석하는 연구자의 환경과 의식의 차이로 인하여 과거의 동일한 문제를 달리 해석하는 경우가 적지 않다.

이러한 문화사적 문헌연구법의 주관성을 보완하기 위해서는 문헌 연구의 결과를 객관적으로 검증할 수 있는 과학 기술적인 실험분석법의 응용이 필요하다. 이는 과학 기술적 방법이 갖는 정확성과 객관성으로 인하여 결정적인 단서를 제공할 수 있으며, 상대방으로부터도 쉽게 인정받을 수 있기 때문이다.

고서는 대부분이 간행 연도를 표기하지 않아서 반드시 감별해야 하므로, 고서 정리 작업에 있어서 장애가 되고 있다. 특히 활자본의 경우 활자의 제작과 간행 연도 외에도 여러 종류의 활자를 혼용하여 인쇄하였을 경우, 그 고증 문제는 간단하지 않다. 이러한 판본의 감별과 간행 연도의 고증을 위하여 서적을 생산하는 과학 기술적 과정을 연구하는 것은 대단히 필요하고 의의 있는 일이다.

지금까지 활자인쇄에 관한 연구는 대부분이 문화사적인 관점에서 이루어져 왔고, 과학 기술적 연구는 그의 중요성에 비하여 많지 않은 실정이다. 특히 한국과 중국의 활자인쇄 과정에 대하여는 부분적으로 막연하게 이해하고 있는 수준으로, 세부적 과정이 어떻게 이루어졌는가를 알지 못하는 문제를 가지고 있다.

본 장에서는 이러한 문제점을 해결하기 위하여 과학 기술적 관점에서 그 생산과정을 구체적이고 실제적으로 분석하고자 한다. 이로써 막연하게 머릿속에서만 연상하던 기술적 과정을 직접 실행하여 실물을 재현할 수 있도록 하고자 한다. 이를 위하여 우선 활자인쇄의 4요소 중 3가지인 ① 활자의 제작, ② 조판, ③ 인판의 인출 등 세 부분으로 나누고, 각 부분에서 다시 한국과 중국으로 나누어 각각 논술하고자 한다.

2. 活字의 製作 過程

활자인쇄의 첫 번째 단계는 활자를 제작하는 일이다. 활자의 제작 방법은 활자의 재료에 따라서 그 방법도 다를 수밖에 없다. 활자의 재료는 크게 陶土(膠泥)·木材·金屬 등 세 종류로 구분할 수 있다. 이에 그의 제작 과정을 차례로 살펴보고자 한다.

2.1 韓國

2.1.1 陶活字

한국에서 도토를 사용하여 활자를 제작한 문헌 기록은 黃州兵使 李載恒의 陶活字가 있다. 「東國厚生新錄」의 土鑄조에

> 土鑄는 陶土를 사용하는데 정제되어 곱고 부드러운 것을 느릅나무(楡木) 즙 같은 물과 혼합하여 정교하게 반죽한다. 충분히 이겼으면 이보다 먼저 목판을 취하여 줄을 맞춰서 구멍을 뚫되 철환 주판처럼 한다. 뒤집으면 陶土는 모두 이탈하여 주사위처럼 모양이 나온다. 나열하여 하루 정도 두면 곧 건조된다. 洪武正韻體로 한지에 써서 그 위에 뒤집어 붙이고 문자를 조각한 다음 白蠟을 두껍게 칠하여 이를 불에서 구우면 하나하나 정교하게 완성된다(土鑄用陶土, 精細縝潤者, 和水如楡木汁之類, 和合精搗, 旣熟, 先此取木板, 列鑿孔穴, 如鐵丸籌板, 背則土皆脫去, 出形如雙陸骰子, 置列日中, 旣乾, 以洪武正韻體, 書於唐紙, 覆於其上, 以隔刻之, 厚塗白蠟, 灸(炙)之火中, 介介精好.).[1]

라고 하고 있다. 이상의 내용에서 도활자의 제작 과정을 추론하면 다음과 같다.

(1) 먼저 곱고 부드러운 도토를 선별하여 (2) 느릅나무즙과 같은 물로 혼합하여 충분히 반죽한다. (3) 이와 별도로 목판을 취하여 구멍을 줄 맞춰서 뚫는데 주판처럼 만든다. (4) 반죽한 도토를 목판의 구멍에 가득 채워 넣은 다음 (5) 목판을 거꾸로 뒤집어서 도토 덩어리를 빠지게 하면 그 모양이 주사위와 같다. (6) 도토 덩어리를 하루 정도 나열하여 두면 곧 건조된다. (7) 자본을 써서 그 위에 뒤집어

---

1) 1. 辛敦復, 「東國厚生新錄」, 單卷, (金然昌 所藏)筆寫本, 鑄字, 土鑄조.
2. 金然昌, "東國厚生新錄의 鑄字製造法", 「考古美術」 第4卷 第7號(1963. 7), 19-20.

붙이고, (8) 양각 반체자로 조각한 연후에, (9) 백랍을 두껍게 칠하여 가마에 넣고 구워서 견고하게 한다. 이때 가마의 온도는 약 1,200～1,300℃까지 달할 수 있다. (10) 끝으로 약간씩 손질하여 수정을 가하면 곧 도활자가 완성된다.

2.1.2 木活字

목활자를 제작하는 과정은 다음과 같다.

(1) 목재를 선별한다. 목질은 문자를 조각하기에 편리한 無髓木이나 木理가 없는 목재라야 비교적 좋다.[2] 일반적으로는 黃楊木・노린재나무(灰木)・박달나무(檀木)・팥배나무(梨棠)・사당나무(桫木)・산벚나무(山櫻) 등을 많이 사용한다.[3] 19세기 민간에서는 은행나무・황양목・모과나무(榲桲樹)・감나무(柿木)・사당나무・배나무(梨木)・대추나무(棗木) 등을 많이 썼는데, 대추나무와 황양목은 비록 문자를 조각하기에는 편리하지만, 목질이 매우 단단하기 때문에 着墨시키기 어려운 문제가 있다.[4] (2) 목재를 잘 선택하였으면 판목이나 각재로 재단한다. (3) 소금물에 여러 시간 삶거나 연못에 한 달 남짓 담가서 수액을 제거한다. 이는 목재가 건조할 때 변형되는 것을 방지하기 위함이다.[5] 그러나 활자는 조그마한 입방체이기 때문에 목재가 변형될 가능성이 매우 작으므로 어느 때에는 삶거나 연못에 담그는 과정을 거치지 않고 직접 이미 건조된 목재를 사용하여

---

2) 柳鐸一, "韓國木活字印刷術에 對하여", 「民族文化論叢」 第4輯(1983. 12), 112.

3) 李圭景, 「五洲衍文長箋散稿」(서울: 東國文化社, 1959), 권24, 鑄字印書辨證說, 木刻字.

4) 柳鐸一, "嶺南地方現存木活字와 그 印刷用具", 「奎章閣」 第3輯(1979. 12), 47.

5) 1. 徐有榘, 「林園十六志」, 권105, 怡雲志 권7, 圖書藏訪(下), 鋟印, 鏤板法.
   2. 柳鐸一(1983), 112-113.

문자를 조각하기도 한다. (4) 수액을 다 제거할 정도가 되었으면 꺼내어 응달에서 건조시킨 다음, (5) 바로 대패질하여 낱낱의 木子를 만들거나, 또는 각재・판목으로도 가능하다. (6) 목재 가공 작업과는 별도로 서사가를 청하여 자본을 쓴다. 자본은 서사가에게 직접 쓰게 하거나 이미 간행된 인본을 사용하여 자본으로 삼기도 한다. 만약에 보각하는 활자일 경우는 자본을 쓸 필요 없이 직접 판면에 反體字로 써서 조각하기도 한다. (7) 자본을 목재에 뒤집어 붙이고 조각하여 문자의 필획을 만든다. 목자나 각재는 木床(각인대)을 이용하여 고정시킨 후 문자를 조각하고, 판목일 경우는 목판을 조각하는 것과 같이한다. 이때 편리하게 조각도 하고 재단도 하기 위하여 미리 반쯤 재단한 후 문자를 조각하기도 한다. (8) 문자를 다 조각하였으면 가는 톱으로 재단하여 낱낱의 활자로 만든다. (9) 매 활자마다 작은 칼로 수정을 마치면 곧 활자가 완성된다. 만약에 조립식 인판으로 조판한다면 활자의 크기와 높이가 모두 균일하여야 하며, 부착식 인판이라면 활자의 문자면의 크기만 균일해도 가능하다. 이러한 활자는 보통 각공 1인이 하루에 1,000자 정도 조각할 수 있다.[6] 목활자를 제작하는 또 다른 방법은 문자를 이미 조각한 책판을 한 자씩 톱으로 잘라내어 만들기도 하는데[7] 흔하지 않은 경우다.

---

6) 1. 柳鐸一(1979), 39, 47.
   2. 柳鐸一(1983), 113-114.

7) 柳鐸一(1983), 114.

2.1.3 金屬活字

2.1.3.1 蜜蠟鑄造法(lost-wax casting)

고려 시대 말기의 寺鑄本인 「白雲和尙抄錄佛祖直指心體要節」은 비록 동일한 문자라 할지라도 자양이 같지 않은데 그의 주된 원인은 금속활자의 주조 방법이 다른 때문으로 밝혀졌다. 사찰에서 불상이나 범종 등 청동기 상의 銘文을 주조하는 蜜蠟鑄造法에서 유추한 금속활자의 주조 방법[8]은 다음과 같다.

(1) 잘 정제한 밀랍을 미리 정한 크기에 맞게 육면체로 만든다. (2) 윗면에 문자를 조각하여 字模를 만든다. (3) 불순물을 걸러내고 정제한 황토 89%, 종이 섬유 1%, 숯가루(활성탄) 10%를 고르게 혼합한 주형 재료에 문자를 조각한 밀랍 자모군을 묻는다. 이때 차후 주형을 소성할 때 녹은 밀랍 자모들이 흘러나올 수 있도록 통로를 만들어 둔다. (4) 완전히 건조된 주형을 불에 구워서 주형 속의 밀랍 자모들을 녹여내면서 주형을 소성한다. 이때 밀랍으로 만든 자모들은 녹아 없어지므로 다시 사용할 수 없게 된다. 만약 밀랍을 재사용하기 위하여 회수 장치를 설치할 경우, 회수율은 약 60% 정도이다. (5) 소성한 주형의 밀랍 자모들이 녹아 나온 통로에 금속을 녹여서 부어 넣으면, 주형 안의 밀랍 자모들이 있던 자리에 각각 흘러 들어가 드디어는 자모들과 같은 모양의 금속활자군이 형성된다. (6) 주

---

8) 1. 曺炯鎭, 「「白雲和尙抄錄佛祖直指心體要節」 復原 硏究: 高麗時代 蜜蠟鑄造法 金屬活字印刷術」(파주: 한국학술정보(주), 2019).
2. 吳國鎭, 「「直指」活字 復元 報告書」(청주: 淸州古印刷博物館, 1996), 39-44. 고 오국진은 여기에서 밀랍주조법의 자세한 과정을 사진으로 설명하고 있으나, 이는 저자의 추적에 의하여 진공법을 속인 것으로 판명되었다.

형을 깨뜨려서 금속활자군을 꺼내어 하나씩 잘라내고, 너덜이를 줄로 갈아서 수정하면 곧 금속활자가 완성된다.

이 방법은 밀랍 자모도 녹아 없어지고 주형도 깨지므로 하나의 밀랍 자모와 주형은 한 번밖에 사용할 수 없다. 그러므로 비록 동일한 문자일지라도 다시 밀랍 자모와 주형을 만들어야 비로소 금속활자를 또 주조해 낼 수 있다. 이러한 방법은 금속활자를 주조하기에는 그다지 효율적이지 못하여 널리 이용되지 못하였다.

2.1.3.2 鑄物砂鑄造法(sand-mould casting)

개량된 방법으로 鑄物砂鑄造法(sand-mould casting, green-sand casting)이 이용되었다. 朝鮮 成俔의 「慵齋叢話」에

> 대체로 금속활자를 주조하는 방법은 먼저 황양목을 가지고 모든 문자를 새겨서, 바다의 연한 진흙(일명 해감모래)을 인판(주형)에 평평히 깔고, 목각자모를 그 가운데에 인착하면, 인착한 곳이 오목하게 파여 주형이 된다. 이에 두 인판(주형)을 합해 놓고, 구리를 용해하여 한 구멍으로 부어 넣으면, 쇳물이 오목한 곳으로 흘러 들어가 하나하나 활자가 이루어지니, 드디어 너덜이진 부분을 깎아서 다듬는다(大抵鑄字之法, 先用黃楊木刻諸字, 以海浦軟泥平鋪印板, 印着木刻字於泥中, 則所印處凹而成字, 於是合兩印板, 鎔銅, 從一穴瀉下, 流液分入凹處, 一一成字, 遂刻剔重複而整之.).[9]

라고 기록되어 있다. 이 밖에 기타의 문헌 기록을 종합하여 자세히 서술하면 다음과 같다.[10]

---

9) 成俔, 「慵齋叢話」, 권7, 活字조.

10) 1. 曺炯鎭, "韓國 初期金屬活字의 鑄造·組版·印出技術에 대한 實驗的 硏究", 박사학위 논문, 중앙대학교 대학원, 1995.

(1) 우선 서사가를 청하여 미리 정한 활자의 크기와 서체로 자본을 쓴다. 만약 기존의 판본을 자본으로 삼을 경우는 필요한 문자를 선별하기만 하면 된다. (2) 나무에 모든 字模를 조각하고 문자의 크기와 높이 등이 균일하도록 동체의 육면을 수정한다. 이 자모는 주형 제작에 사용하는 것이기 때문에 각각의 문자마다 한 개만 있으면 된다. 그러나 이 방법을 사용하던 초기에는 문자에 따라 여러 개의 자모를 사용하기도 하였다. 대체로 많이 출현하는 문자는 복수의 자모를 사용하였다. (3) 밀랍을 녹여서 각각의 자모에 도포함으로써 주형을 제작할 때 주물사가 자모에 엉겨 붙는 것을 방지하여 자모를 쉽게 뽑아낼 수 있도록 한다. (4) 다음에는 주형을 제작한다. 우선 주물사를 주형틀에 평평히 깔고 다진 후, 하나의 주형에서 주조할 수량만큼의 자모들을 주조면에 인착하면 찍힌 곳이 오목하게 들어가서 字跡들이 남게 된다. 또는 하나의 주형에서 주조할 수량만큼의 자모를 문자면이 위를 향하도록 작업판 위에 배열하고 주형틀 한 쪽(음틀)을 씌운다. 주물사를 그 안에 채워 넣고 달구대로 충분히 다진 다음 뒤집는다. 이때 음틀 주형의 주조면인 윗면에 보이는 것은 자모들의 배면이다. (5) 금속 용액을 주형에 주입해 넣을 통로를 만들기 위하여 미리 준비한 나뭇가지 모양의 가지쇠틀을 자모들 사이에 걸쳐서 얹어 놓는다. (6) 다시금 나머지 한쪽의 주형틀(양틀)을 씌우고 주물사를 채워 넣은 다음 달구대로 충분히 다진다. 잘 다졌으면 음양의 주형을 분리한다. 이때 음양 주형의 주조면에 보이는 것은 자모들의 배면과 가지쇠틀이다. (7) 자모들과 가지쇠틀을 주조면에

2. 曺炯鎭, 「「慵齋叢話」 "活字"條 實驗 研究: 朝鮮時代 鑄物砂法 金屬活字印刷術」(파주: 한국학술정보(주), 2020).

서 일일이 신중하게 뽑아내면, 음틀의 주조면에 형성된 자모들의 자적과 양틀의 주조면에 형성된 가지쇠틀의 흔적이 연결된다. (8) 다시 음양의 주형을 합하여 잘 고정시킨 후, 금속 용액을 주입구를 통하여 부어 넣으면, 주형 안의 자모들을 뽑아낸 자리에 각각 흘러 들어가 드디어는 자모들과 같은 모양의 금속활자군이 만들어진다. (9) 응고한 후 금속활자군을 주형에서 꺼내어 하나씩 잘라내고, 너덜이를 줄로 갈아서 수정하면 곧 금속활자가 완성된다.

이 주조 과정 중에서 주의해야 할 요소는 4가지가 있다.

첫째, 주물사의 입자가 곱고 균일해야 하며 또한 적당한 염분과 수분을 함유하고 있어야 한다. 금속활자 상의 필획은 1mm도 안 되는 세밀한 부분이 매우 많다. 그러므로 주물사의 입자는 입자 직경 0.05mm 이하가 90% 이상을 차지하여야 한다.[11] 만약에 주물사의 입자가 고르지 못하거나, 이 비율에 미치지 못하거나, 주물사에 염분이 필요 이상으로 더 많이 함유되어 있다면, 주조 과정 중에서 금속 용액의 가스 압력과 밀착도 상에 차이가 생길 수밖에 없다. 그 결과 금속 용액을 주입할 때 어긋나는 현상이 쉽게 발생하여 주조해낸 금속활자의 문자면 상의 필획이 삐뚤어지고 바르지 못하게 된다.[12]

주형 제작에 사용되는 재료는 다음의 5가지 조건[13]을 갖추어야 한다.

1) 금속 용액의 고열에 견딜 수 있어야 한다.

2) 주물 표면을 손상하지 않도록 입자 간의 응집력이 커야 한다.

3) 금속 용액을 주입할 때 발생하는 가스를 흡수할 수 있도록 미

---

11) 曺炯鎭(2020), 60-63.

12) 손보기, 「한국의 고활자」(서울: 보진재, 1982), 60.

13) Karlbeck, O. "*Anyang Moulds*", Bulletin of the Museum of Far Eastern Antiquities Vol. 7(Stokholm, 1935), 42.

세한 구멍이 많이 있어야 한다.

4) 주물의 표면이 매끄럽게 나올 수 있도록 입자가 아주 고와야 한다.

5) 주형이 부서지지 않도록 금속 용액이 응고할 때의 수축률이 낮아야 한다.

해감모래는 마침 이러한 조건을 모두 갖추었다.

둘째, 주형틀 안에서 주물사를 충분히 그리고 균일하게 잘 다져야 한다. 이렇게 해야 만이 주형 안에 인착된 자모들의 자적이 깨지지 않는다.

셋째, 주형에서 자모들을 뽑아낼 때 대단히 조심하여야 한다. 만약 부주의하면 주형 상의 자적이 쉽게 깨진 결과, 금속활자군에 너덜이가 많이 형성되어 이를 수정할 노동력을 많이 필요로 한다.

넷째, 금속을 충분히 끓여서 합금 성분이 잘 혼합되어야 금속활자 문자면의 필획이 끊어지거나 어긋나는 현상을 방지할 수 있다. 이 방법은 금속활자 실물 상의 여러 특징에서도 증거를 찾을 수 있다.[14] 이 방법으로 필요한 수량만큼의 금속활자를 주조할 수 있고 또 동일한 자모를 반복하여 사용하기 때문에 동일한 문자의 자양은 완전히 일치한다. 이렇게 주조해 낸 금속활자는 서적을 인쇄할 수 있고 또한 주조를 위한 자모로 사용할 수도 있다. 이 방법은 조선 시대 500여 년의 전체를 통하여 계속 이용되었다.

---

14) 1. 卡特 저, 古德瑞 수정, 胡志偉 역주, 「中國印刷術的發明及其西傳」(臺北: 臺灣商務印書館, 1980), 199.
2. 加特 저, 向達 역, "高麗之活字印刷術", 「圖書館學季刊」 第2卷 第2期(1928. 3), 254.

2.1.3.3 單面陶板鑄造法(single face casting)

18세기에 이르러 금속활자를 주조하기 위한 또 다른 방법이 발명되었으니 곧 單面陶板鑄造法이다. 「東國厚生新錄」의 鐵鑄조에

> 陶土를 취하여 정밀하고 세밀하게 이를 이겨서, 목판에 채워 까는데, 목판의 네 가장자리는 모두 광곽이 있다. 고르고 평평하게 채워 깔았으면, 햇볕에 이를 쬐어 반쯤 건조되기를 기다린다. 얇은 종이를 취하여 해서체로 쓰는데, 크기는 임의로 한다. 밀랍을 녹여서 칠하고, 陶板에 뒤집어 붙여서, 각수에게 음각하도록 한다. 다 끝나면 쇳물을 녹여서 국자로 도판 위에 붓되, 평평하게 깔리도록 주의한다. 식어서 응고되기를 기다렸다가, 도판에서 털어내면 이것이 곧 鐵鑄字다. 활자마다 오려내어, 쇠솔로 갈아내면 낱낱이 정결해진다(取陶土, 精細治之, 塡鋪木板上, 而板四邊皆有匡郭, 塡鋪旣均平, 曝之日中, 待其半乾, 取薄紙楷楷書, 大小隨意, 用蠟塗之, 覆着板上, 令刻手爲陰刻, 旣訖, 始用鐵取汁, 用杓灌之板上, 務令平鋪, 候冷凝合, 脫下板上, 則是爲鐵鑄字, 每字剪出, 用鐵刷字(子)磨治, 箇箇整潔.).[15]

라고 하고 있다. 이에서 그의 구체적인 과정을 추론하면 다음과 같다. (1) 먼저 도토를 취하여 잘 반죽하여 이겨서 네 가장자리에 광곽이 있는 목판에 채워 넣고 깔아서 평평하게 하여 도판을 만든다. (2) 도판이 반 정도 건조되기를 기다린다. (3) 이와는 별도로 미리 정한 크기에 따라 자본을 써서 밀납을 녹여서 칠하여 도판에 바르게 붙인다. (4) 각수로 하여금 陰刻正體字로 조각하게 하여 다 완성하면, (5) 금속용액을 취하여 국자로 도판 위에 붓되 주의하여 평평하게 깔리도록 한다. (6) 응고한 후에 이를 꺼내어 쇠솔로 갈아서 수정하면 곧

15) 辛敦復, 「東國厚生新錄」(金然昌 所藏), 單卷, 筆寫本, 鑄字, 鐵鑄조.

陽刻反體字의 금속활자가 완성된다.

이러한 방법은 일찍이 金慶禧가 英祖 40(1764)年에 사용한 적이 있고[16] 또 최근의 실험에서도 가능함이 증명되었다.[17]

2.2 中國

2.2.1 泥活字

중국이 교니를 사용하여 활자를 제작한 사실에 관한 문헌 기록은 宋 시대 畢昇의 膠泥活字·淸 시대 泰安 徐志定의 磁活字·新昌 呂撫의 교니 자모·吳郡 李瑤의 膠泥活字 그리고 涇縣 翟金生의 泥活字 등이 있다. 翟金生은 그의 활동 연대가 오늘날과 비교적 가깝고 또 문헌 기록과 실물이 현존하고 있어서 그 과정을 이해할 수 있다. 또한, 呂撫의 방법이 독특하기는 하지만, 기타 삼자는 모두 畢昇의 것을 모방하여 제작한 것[18]이므로 기본적으로 마땅히 畢昇과 대동소이하여 畢昇의 방법을 미루어 짐작할 수 있다. 이에 그 방법을 종합적으로 검토하고자 한다.

2.2.1.1 徐志定과 李瑤의 방법

(1) 우선 교니를 반죽하고 이겨서 교니판을 만들되 돈 입처럼 얇

16) 曹炯鎭, 「中韓兩國古活字印刷技術之比較硏究」(臺北: 學海出版社, 1986), 130-131.

17) 손보기(1982), 107.

18) 1. 朱家濂, "淸代泰山徐氏的磁活字印本", 學海出版社編輯部 편, 「中國圖書版本學論文選輯」(臺北: 學海出版社, 1981), 442.
2. 張秉倫, "關于翟金生的泥活字問題的初步研究", 「文物」 1979年 第10期(1979. 10), 90.

게 한다. (2) 문자를 편리하게 조각하기 위하여 한 개씩 자르는데, 우선 칼로 교니판을 우물 井 자처럼 가른다. (3) 그늘에서 반 정도 건조되기를 기다린다. (4) 자본을 그 위에 뒤집어 붙인다. (5) 양각반체자로 조각하여 문자마다 한 개가 되도록 한다.[19]

2.2.1.2 呂撫의 방법

(1) 활자의 자모를 제작하기 위한 교니를 반죽할 때 기능성 재료를 혼합하는 특징이 있다. 즉 충분히 끓인 차조 쌀죽과 햅면화 섬유를 교니에 혼합하여 반죽한다. 이는 교니의 건조 수축할 때 나타나는 균열을 방지하고 점착력을 높이는 효과가 있다. (2) 잘 반죽한 교니를 기성의 책판(양각반체자)에 인착하여 음각정체자 문자의 字母를 만든다. (3) 그늘에서 건조시킨다. (4) 자모의 문자면에 문자를 써서 선별하기 쉽게 하고, 배면에는 기호를 써서 환원하기 편하게 한다. (5) 자모 중에 문자면이 높은 것은 벽돌로 약간 갈아서 다른 자모들과 같게 한다.

2.2.1.3 翟金生의 방법

(1) 교니를 음각정체자로 보기자를 만들어 건조시켜서 鑄型을 만들거나, 木刻字를 사용하여 반대로 구리 주형을 만든다. (2) 다시금 이 주형을 사용하여 정제된 교니로 낱낱의 양각반체자 泥활자를 만든다. (3) 이렇게 泥활자를 만든 다음에 가마에 넣고 구워서 견고하

19) (宋)沈括 저, 胡道靜 교증, 「夢溪筆談校證」(臺北: 世界書局, 1961), 권18, 技藝, 板印書籍조.

게 한다.[20] 만약에 磁活字라면 이 교니활자 위에 유약을 한 층 입혀서 재벌구이를 한다. (4) 끝으로 불필요한 부분을 갈거나 깎아서 修整하면 곧 泥활자가 완성된다. 이 泥활자는 주형을 사용하여 주조하였으므로 동일한 문자는 자양이 동일하다.

2.2.2 木活字

중국의 목활자 제작에 관한 문헌 기록으로는 元 시대 王禎의 「農書」와 淸 시대 金簡의 「武英殿聚珍版程式」이 있다. 그러나 이 두 문헌에 기록된 목활자 제작 방법의 절차는 같지 않다. 이를 약술하면 다음과 같다.

2.2.2.1 王禎 「農書」의 方法

王禎은 목활자를 제작할 때 문자를 조각하기 전에 목재를 錬板하는 과정을 거쳐서 건조할 때에도 변형되지 않도록 하였으니, 이 점은 목판인쇄와 같다. 목활자를 제작할 때에는 (1) 우선 목재를 골라서 벌목하여 물속에 담가 두었다가 한 달여 경과한 후에 비로소 사용한다. 급히 사용할 경우에는 대부분 목재를 삶는다. (2) 물에 담그거나 삶은 후에는 곧 톱으로 켜거나 대패로 밀어서 판목이나 각목으로 만든다. (3) 톱이나 대패 작업 후에는 바람이 잘 부는 응달에서 서서히 건조시킨다. 이때 목재가 균열되는 것을 방지하기 위하여 양달에서 급하게 건조하여서는 아니 된다.[21] (4) 이와는 별도로 서사

20) 1. 張秉倫(1979), 92.
2. 劉國均・陳國慶 공저, 「版本學」(臺北: 西南書局, 1978), 68.

가를 청하여 사용할 수 있는 문자의 수량대로 활자의 견본을 취하여 크기를 맞춰서 자본을 쓴다. (5) 자본에 풀칠하여 판목이나 각목 위에 뒤집어 붙인다. (6) 각수는 양각 반체자로 조각하여 문자를 만드는데 약간의 경계선을 남겨서 톱으로 자를 수 있도록 한다. (7) 판목이나 각목 위의 자본을 모두 조각하였으면 가는 톱으로 문자마다 사방을 잘라서 각각 한 개씩으로 만든다. (8) 끝으로 매 활자마다 다듬이 칼로 가지런하게 수정하되, 미리 만들어 둔 準則 안에 넣어서 크기와 높낮이를 측정하여 서로 같게 하면 곧 활자가 완성된다. 따로 별도의 보관 용기에 보관한다.[22]

2.2.2.2 金簡 「武英殿聚珍版程式」의 方法

武英殿 聚珍版의 방법은 (1) 목재를 벌목하여 연판 과정을 거친 다음에 (2) 평평하게 켜되 미리 정한 치수대로 解板을 하고 수직으로 재단하여 각재로 만든다. (3) 이 각재를 엇갈려 포개어 건조시킨 후, (4) 양면을 대패로 밀어서 평평히 한다. 다시 가로로 재단하여 木子를 만든다. (5) 그런 연후에 이와 별도로 만들어 둔 木槽를 이용하여 모든 목자를 크기가 균일하게 修整한다. 이어서 方漏子를 이용하여 다 수정한 목자를 하나하나 통과시켜서 균일하지 못한 폐단이 없도록 한다. (6) 따로 서사가를 청하여 조각해야 할 문자를 격식에 맞게 정확히 쓴다. (7) 한 자씩 재단하여 목자에 뒤집어 붙인 후, (8) 木床(각인대)에 배열하고 위아래에 쐐기걸이로 목자들을 꽉 조여 고

---

21) 盧前, "書林別話", 喬衍琯・張錦郎 공편, 「圖書印刷發展史論文集續編」(臺北: 文史哲出版社, 1979), 138.

22) (元)王禎, 「農書」, 권22, 造活字印書法, 寫韻刻字法, 鎪字修字法.

정시킨다. (9) 이렇게 하여 양각 반체자로 조각하면 한 장의 목판을 조각하는 것과 별 차이 없이 곧 활자가 완성되니 字櫃(활자보관 상자)에 보관한다.

이상 서술한 바에서 王禎의 방법은 먼저 문자를 조각한 다음 톱으로 잘랐으나, 武英殿 聚珍版은 먼저 목자를 만든 다음 문자를 조각한 사실을 알 수 있다.

2.2.3 金屬活字

2.2.3.1 元 시대의 제작 방법

元 시대 금속활자의 제작 방법은 王禎의 「農書」에 "주석을 주조하여 활자를 만들었다(鑄錫作字.).[23]"라고 한 기록에서 금속을 용해하여 주조한 활자이거나 먼저 육면체로 주석을 주조한 다음 문자를 조각하여 만든 활자임을 짐작할 수 있다. 그러나 그의 상세한 제작 과정에 대하여는 이를 증명할 만한 문헌 기록도 없고 활자본 서적이나 활자 등의 현존하고 있는 실물도 없어서 알 수 없다.

2.2.3.2 明 시대의 제작 방법

明 시대의 금속활자에 대하여는 주조한 것도 있고 조각한 것도 있는 듯하다. 앞의 제IV장과 제V장 明 시대의 활자인쇄에서 언급한 여러 학자의 견해 외에도 조각을 주장하는 자료는 明 시대 唐錦의 「夢

23) (元)王禎, 「農書」, 권22, 造活字印書法.

餘錄」에 이른바 "근래에 여러 사람이 활자를 조각하여 동판으로 인쇄하니 사용하기에 대단히 편리하다(近時大家多鐫活字銅印, 頗便於用)."라고 한 것과 明 시대 인물의 筆記에 이른바 "활자를 조각하여 동판으로 인쇄하다(鐫活字銅印).", 그리고 明 시대의 동활자본 서적 중에 아무개 "刊" 또는 "刻"이라는 자양이 보이는 것 등을 들 수 있다.[24] 이 밖에도 근래에 明 시대의 동활자본 중에 어느 동일한 문자는 字體가 같지 않은 점을 들어서 조각한 것이라고 여기고 있는 학자[25]도 있다. 이에 반하여 주조의 방법으로 제작하였음에 동의하는 학자가 있다.[26] 이처럼 문헌 기록에도 두 가지의 서로 상반된 견해가 있다.

상식적으로 금속활자의 제작 방법을 추론해 보면, 그 장점은 당연히 주형에서 주조해 내어 신속하고 간편하게 필요한 수량을 제작할 수 있는 점이다. 만약 일일이 조각한다면 금속의 재료가 단단하여 시간과 노동력이 적지 않게 소모되므로, 활자를 제작하여 서적을 인쇄하는 일은 경제 원칙에 부합하지 않을 것이다.

금속활자를 조각한 것이지 주조한 것이 아니라고 주장하는 견해에 대하여, 그 원인을 다음의 몇 가지로 추론하고자 한다. (1) 첫째, 중국의 인쇄술 발전 역사를 살펴보면 1천여 년 이래로 줄곧 목판인쇄가 주류를 이루어 왔다. 그 결과 칼로 조각한다는 의미의 "刊刻"이라는 명칭이 목판인쇄든 활자인쇄를 막론하고 거의 "印刷"라는

---

24) 錢存訓, "論明代銅活字板問題", 喬衍琯・張錦郞 공편, 「圖書印刷發展史論文集」(臺北: 文史哲出版社, 1982), 329-330.

25) 張秀民, "明代的銅活字", 喬衍琯・張錦郞 공편, 「圖書印刷發展史論文集續編」(臺北: 文史哲出版社, 1979), 91.

26) 劉國均・陳國慶 공저(1978), 67.

개념으로 인식되었다. 또한, 서적을 인쇄하는 자의 목적이 서적을 출판하여 유통시키는 데에 있고, 인쇄 방법과 기술에 대하여는 결코 중시하지 않았다. 그 결과 비록 주조의 방법으로 제작한 활자로 서적을 인쇄하였다 할지라도 일반적으로 서적 판각에 전통적으로 사용하던 전문 용어를 따라서 "刊刻"을 습관적으로 사용하게 된 것이다. (2) 둘째, 우선 주형을 조각하는 방법으로 제작한 후, 다시 이를 사용하여 활자를 주조하였을 가능성이다. 예를 들면 「墨子」에서 이른바 "이를 금석에 새겼다(鏤之金石.)."라고 한 것도 역시 주조한 것이다. (3) 셋째, 실제로 목판인쇄에 사용하던 조각의 기법을 응용하여 활자를 제작하였을 가능성이다. 현존하는 明 시대 華씨 등의 금속활자본을 자세히 관찰하면 문자의 자양과 크기・날카로운 도각의 흔적 등 고르지 못한 현상이 무수히 나타나고 있다. 조각의 방법으로 제작하였음을 충분히 짐작할 수 있다. (4) 넷째, 이 밖에 혹시 당시 중국에는 오늘날 예상하지 못하는 다른 제작 방법이 있었을지도 모를 일이다. 아무튼 정확한 답안은 아직도 여전히 수수께끼로 남아 있다.

2.2.3.3 淸 시대의 제작 방법

淸 시대에 조각하여 제작한 內府의 동활자와 기타 개인의 동활자가 있다. 이에 대하여, 그들은 어떻게 하여 그렇게 많은 활자를 조각하였는지, 또 어떻게 하여 그렇게 정교하게 조각하였는지, 구체적인 설명이 전혀 없어서 진실로 불가사의한 일이 아닐 수 없다.

廣州 佛山鎭의 唐 모 씨라는 인쇄공은 道光 30(1850)년 주석활자

를 3조의 서체가 다른 총 20여만 개를 주조하였다. 그의 주조 방법은 다음과 같다. (1) 먼저 조그마한 목재에 문자를 필획이 분명하도록 조각한 다음, (2) 이 木字로 정제된 교니판 위에 찍어서 주형을 만들고, (3) 여기에 주석 쇳물을 부어 넣되 4개씩 주조하고, 주석 쇳물이 냉각되기를 기다렸다가, (4) 교니 주형을 깨뜨려서 활자를 골라내어 높이가 일정하도록 수정을 가하는 것이다. 이때 부서진 교니판은 다시 정제하여 주형을 만드는 데 사용한다. 이러한 방법을 單面鑄造法(single face casting), 陶板鑄造法(clay casting), 또는 單面陶板鑄造法(single face clay casting) 등으로 칭한다.

2.2.3.4 鑄印術 및 鑄錢術을 응용한 方法

중국의 동활자가 만약 주조한 것이라면 그 방법은 대체로 鑄印 및 鑄錢의 기술과 비슷할 것이다. 明 시대 文彭의 「印史」에:

> 鑄印에는 두 가지 방법이 있는데 翻砂法과 撥蠟法이다. 翻砂法은 목재로 보기자를 만들어서 鑄物砂 가운데에 엎어서 鑄錢法과 같이한다(鑄印有二: 曰翻砂, 曰撥蠟. 翻砂以木爲印, 覆於沙中, 如錢之法.).[27]

라고 기록되어 있다. 淸 시대 陳克恕의 「篆刻鍼度」 권4[28]에:

> 翻砂는 鑄錢法과 같은데 鑄物砂를 충분히 다져서 두 개로 만든다. 이미 만들어 놓은 보기자를 鑄物砂 중간에 끼워 넣고 합쳐서, 그 안에 자양을 먼저 찍는다. 조그만 구멍을 남겨서 구리 용액을 부

27) (明)文彭, 「印史」.

28) (淸)陳克恕, 「篆刻鍼度」, 권4.

어 넣는다(翻砂如鑄錢之法, 將砂泥鎚熟, 做成二方, 以已就之印, 夾合砂泥中間, 先印其式在內, 留一小孔,以鎔銅化入之.).[29]

라고 하고 있다. 이상 인용한 바를 근거로 동활자를 주조하는 과정을 추론하면 다음과 같다. (1) 우선 조그만 나무에 문자를 조각하여 보기자를 만든다. (2) 보기자를 깨끗한 주물사에 인착하여 주형을 만든다. 혹은 음각 문자를 조각하여 주형을 만든다. (3) 녹인 금속 용액을 모래 주형 안에 부어 넣는다. (4) 냉각되어 견고해지기를 기다린 연후에 (5) 꺼내어서 수정을 가하면 곧 금속활자가 완성된다.

이른바 과학기술은 편리함을 추구하는 인간의 본성에 의하여 능률이 높은 기술이 있으면 효과가 낮은 방법은 자연히 도태되는 법이다. 적어도 같은 목적을 위한 기술의 경우는 특히 그러하다. 금속활자는 상식적으로 주조가 그 특징을 발휘할 수 있는 방법이다. 따라서 조각의 방법으로 제작한 적이 있었다 할지라도 주조하였다는 기록이 있으므로 부단히 개선 노력을 하면서 조각에서 주조의 방향으로 발전하였을 것이다. 다만 오늘날 당시의 기록이 충분하지 못하여 구체적인 발전 과정을 알지 못할 뿐이다.

3. 組版 過程

활자를 다 제작하였으면 곧 인판을 제작할 수 있다. 조판이다. 조

29) 錢存訓(1982), 329.

판 방식은 활자를 인판 틀에 고정하는 방식에 따라서 크게 附着式과 조임式의 두 가지로 구별된다.[30] 부착식은 인납을 사용하여 활자를 인판 틀에 고정시켜서 인출하므로 활자의 文字面 이외에 활자의 背面·측면·높이(두께)가 모두 균일할 필요가 없다. 조임식은 나무나 대나무 조각 또는 종잇조각을 쐐기처럼 사용하여 활자를 인판 틀에 고정시켜서 인출하므로 활자의 문자면·측면·높이(두께)가 모두 균일하고 방정해야 하며, 활자의 배면은 평평하거나 오목해도 된다. 이에 그 내용을 구분하여 자세히 서술하고자 한다.

3.1 韓國

3.1.1 組版

3.1.1.1 부착식 조판

부착식 방법의 조판은 인납이라는 접착 물질을 사용하여 활자를 인판 틀에 부착하는 방식으로 고정하여 조판하는 방법을 말한다. (1) 먼저 唱準(문선공)이 원고대로 문자를 守藏(활자 보관자)에게 불러 준다. 唱準은 문자를 식별할 수 있는 사람이고, 守藏은 활자 보관이 주된 임무인데, 일반적으로 나이 어린 노비가 맡고, 경우에 따라서는 별도로 擇字人을 임명하기도 한다.[31] (2) 守藏은 唱準이 불러주

30) 활자인쇄를 위한 인판의 조립 방식을 부착식과 조립식으로 구분하는 것이 지금까지의 인식이었다. 그러나 이를 자세히 검토하면 부착식도 조립의 한 방식이다. 따라서 부착식과 조립식으로 구분하는 방법은 상하 개념과 수평 개념을 혼동한 결과이다. 저자는 이를 바로잡아서 조립의 방식으로 부착식(조립)과 조임식(조립)을 사용한다. 曺炯鎭(2020), 91 참조.

31) 1. 成俔,「慵齋叢話」, 권7, 活字조.
2. 東萊鄭氏派譜所 편,「東萊鄭氏派譜」, 印譜後錄, 印板工匠, 擇字人.

는 문자 음을 듣고 해당 문자의 활자를 골라서 원고 위나 類盤 안에 나열하여 둔다. (3) 한 엽에 필요한 활자를 다 골랐으면 곧 조판할 수 있는데, 활자를 인판에 옮겨서 조판하는 것을 上板이라고 한다.[32] 인판은 一體式과 組立式 두 종류가 있다.[33] 일체식은 사주변란재・계선재・어미재가 모두 일체로 고정된 인판인데, 부분적으로 조립하는 부분 일체식도 있다. 조립식은 광곽재・계선재・판심재를 모두 목판 위에 조립하여서 만든 인판이다. (4) 상판하기 전에 인랍을 녹여서 인판 바닥에 깔고 평평하게 조절한다. (5) 그다음에는 판심에 흑구재・어미재・판심제 활자・권수 활자・장차 활자 등을 먼저 배열한다. (6) 죽도를 이용하여 인판 바닥에 깐 인랍의 양을 조절하면서 원고를 따라서 활자를 하나씩 배열한다. (7) 활자를 한 판에 다 배열한 후, 인판을 가열하여 인납이 말랑말랑하게 변할 때, (8) 판자같이 평평한 공구로 활자의 문자면을 압박하여 인출면이 평평하도록 한다. 냉각하여 굳게 응고되면 곧 인출에 부칠 수 있다.

한국은 12세기부터 15세기까지, 또 19세기의 민간 목활자 인쇄에서 일반적으로 2개의 인판을 사용하였다.[34] 19세기 조선 말기에 민간에서 유행하던 목활자 인쇄는 조판할 때 대개 부착식 조판 방법을 이용하였다.

부착식 조판에 사용하는 인랍의 제조 방법은 (1) 필요한 양만큼의 밀랍에 중량의 75:25의 비율로 불건성유(피마자유・동백유・낙화생유・山茶油 등) 또는 반건성유(대두유・옥수수유・면실유・참기름

32) 成俔, 「慵齋叢話」, 권7, 活字조.

33) 曺炯鎭(2020), 90-92.

34) 손보기(1982), 73.

등)와 혼합하는데 보통 피마자유나 대두유를 많이 사용한다. (2) 이를 가열하여 녹여서 완전히 혼합한다. (3) 식힌 후 으깨면 유연성과 점착성을 갖춘 끈끈한 인납이 완성된다. 불건성유를 첨가하는 이유는 밀랍이 응고하는 것을 방지하여 인납의 접착도를 높이고, 또 장기간 보관하여도 변질되지 않는 편리함을 위해서다.[35)]

3.1.1.2 조임식 조판

조임식 방법의 조판은 나무나 대나무 조각 또는 종잇조각을 활자들의 틈새에 쐐기처럼 사용하여 활자를 인판 틀 안에서 움직이지 못하도록 조여서 고정하는 조판 방식을 말한다. (1) 唱準과 守藏이 한 판에 필요한 활자를 다 선택한 후, (2) 일체식 인판일 경우는 직접 활자를 배열하고, 조립식 인판일 경우는 먼저 나무 또는 대나무로 광곽과 판심을 만든다. (3) 흑구재·어미재·판심제 활자·권수 활자·장차 활자 등을 채워 넣고, (4) 다음에 본문의 활자를 배열한다. (5) 본문을 한 행 배열하였으면, 곧 계선재를 배열한다. 이렇게 본문 활자와 계선재을 반복하여 배열해 나간다. (6) 한 판의 활자와 계선재를 모두 배열하였으면, 均字匠은 균자목으로 나무 조각·대나무 조각·종이 조각 등을 사용하여 빈틈을 채워서 활자들의 인출면을 평평하게 수정한다. 사변의 광곽재를 외부에서 내부 방향으로 힘껏 조이면서 활자를 고정하면, 곧 인판이 완성되어 인출에 부칠 수 있다. 경우에 따라서는 광곽재를 힘껏 조여서 고정한 후, 활자 사이의 헐거운 부분에 나무 조각·종잇조각 등을 쐐기처럼 끼워 넣어서 인

35) 曺炯鎭(2019), 424-437.

판을 완성하기도 한다.

이 과정이 활자인쇄의 전 과정 중에서 가장 중요한 부분이다. 그러므로 기술이 숙련된 균자장이 중요하다.[36] 활자의 측면에 구멍이 있을 경우는 철사나 삼 실 등으로 꿰어서 계선재 안에 끼워 넣는다.[37]

3.1.2 校正

인판을 다 조판한 후, 정식으로 인출하기 전에 반드시 교정하여야 비로소 저술의 뜻도 정확하게 전파할 수 있고, 서품이 좋은 판본을 얻을 수 있다. 인판이 다 조판되어 인출면이 평평하게 된 후에는 (1) 印出匠에게 교정지를 한 장 또는 여러 장 인출하게 하여, (2) 監校官에 보내어 교정한다. 監印官은 교서관의 관원이 맡고 감교관은 따로 문신을 명하여 이를 맡긴다.[38] 교정지는 검은 먹으로 많이 인출하므로, 교정은 구분하기 쉽도록 붉은 먹으로 한다. (3) 묵색의 농담 차이가 크거나, 간혹 틀린 문자나 눕혀져서 배열된 문자 등을 교정하였으면, (4) 균자장에게 바꾸거나 바르게 배열하도록 한다. (5) 다시 재교정지를 인출하여 4~5회 거듭 교정하여 잘못이 없으면, (6) 감교관과 균자장이 서명을 하거나 혹은 校正이라는 도장을 天頭에 찍어서 책임 소재를 표시하는데, 이러한 과정은 현존 교정지에서 확인할 수 있다.[39]

---

36) 孫寶基, 「金屬活字와 印刷術」(서울: 世宗大王紀念事業會, 1977), 129-130, 150.

37) 손보기(1982), 108.

38) 成俔, 「慵齋叢話」, 권7, 活字조.

39) 1. 손보기(1982), 73.
2. 千惠鳳, 「書誌學槪論」, 미간행유인물, 5, 44.

3.2 中國

3.2.1 組版

3.2.1.1 부착식 조판

부착식 방법의 조판은 (1) 인판의 바닥이 될 철판이나 목판 위에 광곽이 될 인판 틀을 고정한다. (2) 송진・밀랍 및 종이 재 등으로 만든 印蠟을 인판 틀 안에 평평하게 깐다. (3) 인판 틀 안의 인납 위에 활자를 가득 배열한다. 필요할 경우 계선재도 활자와 병행하여 배열한다. (4) 배열 작업이 완료되면, 이를 불로 가열한다. (5) 인납("藥")이 약간 녹으면 평평한 판으로 활자의 윗면, 즉 문자면을 누르면 인출면이 숫돌처럼 평평해진다. 평상시 인판을 2개 만들어서 한 판은 인출하고 다른 한 판은 활자를 배열한다. 이 인판의 인출이 다 끝나면 두 번째 인판이 준비되어 있으니 서로 바꾸어 가면서 작업을 진행한다.[40)]

이 방법은 이후에 인납의 재료로 사용하던 송진・밀랍 및 종이 재가 묽은 瀝靑(pitch・bitumen・asphalt)으로 대체되었다. 송진・밀랍・묽은 瀝靑은 다시금 얇은 교니로 대체되었고, 인판은 교니 판으로 대체되어 가마에 넣고 구워서 한 덩어리로 만들었으니,[41)] 이는 곧 교니 인판이다. 그러나 이 교니 인판은 1회의 사용은 가능하지만, 활자판으로서의 생명을 상실한 것이다. 왜냐하면, 해판하면 활자가 분명히 부서질 것이므로 다시 사용할 수 없기 때문이다.

---

40) (宋)沈括 저, 胡道靜 교증(1961), 권18, 技藝, 板印書籍조.

41) (元)王禎, 「農書」, 권22, 造活字印書法.

3.2.1.2 조임식 조판

(1) 「農書」의 조판 과정

조임식 방법의 조판은 ① 먼저 인판 바닥으로 삼을 목판을 준비한다. 평평하고 곧은 잘 건조된 판목에 서적 판면의 크기를 고려하여 3변의 변란재 또는 변란지지대를 설치하고 우변이나 하변을 비워둔다. 이 4변의 변란재는 장차 인판 틀이 된다. 나무 또는 대나무를 깎아서 변란재나 계선재로 사용한다. ② 활자를 선별할 때, 한 사람이 원고를 따라 필요한 문자를 미리 편집해 둔 문서의 번호로 불러준다. ③ 다른 한 사람은 두 개의 活字輪盤 중간에 앉아서 輪盤을 좌우로 돌려가면서 필요한 활자를 골라내어 활자를 배열하는 쟁반에 옮겨놓는다. ④ 3변의 변란재 안에 본문의 활자를 한 행 배열한 후, 계선재를 배치한다. 이와 다른 형태로 측면에 구멍이 있는 활자는 철사로 꿰어서 행을 만들어 끼워 넣는다. 이렇게 본문의 활자와 계선재를 번갈아 가면서 배열해 나간다. 한 판에 가득 배열하였으면 우변 또는 하변의 비워둔 변란재를 힘껏 조여서 인판 틀을 고정함으로써 초벌 인판을 완성한다. ⑤ 인판 틀 안에 가득 배열한 활자의 낮은 부분은 작은 대나무 조각이나 종잇조각 등으로 받쳐서 인출면을 균일하게 하고, 활자 사이의 틈새나 공간은 대나무 조각 등을 끼워 넣어서 견고하게 한다. 인판 틀 안 계선재 사이의 활자가 인출할 때 움직이지 않도록 모두 균일한 높이로 견고하게 고정하여야 한다. 만약 일부 활자의 높이가 균일하지 않거나 비뚤어져 있으면, 활자의 상태에 따라 아래를 받치거나 돋아서 균일하게 바로 잡는다. 활자가

모두 균일하고 움직이지 않게 되면 곧 인판이 완성되어 인출에 부칠 수 있다.[42]

(2) 武英殿 聚珍版의 조판 과정

淸 시대 武英殿 聚珍版의 조판 과정은 특이한 점이 있다. ① 먼저 문장의 의미와 자형을 이해하는 사람들에게 원고를 분배한 후, 원고 안에 어느 문자가 몇 번 쓰이고 있는가를 통계 내어 각각 같은 문자끼리 모아서 따로 한 벌을 베낀다. ② 擺板供事(조판공)가 베낀 문자대로 管韻供事(문선공)에게 필요한 문자를 불러주면 ③ 管韻供事는 소리를 분별하여 字櫃(활자 보관 상자)에서 활자를 선별한다. 활자를 선별할 때에는 우선 편방에 따라 어느 部首에 있는가를 판단하고, 다음에 어느 활자 보관 상자에 보관되어 있는가를 파악한 후, 다시 획수를 세어서 어느 서랍에 있는가를 확인한다. 각각의 활자를 다 선별하였으면 類盤(문선용 쟁반) 안에 놓아둔다. ④ 그런 다음에 원고의 문자를 따라서 정확하게 검색한 목활자를 夾條(활자와 계선 사이의 충전재)와 頂木(문자 없는 공간 충전용 각목)을 배합하면서 槽版(인판틀) 안에 배열한다. 문자가 없는 공간 부분이 있으면 그 공간의 길이를 헤아려서 치수가 맞는 頂木을 골라 해당 공간 부분에 집어넣어 움직이지 않도록 한다. 반엽의 배열이 끝나면 中心木(판심 부분 충전용 각목) 한 개를 넣는데, 이는 套格(광곽과 계선을 인출하는 인판)의 판심 부분이다. ⑤ 나머지 반엽도 같은 방식으로 하여 한

---

42) (元)王禎, 「農書」, 권22, 造活字印書法.

판에 활자를 다 배열한 후, 높낮이가 고르지 못한 부분을 살펴서 균일하게 바로 잡는다. 낮은 활자는 뽑아서 종잇조각 접은 것으로 약간씩 받쳐주어 균정하게 되면, 곧 인판이 완성되어 인출에 부칠 수 있다. ⑥ 한 엽의 조판이 끝나면 조그마한 꼬리표에 어느 서적 몇 권 몇 쪽인지를 써서 槽版 바깥쪽에 붙여서 찾기 편리하도록 한다. 대체로 대형 문자의 서적은 1인이 하루에 2판을 조판할 수 있고 소형 문자의 서적은 1판을 조판할 수 있다. 간혹 同字異體의 문자가 있는데, 자궤에는 그의 중복을 피하여 한 가지만 선택하여 보관하고 있는 경우가 있다. 이 경우 원고 상의 필법이 자궤에 보관된 활자의 필법과 다르지만 실제로는 같은 문자라면 그 이동을 심의하여 정체와 속체를 분별하여야 한다. 편방이 없어서 검색하기도 쉽지 않은 문자에 대하여는 자전의 補遺檢字 등 여러 방법에서 모두 갖추어 숙달해 두면 그 대략을 스스로 터득할 수 있다.[43]

(3) 呂撫의 조판 방법

교니 자모와 교니 판을 사용하는 독특한 조판 방법이다. ① 숙성된 오동나무 기름으로 반죽하여 점착력을 높인 교니를 얇고 네모진 교니 판으로 만든다. ② 인판 틀 안에 기름을 얇게 칠한 후, ③ 교니 판을 잘라서 깐다. ④ 인출하고자 하는 원고의 문자 순서에 따라서 선별한 자모(음각정체자)로 교니판에 인착하여 양각반체자의 교니 문자판를 만든다. ⑤ 완전히 건조시키면 인판이 완성된다.

---

43) (淸)金簡, 「武英殿聚珍版程式」, 奏議, 乾隆38年 10月 28日조・擺書及墊版조.

(4) 佛山鎭 인쇄공 唐 모 씨의 조판 방법

廣州 佛山鎭의 인쇄공 唐 모 씨의 조판 방법은 ① 활자를 매끈하고 견고한 배나무 인판 안에 하나씩 차례로 배열한 후, ② 광곽재의 사변을 견고하게 묶어서 인출할 때 활자가 흔들리지 않도록 한다. ③ 인판의 세 변은 각각 변란재의 바깥쪽에 버팀목이 있고 높이는 활자와 같은데, 완성된 서적의 한 면, 즉 반 엽의 변란이 된다. ④ 황동으로 계선재를 대면서 반 엽에 10행씩 배열하고, ⑤ 중간은 목판본과 같이 판심으로 분리하여 한 엽을 두 면으로 나눈다. ⑥ 원고대로 교정한 후에 곧 묵즙을 도포하고 밀대로 인출하였다.

이러한 방식으로 조판하여 인판이 충분히 조여지지 않았을 경우, 淸 시대 후기부터 고안된 견고함을 강화하는 방법을 사용하였다. 즉 인판을 한층 더 견고하게 조이기 위하여 묵즙이 묻지 않도록 기름을 충분히 먹인 인판 조임 끈으로 인판의 외부를 통째로 가로로 묶어준다. 경우에 따라서는 두 곳을 묶기도 한다. 이때 인판 조임 끈을 가능한 한 문자와 문자 사이에 위치시켜서 인출될 문자에 영향이 없도록 한다. 그러나 간혹 인판 조임 끈을 자간에 위치시키지 못하고 문자 위를 지나도록 한 결과, 엽 전체의 인출된 문자상에 白道(活印線)가 횡단하는 경우를 볼 수 있다.

3.2.2 校正

(1) 완성한 인판으로부터 붉은색으로 교정지를 한 장 내지 여러 장 인출한다. 교정지는 대부분 붉은색을 사용하는데 남색을 사용하

기도 하고 검은색으로 바로 인출하기도 한다. (2) 이를 校刊翰林處에 보내어 자세히 교정한다. 붉은색 교정지는 남색이나 검은색으로 교정한다. (3) 교정을 마친 교정지대로 조판공으로 하여금 수정하거나 틀린 문자가 있으면 뽑아서 교환하도록 한다. (4) 뽑아낸 활자는 원래의 곳으로 환원하여 보관한다. (5) 다시금 재교정지를 깨끗이 인출하여 4~5회 거듭 재교한 후 오류가 없으면 정식으로 인출에 부친다.[44]

4. 印版의 印出 過程

4.1 韓國

4.1.1 印出

인출하기 위하여 冊紙·墨汁·기타 인출 공구를 준비한다. 紙匠이 이미 만든 종이를 인판의 크기에 따라 사방의 여유 공간을 고려하여 적합한 크기로 재단한다. 서적을 인출하기 위하여 재단한 종이를 책지라고 한다. 한국은 하얀 책지를 많이 쓰고 또 비교적 두꺼운 것을 즐겨 쓴다.[45] 한국의 인출용 책지의 주요 원료는 楮이고, 竹·麻·柳·藁節 등은 楮의 부족을 보충하기 위하여 사용하였다.[46]

인출용 묵즙은 (1) 인출 양이 많을 때는 그을음을 많이 만들어 보

44) (淸)金簡, 「武英殿聚珍版程式」, 奏議, 乾隆38年 10月 28日조·校對조.

45) 李秉岐, "韓國 書誌의 硏究(下)", 「東方學志」 第5輯(1961), 38.

46) 1. 「朝鮮世宗實錄」, 권65, 16年 甲寅 7月 壬辰조.
2. 李圭景(1959), 권19, 紙品辨證說.

관하면서 묵즙을 자급하는데, 그을음은 송연이나 유연 모두 가능하고 경우에 따라서는 흑연을 사용하기도 한다. 유연묵은 麻油・桐柏油・皂靑油・菜子油・豆油 등을 사용하는데, 그중에서 동백유의 그을음을 가장 많이 사용한다.[47] (2) 서적을 인출하기 위하여 고체로 만든 묵을 통먹이라고 하는데, 우선 통먹을 가루로 깨서 여러 날 동안 물에 담근다. 그래도 풀어지지 않은 덩어리는 갈아서 묵즙을 만든다. (3) 서적을 인출할 때에는 적당량의 묵즙을 별도의 용기에 담아서, (4) 탁주(주정도는 약 8～10%)로 묵즙의 농도와 묵색을 조절한다. 탁주로 조절하는 이유는 ① 묵즙의 기화작용을 가속하고, ② 묵즙이 확산되어 번지는 현상을 방지하며, ③ 그을음 입자가 골고루 퍼지는 것을 돕고, ④ 그을음과 아교의 응고를 촉진하여 인본 상의 묵색으로 하여금 광택이 나도록 하기 위함이다.[48] 금속활자에 송연묵을 사용하면 묵즙이 번지거나 착묵 상태가 균일하지 못하여 일부 필획이 인출되지 않아서 문자가 깨지기 쉽다. 목활자 인출에 유연묵을 사용하면 묵색이 너무 칙칙하고 또 반점이 나타나기 쉽다.[49] 그러므로 송연묵은 목활자 인출에 적합하고 유연묵은 금속활자 인출에 적합하다. 그러나 한국의 묵즙은 목판인쇄뿐만 아니라 동시에 동활자판 인쇄에도 적합하다. 한국의 동활자 인본의 묵색은 옻칠과 같이 빛을 발한다.[50]

인출 공구는 기본적으로 작업 공간이 될 작업대가 필수적이다. 그

47) 1. 徐有榘, 「林園十六志」, 권105, 怡雲志, 권3, 文房雅製(上), 墨, 取油煙法所引避暑錄話.
2. (明)沈繼孫, 「墨法集要」, 浸油조.

48) 柳鐸一(1983), 120, 122.

49) 손보기(1982), 65.

50) 張秀民, 「中國印刷術的發明及其影響」(臺北: 文史哲出版社, 1980), 102.

외에 묵즙 접시·먹솔·밀대 등을 준비한다.

이렇게 하여 인출 준비가 완료되면 印出匠은 (1) 조판이 끝난 인판에 먹솔로 묵즙을 골고루 도포하고, (2) 조수 2인이 인판의 좌우에서 책지를 평평하게 펴서 인판 위에 얹는다. (3) 말총으로 만든 밀대나 사람의 머리칼로 만든 印髢를 우선 밀랍이나 동물성 지방에 한 번 문지른 후, (4) 계선과 같은 세로 방향으로 책지 위를 밀어내면 된다. 가로 방향으로 밀어서는 안 된다. 인출해 낸 서엽의 품질은 묵즙을 도포하는 기술과 책지를 밀대로 밀어내는 기술에 따라 결정된다.[51] 인출할 때 만약 활자의 동체가 균일하지 않아서 인출하기 어려울 때는 대체로 약간 눅눅하게 젖은 책지로 고르게 붙이고, 한 판을 인출할 때마다 별도로 여러 사람을 세워서 붉은 먹으로 활판의 형세에 따라서 교정을 한다.[52] 밀대를 밀랍이나 동물성 지방에 문지르는 이유는 밀대나 印髢 표면에 밀랍을 칠하는 이유와 같다. 책지를 밀 때 원활하게 미끄러지게 하여 표면의 종이 섬유가 벗겨지는 것을 방지하고, 묵즙이 묻는 곳에 또한 지방이 묻으므로 묵즙이 확산되어 번지는 것을 방지할 수 있기 때문이다. 또한 지방은 방부 작용을 하므로 책지의 수명을 연장할 수 있기 때문이기도 하다.[53]

4.1.2 解版 및 保管

원래 제작한 활자는 같은 문자끼리 분별하여 보관하여야 비로소

---

51) 1. 손보기(1982), 73.
 2. 柳鐸一(1979), 50.

52) 「朝鮮正宗實錄」, 권44, 20年 丙辰 3月 癸亥조.

53) 柳鐸一(1983), 120-122.

편리하게 필요한 활자를 취할 수 있고, 선별하는 시간도 절약할 수 있다. 인출이 끝난 후에는 판구재・어미재・판심제 활자・권차 활자 등 다음 인판에 사용될 부분을 제외한 인판의 모든 활자를 해체하여 원래 보관하던 곳으로 환원한다. 그래야 다른 한 편에서 이 활자를 재사용하여 조판할 수 있다. 이렇게 한편 조판하면서 한편 인출하여 번갈아 반복하면서 서적을 인출한다.

활자 이외에 모든 인쇄 공구도 잘 정리하여 원래의 위치에 보관하여야 다음 서적을 인쇄할 때 편리하게 사용할 수 있다.

4.2 中國

4.2.1 印出

교정이 끝난 인판을 인출하기 위해서는 별도로 冊紙와 墨汁을 준비하여야 한다. 책지는 紙匠이 만든 종이를 인판의 크기에 따라 사방의 여유 공간을 고려하여 적당한 치수로 재단한다. 인쇄용 종이는 수공업으로 제작한 것이 적합한데 수공업 종이를 속칭 本紙라고 한다.[54]

인출용 묵즙의 조제는 (1) 목탄 가마에서 그을음을 채취한다. (2) 아교를 물에 잘 희석하여 진한 죽과 같은 상태의 아교액으로 만든다. (3) 그을음과 아교액에 술을 타서 반액체 상태로 저장하여 화학작용이 일어나도록 한다. 만약 급히 사용하면 묵색이 틀림없이 떠서 종이 섬유에 고착하지 못한다. 이를 잘 풀면 풀처럼 끈끈해지므로 묵즙은 오래될수록 좋다. (4) 서적을 인출할 때는 반드시 말총체로 불순물을 걸러낸 물을 부어 넣어 농도를 맞추고, (5) 찌꺼기 등을 여

54) 盧前(1979), 142.

과하여야 사용할 수 있다.[55] 중국의 묵즙은 목판인쇄에 대단히 적합하여 인출해 낸 문자의 흔적이 맑고 분명할 뿐만 아니라 오래도록 퇴색하지 않는다. 또한, 다른 한편으로는 금속 인판의 인출에는 적합하지 않은데, 이는 금속판의 표면에 묵즙이 고르게 도포되지 못하고 표면장력 현상으로 물방울처럼 방울방울 응결해 있기 때문에 인출의 결과가 모호하고 맑지 않게 된다.[56] 宋 시대의 沈括이 석유 그을음으로 만든 묵즙은 검은색이 옻칠과 같이 빛난다(黑光如漆.).[57] 明 시대에는 이미 동백유 그을음을 사용하기 시작하여 먹빛이 검고 빛났으며 오래될수록 나날이 검어졌다. 그러나 明 시대의 목판본은 광택이 나는 것이 보이지 않으니, 이는 아마도 서적 인쇄에 사용한 묵즙이 동백유 그을음으로 만든 것이 아닌 듯하다.[58] 이상에서 중국의 묵즙은 목판인쇄에 적합하고, 유연묵은 금속판 인쇄에 적합한 것을 알 수 있다.

인출용 공구는 종려나무 껍질의 질긴 섬유로 빗자루처럼 만들고 또 무두질한 종려 껍질로 종려 섬유를 감싸 묶어서 견고하게 만든다.

이처럼 책지와 묵즙이 모두 준비되면 (1) 조판이 완료된 인판에 묵즙을 골고루 도포하는데, 묵즙을 칠할 때는 계선과 같은 방향인 세로 방향으로 칠해야 하며 가로 방향으로 칠해서는 안 된다. (2) 책지를 묵즙이 도포된 인판 위에 얹는다. (3) 밀대나 밀솔로 책지를 밀

55) 盧前(1979), 142.

56) 卡特 저, 古德瑞 수정, 胡志偉 역주(1980), 29.

57) (宋)沈括 저, 胡道靜 교증(1961), 권24, 雜誌1, 鄜延境內有石油조.

58) 李淸志, "明代中葉以後刻板特徵", 古籍鑑定與維護硏習會專集編輯委員會 편, 吳哲夫 執行, 「古籍鑑定與維護硏習會專集」(臺北: 中國圖書館學會, 1985), 111.

어내는 것도 역시 계선과 같은 방향으로 밀어야 한다.[59] 武英殿 聚珍版은 먼저 광곽과 계선만 인출한 套格紙를 사용하므로, 활자를 조판한 槽版을 꼬리표와 투격지의 권수와 쪽수가 맞는 것을 찾아서 부합되면 套印 방식으로 인출한다.[60] 묵즙을 도포할 때 먹솔질을 가볍게 하여 활자의 문자면이 마모되는 것을 최소화하고, 책지를 얹은 후에는 힘 있게 밀어야 비로소 문자의 화려함이 반영될 수 있다.[61] 만약 무더운 날씨에 서적을 인출할 때에는 활자의 목질에 먹물이 침투하여 다소나마 팽창하므로, 잠시 작업을 중단하고 인판을 통풍이 잘되는 햇볕에 잠시 쬐어 건조시킨 후 다시 인출한다.[62]

숙련공의 서적 인출은 묵색이 앞뒤가 일치하고 변란도 일률적인데 반하여, 미숙련공은 필획이 찍히지 않거나 반점 또는 변란이 와해되는 병폐가 나타난다. 필획이 찍히지 않는 것은 서엽에 바로 하얀 부분이 나타나는 것이며, 반점은 묵색이 뒤섞여 있어서 고르지 않은 현상을 지칭하며, 변란이 와해되는 것은 모두 손발 힘의 경중과 관련된 것으로 힘을 많이 낭비하게 된다.[63] 이상에서 서술한 과정을 거쳐서 인출이 완성되면 곧 장정할 수 있다.

4.2.2 解版 및 保管

인판을 다 인출한 후에는 즉시 인판이나 槽版 안의 활자를 모두

59) (元)王禎, 「農書」, 권22, 造活字印書法.
60) (淸)金簡, 「武英殿聚珍版程式」, 刷印조.
61) 盧前(1979), 141.
62) (淸)金簡, 「武英殿聚珍版程式」, 刷印조.
63) 盧前(1979), 142.

다 추출하여 각각 부수대로 점검하고 구분하여 類盤에 담은 연후에 원래의 보관 장소로 환원한다. 활자에 따라서는 韻에 따라 木格이나 木盔에 보관하기도 하고 자전의 부수에 따라 木櫃의 서랍에 보관하기도 한다. 대체로 활자를 취하거나 환원할 때의 출입은 반드시 같은 문자끼리 해야 비로소 분명하고 틀림이 없다. 또한, 매년 연말에 활자 상자 별로 한 번씩 검사하여 활자 수량도 점검할 뿐만 아니라 활자의 문자를 착각하지 않고 정확히 인식할 수 있도록 한다.[64]

4.2.3 輪轉印書法

활자를 사용한 서적 인쇄에서 주의할 점은 각각의 과정을 잘 안배하여 조화롭게 순환되어야 하니 이른바 輪轉印書法이다. 여러 개의 인판을 동시에 조판할 경우 어느 한 종류의 문자가 너무 많이 중복 출현하면 준비된 활자의 수량이 사용에 응하지 못할 만큼 부족한 상황이 발생할 수 있다. 이러한 문제를 극복하기 위한 대안이 날짜별로 순환하면서 조판하는 방법이다.[65] 허사나 자주 사용되는 문자는 보통 문자보다 수 배 이상 많이 준비한다. 이와 아울러 인출한 서적의 종류가 같지 않으면 서적마다 많이 사용하는 문자가 각각 다르므로, 조판과 해판은 반드시 날짜별로 간격을 두고 작업이 이어지도록 한다. 교정과 인출 등의 작업도 역시 반드시 날자 별로 순환하여 한

64) 1. (宋)沈括 저, 胡道靜 교증(1961), 권18, 技藝, 板印書籍조.
2. (元)王禎, 「農書」, 권22, 造活字印書法, 作盔嵌字法.
3. (淸)金簡, 「武英殿聚珍版程式」, 歸類조.

65) 張秀民, 「中國印刷史」(上海: 上海人民出版社, 1989), 704.

부분이 지연되지 않도록 해야 하니, 작업 순환의 방법도 경솔히 해서는 안 된다.[66]

5. 小 結

韓·中 兩國은 활자인쇄의 기술적 과정상에 나타난 특징에서 각각 같은 점과 다른 점이 있음을 알 수 있다. 그중에서 특징적인 요소를 정리하면 다음과 같다.

(1) 泥활자의 제작

泥활자의 제작 과정에서 朝鮮은 구멍을 뚫은 목판을 사용하여 제작하였다. 淸 시대의 翟金生은 교니 주형이나 구리 주형을 사용하여 주조하였다.

(2) 목활자와 금속활자의 제작

중국의 武英殿 聚珍版의 목활자는 먼저 木子를 만들고 그다음에 문자를 조각하였다. 朝鮮의 금속활자는 蜜蠟鑄造法과 鑄物砂鑄造法 및 單面陶板鑄造法을 이용한 주조의 방법으로 제작하였다. 중국의 금속활자는 조각과 주조의 방법으로 제작하였다.

---

66) (淸)金簡, 「武英殿聚珍版程式」, 逐日輪轉辦法.

(3) 조판 과정

조판 과정에서 朝鮮의 경우는 먼저 활자를 선별하고 다음에 인판을 조판하였다. 元 시대의 王禎은 먼저 인판 틀을 만들고 다음에 活字輪盤을 사용하여 필요한 활자를 선택하였다. 淸 시대의 武英殿 聚珍版은 활자를 쉽게 선택하기 위하여 각각의 문자를 자수대로 먼저 베껴 썼다.

(4) 인출 과정

인출 과정에서 한국은 유연묵을 많이 사용하였으며 또 고체 상태로 보관하였다. 중국이 사용한 묵즙은 유연으로 조제한 것이 아니며, 조제한 묵즙은 반액체 상태로 저장하였다. 인출 과정에서 武英殿 聚珍版은 광곽과 계선을 인출한 套格紙에 활자를 인출하는 套印 방식으로 하였다.

(5) 전반적인 기술 수준

이 밖에 인쇄 과정상의 구체적인 기술은 다소 다른 점이 있겠으나, 전체적으로 목활자의 제작 방법·금속활자의 주조 과정·조판 과정·교정과 인출 및 해판 등은 모두 대동소이하였다.

이상에서 한·중 양국의 활자인쇄 기술에 관하여 서로 간에 영향을 주고받았음을 짐작할 수 있다.

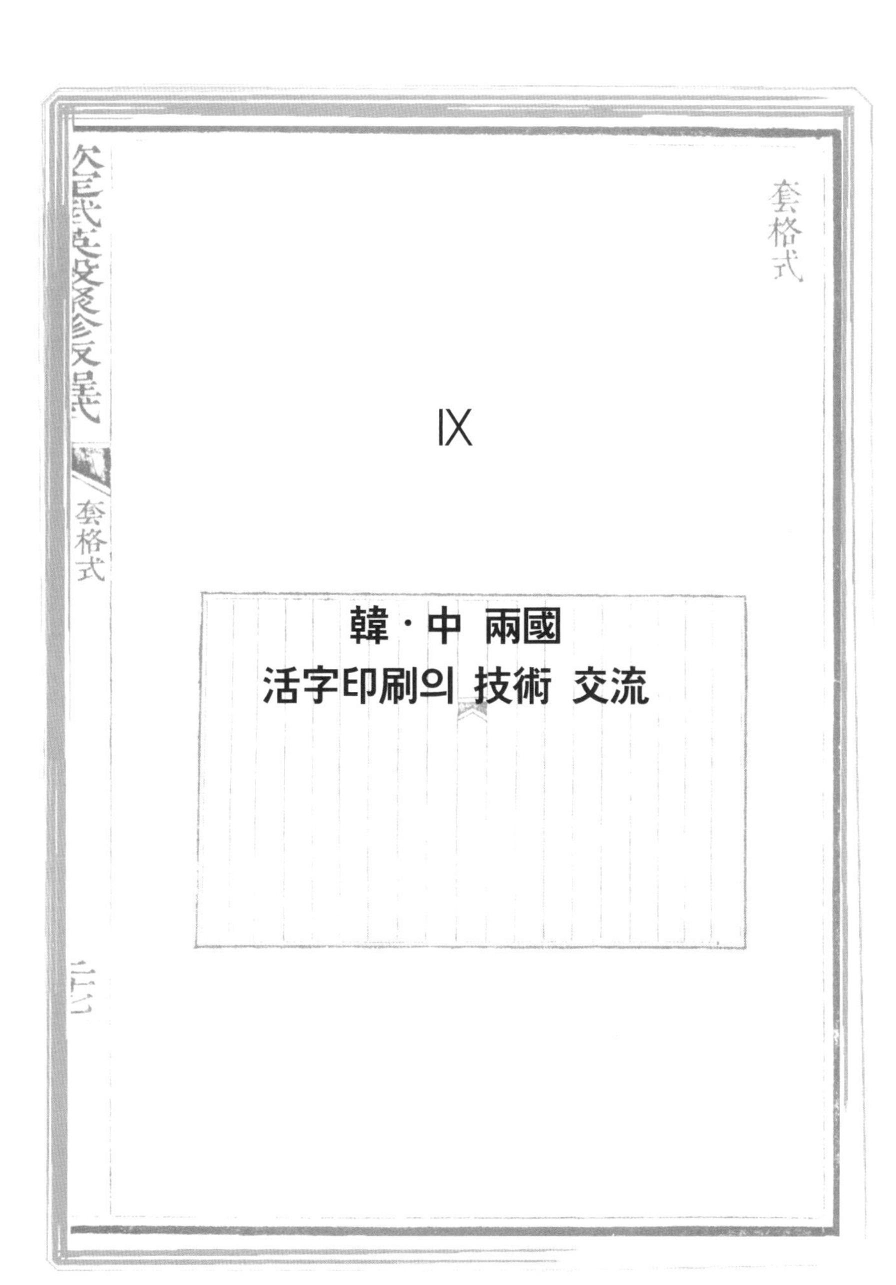

IX

韓·中 兩國 活字印刷의 技術 交流

Ⅸ. 韓·中 兩國 活字印刷의 技術 交流*

Exchange of Typography between Korea and China

◁ 目 次 ▷

〈초 록〉

(1) 인물의 왕래: 서적 생산이나 활자와 관련된 사신이 양국을 왕래하기도 하여 영향을 주고받았다. 淸 시대의 武英殿 聚珍版 목활자 인쇄를 건의하고 주관한 金簡이 조선의 후손이라는 점으로 미루어 간접적으로 조선의 영향을 받았음을 짐작할 수 있다.

(2) 서적의 교류: 중국의 서적은 한국에 수입되어 활자 제작의 자본이 되기도 하였다. 반면에 한국본 漢籍은 중국으로 역전파되어 失傳된 서적을 보충하기도 하였다.

(3) 문헌상의 기록: 조선은 활자인쇄의 기본 원리를 畢昇의 교니활자 인쇄술로부터 계시를 받았다. 금속활자의 주조는 중국의 鑄印術과 鑄錢術을 응용하였다. 중국의 목활자를 수입한 사실도 있었다. 朝鮮의 활자인쇄 기술 수준은 世宗朝(1418-1450)에 최고조에 도달하였다. 따라서 明 시대의 금속활자 인쇄 기술은 이로부터 간접적으로 영향을 받았을 수 있다.

* 曺炯鎭, "韓·中 兩國 活字印刷技術의 交流에 관한 硏究", 「書誌學硏究」 제14집(1997. 12), 273-301.

(4) 활자본의 비교: 明 시대의 弘治·正德 연간의 금속활자본과 조선의 동활자본을 비교하여 보면 정교도에 차이가 있음을 알 수 있다. 따라서 明 시대의 금속활자가 직접 조선에서 건너갔을 가능성은 크지 않다. 다만 조선 동활자 인쇄 기술의 영향을 받았을 가능성은 짐작할 수 있다.

그러나 교류를 증명할 수 있는 직접 자료나 확증은 아직 발견하지 못하고, 지금까지 밝힐 수 있는 것은 모두 간접 증거뿐이다. 교류가 있었을 것이라는 심증은 확실하므로 직접 증거를 찾는 노력이 필요하다.

요어: 활자인쇄, 인물의 왕래, 서적의 교류, 현존 활자본의 비교

<ABSTRACT>

(1) Exchange of people: Envoys related to book production and type also exchanged influences on both countries. Considering that Jjian Jin who suggested and supervised printing wooden type of Wuyingdian Juzhenban during Qing Dynasty was a descendant of Joseon, it can be assumed that the Jian Jin's typography was indirectly influenced by Joseon.

(2) Book exchange: Chinese books were imported to Korea and became manuscripts for type production. On the other hand, Chinese books published in Korea were also exported back to China to supplemented the books that were lost in mainland China.

(3) Records in the literature: Joseon received clues from Sheng Bi's clay type typography for the basic principles of typography. For the casting of metal type, Chinese seal casting technology and coin casting technology were applied. There were also cases in which Joseon imported Chinese wooden types. The level of typography in Joseon reached its peak during

the reign of King Sejong (1418-1450). Therefore, the printing technology of metal type during Ming Dynasty may have been indirectly influenced by Joseon's typography.

(4) Comparison of type edition: Comparing the metal type edition during the reign of Hongzhi and Zhengde in Ming Dynasty with the bronze type edition of Joseon Dynasty, it can be seen that there is a difference in the degree of sophistication. Therefore, it is unlikely that the metal type of Ming Dynasty came directly from Joseon. However, it can be assumed that it was influenced by the bronze type typography of Joseon.

However, no direct data or evidence has been found to prove the exchange of typography between them, and all that can be provided so far is indirect evidence. It is certain that there would have been an exchange between them, so efforts to find direct evidence are needed.

key words: typography, exchange of people, book exchange, comparison of existing type edition

1. 小 緖

문화란 인류가 사회의 여러 방면에서 노력한 성과의 결정체이다. 인류의 각 지역 또는 각 민족 간의 문화는 사회의 환경과 역사적 배경의 차이로 말미암아 각각의 특징을 가지고 있다. 이처럼 서로 다른 특징을 가지고 있기는 하지만, 오히려 자신들만의 장점과 가치를 발전시켜서 인류에게 크나큰 혜택을 제공하는 공헌을 하고 있다. 그러므로 상호 간의 문화적 특징을 잘 융합하여 장래 더욱 아름다운 인류의 문명을 개발하는 것은 실로 오늘날 모든 인류의 공통된 책임이며 사명이라고 할 수 있다.

한국과 중국은 지리적으로 밀착해 있어서 여러 방면에서 영향을 주고받았다. 그중에서 전체 인류의 문화 발달에 가장 크게 공헌한 것으로 인쇄술을 들 수 있다. 고대의 인쇄는 목판인쇄와 활자인쇄로 구분할 수 있는데, 특히 활자인쇄는 인쇄 기술의 원리와 효과 면에서 경이적인 발전을 이룩한 것이다.

한국은 중국으로부터 이를 즉시 수입하여 중국과 나란히 발전하여왔고, 더 나아가 자신의 지혜를 발휘하여 금속활자를 발명하였다. 그 후 왕성하게 발전한 활자인쇄 역사는 세계적으로 유례를 찾아볼 수 없을 만큼 찬란하다.

어느 한 문명 또는 과학기술은 장기간 활용하면서 새로운 발명을 이룩해 내는 데에 의의가 있다. 목판인쇄술이 광범위하게 유행하게 되자, 그의 단점을 개량하기 위하여 활자인쇄술이 발명되었다. 활자인쇄술의 편리하고 경제적인 장점은 부인할 수 없다. 그러므로 北宋의 慶曆 연간(1041-1048)에 畢昇이 활자인쇄술을 발명[1]한 이래, 西

夏國과 元・明 시대에도 이용되었다. 淸 시대에도 「武英殿聚珍版程式」이 그 사실을 증명하고 있다. 또한, 오늘날에도 컴퓨터 인쇄 이전까지 절대다수의 인쇄물이 활자인쇄의 방법으로 인쇄된 점을 통해서도 그의 중요성을 알 수 있다.

중국의 활자인쇄는 간혹 정부가 주도한 경우가 있기는 하나 대부분이 민간에 의하여 이루어진 결과, 활자인쇄 기술에 관한 문헌이 극히 적다. 반면에 한국의 활자인쇄는 대부분이 정부가 주도한 결과, 문헌상의 기록을 통하여 그의 발전 과정을 이해할 수가 있다. 그러므로 양국의 고활자인쇄에 관련된 문제를 해결하기 위하여 양국의 상호교류가 활자인쇄 기술의 발달에 미친 영향을 체계적으로 연구하는 것은 대단히 중요하다.

이처럼 양국의 활자인쇄 기술 관련 교류 사실은 분명히 어떤 형태로든 있었을 것으로 짐작된다. 하지만 오늘날까지 이에 관한 연구는 미미하며, 그나마도 문화사적인 요소에 치우친 나머지 활자의 재료・활자의 제작 방법・조판・墨汁 등 과학 기술적인 주제의 연구는 거의 없는 실정이다.[2)]

본 장에서는 문화사적인 역사연구법과 문헌연구법은 물론 실물을 통한 직관법 등 과학 기술적인 방법을 병용하여 조명하고자 한다. 그 주요 내용은 인물의 왕래・서적의 교류・문헌상의 기록・현존 활자본의 비교 등으로 나누어 살피고, 그 결과를 귀납함으로써 한・

---

1) (宋)沈括 저, 胡道靜 교증, 「夢溪筆談校證」(臺北: 世界書局, 1961), 권18, 技藝, 板印書籍조, 597-603.

2) 1. 張秀民, 「中國印刷術的發明及其影響」(臺北: 文史哲出版社, 1980), 84-105.
   2. 徐眞源, "正純祖朝의 活字印刷와 淸朝의 影響에 관한 硏究", 석사학위 논문, 성균관대학교 대학원 도서관학과, 1979.
   3. 嶺南大學校民族文化硏究所 편, 「民族文化論叢」 제4집, (경산: 영남대학교출판부, 1983).

중 양국의 활자인쇄 기술의 교류와 상호 영향에 관한 요소를 정립하고자 한다.

2. 人物의 往來

2.1 활자 발명 이전

한국과 중국은 지리적으로 압록강과 두만강을 사이에 두고 인접하고 있어서 일찍부터 육상교통이 매우 편리하였다. 또 황해를 사이에 두고 가까이 마주 보고 있어서 수상 교통 또한 대단히 편리하였다.

따라서 예로부터 왕래가 빈번하여 사신의 왕래는 역사 기록에 끊임없이 나타나며, 해상교통을 이용한 무역선의 왕래도 수를 헤아릴 수 없을 정도였다. 殷商 시대에는 箕子가 중국인 5,000명을 거느리고 조선에 들어온[3] 이래로 漢 시대에는 이미 사신이 왕래하였으며 唐 시대 이후에는 新羅도 수많은 유학생과 승려를 중국에 파견하기도 하였다.

인쇄문화와 관련된 사신으로는 宋 시대 太平興國 4(979)년 1월에 太子中允 張洎와 著作佐郎 句中正이 고려에 사신 왔었으며[4] 宣和 5(1123)년에는 徐兢도 고려에 사신 왔었다.[5] 고려의 사절로 중국에 사신 갔던 경우는 그 수를 헤아릴 수 없이 많다. 그러나 이상의 왕래

3) 洪鳳漢 등 봉칙찬, 李萬運 보편, 朴容大 등 보수, 「增補文獻備考」(서울: 明文堂, 1981), 권242, 藝文考1, 歷代書籍, 제1엽下엽, 涵虛子曰조.

4) (元)脫脫(托克托) 등, 「宋史」, 권4, 本紀第4, 太宗1, 4年春正月丁亥조.

5) (宋)徐兢, 「宣和奉使高麗圖經」(臺北: 商務印書館, 1968), 序, 1-2.

는 모두 활자발명 이전의 일이거나 활자에 관한 언급이 없어서 활자 인쇄 문화의 교류에 영향을 미친 것은 아니었다.

2.2 활자 발명 이후

2.2.1 조선의 南智와 蕭儀

활자발명 이후에 양국을 왕래한 인물로는 「朝鮮世宗實錄」 권69에:

> (1435년 8월) 癸亥(24일)에, 刑曹叅判 南智를 北京에 보내어 明英宗皇帝의 즉위를 축하하게 하였다. ......그 從事官이 가지고 간 事目에 "......우리나라의 주조한 금속활자는 밀납을 사용하여 작업할 수고가 제법 많다. 후에 개량한 주조 활자는 사면이 평정하여 주조한 금속활자의 체제가 두 가지가 되었다. 중국이 주조한 금속활자의 서체와 인출하는 방법을 자세히 준비하여 물어볼 것이다(癸亥遣刑曹叅判南智, 如京師賀聖節. ......其從事官賫去事目, "......本國鑄字用蠟, 功頗多. 後改鑄字, 四隅平正, 其鑄字體制二樣矣. 中朝鑄字字體印出施爲, 備細訪問.")."[6]

라고 하였다. 또 「朝鮮世宗實錄」 권70에:

> (書狀官인 鄭而漢이) 또 "자양은 銅으로 하나하나 주조하여 글을 따라 활자를 배열하여 인출합니까?"라고 물었다. (禮部 員外郎인 蕭)儀가 "아닙니다. 옛날에는 간혹 銅으로 주조하여 활자와 인판이 서로 부합하였으나 제도는 목판과 같되 작업할 수고가 대단히 많이 소모되므로 근래에는 모두 목판을 사용합니다."라고 대답하였다((書狀鄭而漢)又問曰: 字樣以銅箇箇鑄之, 隨書排字而印出乎. (禮部員外郎蕭)儀答: 不是. 昔者或以銅鑄之, 字與板相付, 制度與木板一般, 功費甚鉅, 近來皆用木板.).[7]

---

6) 「朝鮮世宗實錄」, 권69, 17(1435)年乙卯 8月 癸亥(24日)조.

라고 한 사실에서 南智·蕭儀 등의 사신들로 하여금 중국의 활자 인쇄 기술을 물어 오도록 한 사실을 알 수 있다. 조선의 활자인쇄 발달사에서 世宗 연간(1418-1450)은 활자인쇄의 불편한 점을 개량하기 위하여 가장 적극적으로 기술 개량에 힘쓰던 시기이다. 이 같은 노력의 편린이 위의 사신 왕래 기록에서도 엿볼 수 있다. 그러나 당시의 중국은 아직 鑄字 인쇄가 없어서 직접적인 상호교류나 영향은 없었던 것으로 추론할 수 있다.

2.2.2 明의 董越과 王敞

(明)華燧 會通館의 주석활자("제IV장 3.1.3 會通館 活字銅板의 재질과 제작 방법" 참조)가 어디에서 왔는가 하는 것은 대단히 중요한 문제다. 대체로 만약 華燧 자신이 창제한 것이 아니라면, 남으로부터 전수 받은 것이거나 다른 것에서 모방한 것으로 추측할 수 있다. 중국이 금속활자를 사용하기 시작할 즈음에 조선은 이미 십여 차례나 활자를 주조하였으니, 會通館의 주석활자는 조선보다 약 80여 년이나 늦다. 이는 중국이 지리적으로 조선과 가장 인접하고 있고, 또 15세기를 전후하여 양국의 교류 관계가 밀접하여 사신의 왕래도 빈번하였으므로, 조선의 동활자가 無錫의 華 씨나 중국의 사절과 모종의 관련이 있을 것으로 의심해 볼 만하다. 예를 들면 「明孝宗實錄」 권8에:

> (1487년 12월) 庚午(초 5일)에, 孝宗皇帝가 즉위한 사실을 알리기 위하여 右春坊右庶子 겸 翰林院侍講인 董越 正使와 工科右給事中인 王敞 充正副使를 파견하여 조선국에 詔書를 내려 주었다(庚午,

7) 「朝鮮世宗實錄」, 권70, 17(1435)年乙卯 12月 庚戌(13日)조.

以即位遣右春坊右庶子兼翰林院侍講董越, 工科右給事中王敞充正副使, 頒詔于朝鮮國.).[8]

「朝鮮成宗實錄」 권213에도:

遠接使인 許琮이 급히 아뢰기를 "左春防右庶子 겸 翰林院侍講인 董越 正使와 工科右給事中인 王敞 副使가 두목 14인을 거느리고 하사품 상자와 개인 물품 상자 모두 6개를 가지고 이달 25일에 강을 건넜습니다."라고 하였다(遠接使許琮馳啓, 正使左春防右庶子兼翰林侍講董越·副使工科右給事中王敞, 率頭目十四人, 將賜物樻私樻幷六, 今月二十五日越江.).[9]

또한「朝鮮成宗實錄」 권214에는:

(1488년 3월) 壬午(18일)에, 임금이 慕華舘에 행차하여 餞別宴을 행하다. ......두 사신이 "여러 번 현왕의 후례를 입었고 또 좋은 말씀도 해주셨으니 절하고서 하직하고자 합니다."라고 말하고 임금 앞에 나아가 재배하니 임금이 답배하였다. 두 사신이 나가니 임금이 대문 밖에까지 환송하였다. 두 사신이 가마를 타고 백관의 祇送位에 이르러 가마에서 내려서 마주 보며 재배하고 작별하였다(壬午, 上幸慕華舘, 行餞宴. ......兩使曰, "累蒙 賢王厚禮, 又贈昌言, 欲拜而辭焉", 就上前再拜, 上答拜. 兩使出, 上送至大門外. 兩使乘轎, 至百官祇送位下轎, 相向再拜而別.).[10]

「明孝宗實錄」 권14에도:

詔書를 내려주러 갔던 右春坊右庶子 겸 翰林院侍講인 董越 正使와

8) 「明孝宗實錄」, 권8, 成化 23(1487)年 12月 庚午(初5日)조.

9) 「朝鮮成宗實錄」, 권213, 19(1488)年戊申 2月 壬戌(28日)조.

10) 「朝鮮成宗實錄」, 권214, 19(1488)年戊申 3月 壬午(18日)조.

工科給事中인 王敞 副使가 조선에서 돌아왔음을 알리다(諭　頒詔正使右春坊右庶子兼翰林院侍講董越·副使工科給事中王敞歸自朝鮮.).[11]

라고 한 사실에서 중국의 董越과 王敞이 황명을 받고 조선에 사신 와서 1488년 2월 25일경부터 3월 18일까지 20여 일 체류하였음을 알 수 있다. 사신 왕래 시에는 특산물을 많이 준비하여 친지나 친우에게 선물하곤 하였는데, 이들의 관직이 학문과 깊은 관련이 있으므로 만약 조선의 동활자 인쇄에 관하여 보고 들은 바가 있거나 직접 동활자를 가지고 돌아갔다면, 동료나 친지 등에게 그 방법을 설명하여 주었거나 그 실물을 선물하였을 가능성도 다분하다.

2.2.3 조선의 成俔

「明孝宗實錄」 권15에:

(1488년 6월) 壬寅에, 조선의 국왕은......따로 同知中樞府事인 成俔(1439-1504) 등을 보내어 詔書와 하사품을 내려주신 데에 감사하였다(壬寅, 朝鮮國王......別遣同知中樞府事成俔等, 謝頒詔恩賜.).[12]

라고 한 사실에서 1488(조선 성종 19, 明 弘治 원)년에 조선의 成俔 등의 사절단이 중국에 사신 갔던 적이 있었음을 알 수 있다. 成俔은 承文院·藝文館·春秋館·侍講院·經筵·禮文館·成均館·弘文館·禮曹 등에 소속한 관직을 두루 거친 학자이면서, 주자법 등 조선의 역대 서적 인쇄에 관련된 사실을 기록한 「慵齋叢話」의 저자

11) 「明孝宗實錄」, 권14, 弘治 원(1488)年 5月 丙寅(初3日)조.

12) 「明孝宗實錄」, 권15, 弘治 원(1488)年 6月 壬寅조.

다. 따라서 중국에 사신 갔던 기간에 모종의 인쇄 관련 교류도 있었을 것이라는 점을 충분히 짐작할 수 있다.

2.2.4 明의 華察

「無錫金匱縣志」 권40에는 華察이 嘉靖 연간(1522-1566)에 황명을 받고 조선에 사신 갔었다고 언급하고 있다.[13] 華察은 그 후 隆慶 6(1572)年에 「華氏傳芳續集」을 輯錄하여 간행하였다.[14] 그런데 그가 輯錄한 권15에는 華燧의 전기가 2편이나 수록되어 있어서 활자를 제작하여 서적을 인쇄한 사실을 언급하고 있다. 그중 한 편이 바로 "範銅爲版, 鏤錫爲字"를 언급하고 있는 (明)吏部尚書 喬宇의 "會通華處士墓表"이다. 이는 비록 華씨 일가가 無錫에서 주석활자로 서적을 인쇄했던 후의 일이지만, 그러나 華 씨의 선조가 혹시 조선과 이미 내왕이 있었지 않았는가 하고 추측해 볼 수 있는 근거가 되고 있다. 다만 이 모든 것은 추측 단계로 아직은 확증을 찾는 노력이 더 필요하다.

2.2.5 淸의 金簡과 조선의 徐浩修

淸 乾隆 연간(1736-1795)에 武英殿 聚珍版의 간행을 위하여 목활자 사용을 건의하고 또 그 간행 사업을 주관한 金簡은 바로 조선의 후예였다. 「朝鮮正祖實錄」 권5에:

---

13) (淸)裴大中 等修, 秦緗業 等纂, 「無錫金匱縣志」(臺北: 成文出版社, 1970), 권40, 雜識, 제17엽.

14) 明 嘉靖 11(1532)年 華從智 刻, 隆慶 6(1572)年 華察 續刻本, 「華氏傳芳續集」은 권1에서 권11까지는 華方이 輯錄하고, 권12 이하는 華察이 輯錄하였다.

> 金簡과 金輝는 "우리 선조의 묘가 조선에 있는데 어찌 감히 근본을 잊을 수 있겠는가? 마땅히 힘을 써서 잘 도모하겠다."라고 하였다(金簡·金輝以爲俺之先墓在於朝鮮, 何敢忘本. 當爲出力善圖云矣.).[15]

又「朝鮮正祖實錄」 권22에:

> 또 통역관에게 말하기를 "내(金簡의 일가 아들인 倭克精額)가 나올 때에 金(簡)尙書가 '조선의 인물화 여러 폭을 구하되 紗帽 혹은 騣巾을 쓰거나 갓 혹은 삿갓을 쓴 사람으로 하여 반드시 채색으로 그려서 가져오면 제사를 지낼 때 벽에 걸어두고 조선을 사모하는 뜻을 나타내겠다.'라고 하였습니다."라고 하니, 관서의 도백이 인물화를 주었다. 대개 金簡의 선조는 곧 본국 사람으로 丙子(1636)·丁丑(1637)년 무렵에 포로가 되어 旗下에 예속되었다. 金簡의 조부인 金尙明은 벼슬이 閣老에 이르렀다(又言於任譯曰, "俺之出來也, 金(簡)尙書以爲'朝鮮人物數帖, 或着紗帽, 或着騣巾, 或冠, 或笠, 必彩畫以來則, 行祀時, 掛置壁上, 以寓戀慕朝鮮之意'云", 關西道臣人工畫與之. 盖金簡之先卽本國人, 丙丁間被擄屬旗下. 簡祖尙明, 官至閣老.).[16]

라고 한 사실에서 金簡은 仁祖 14(1636)년 병자호란 때에 중국에 포로가 되어 끌려간 조선인 金尙明의 손자이다. 스스로는 조선인의 후손임을 자처하면서 조선을 사모하였다. 아울러 조선의 사신들에게 적극적으로 여러 가지 편리와 협조를 아끼지 않았음을 알 수 있다. 金簡이 만난 조선의 인물 중에는 徐浩修가 있다.

조선의 徐浩修(1736-1799)는 正祖 즉위(1776)년에 進賀兼謝恩使節團 부사로서 중국을 처음 방문하였다.[17] 正祖 14(1790)년에는 乾

---

15)「朝鮮正祖實錄」, 권5, 2(1778)年戊戌 3月 癸亥(3日)조.

16)「朝鮮正祖實錄」, 권22, 10(1786)年丙午 9月 戊子(18日)조.

17)「朝鮮正祖實錄」, 권3, 1(1777)年丁酉 2月 庚申(24日)조.

隆 황제의 80세 생신인 萬壽節을 축하하기 위한 進賀兼謝恩使節團의 부사 신분으로, 정사 黃仁點·군관 柳得恭·朴齊家 등과 함께 5월 27일부터 10월 22일까지 5개월 가까이 중국을 두 번째로 방문하였다. 徐浩修는 이 기간에 四庫全書總纂官(禮部尙書) 紀昀과 武英殿 聚珍版의 간행을 주관하고 있는 四庫全書副總裁(工部尙書) 金簡을 만나기도 하였다.

徐浩修는 1754년 과거 급제하고 1776년 규장각 설립 시 초대 제학이면서 임진자(1772년)와 정유자(1777년) 주조에 관여한 徐命膺(1716-1787)의 아들이다. 徐浩修 본인은 규장각 직제학 등의 직책을 맡아오면서 1776년 사행길에 「古今圖書集成」을 구입해 왔고, 武英殿 聚珍版의 활자인쇄 관련 정보를 正祖에게 전달하기도 하였다. 1782년 2월 4일부터 1783년 3월 7일까지 평안도 관찰사로 재직하면서 한구자(1677·1782·1858년 주조)의 2차 주조에 관여하였다.[18] 1790년 사행 후에는 「燕行紀」 4권 2책을 남겼다. 1792년 생생자 제작에 관여하였고,[19] 정리자(1795·1858년 주조)의 1차 주조도 아들 徐有榘와 함께 주관하였다.[20] 이처럼 활자의 주조와 인쇄에 전문 지식을 가지고 있었다.

또한, 1790년 5월의 進賀使와 동년 10월의 冬至使에 동행한 朴齊家(이외에 2회 더 방문)는 「武英殿聚珍版程式」을 숙지하고 있었고, 정리자의 주조에도 관여하였으며, 燕貿木字를 수입하기도 하였다.

---

18) 「國語」, (조선)哲宗 9(1895)년 정리자본, 권말의 鑄字事實: 又於壬寅, 命平安道觀察使徐浩修, 以本朝人韓構書爲字本, 鑄八萬餘字, 儲之內閣.

19) 「日省錄」, 正祖 16(1792)년 윤4월 24일(壬辰): 原任直提學徐浩修啟言, 內閣新造聚珍字譜, 纔已完編進獻, 而更準十六萬字, 加造然後, 始可分排於活印矣… 伏見字譜點畫整齊體制典雅, 以此活印御製諸書頒諸中外.

20) 朴齊家, 「貞蕤閣文集」, 권2, 文, 議.

이 進賀使와 冬至使에 동행한 柳得恭 역시 朴齊家와 함께 正祖의 출판사업에 적극 참여한 인물이다.

이처럼 양국에서 유사한 직분으로 역할을 수행하던 이들의 만남은 서적 간행과 활자인쇄에 관한 교류가 없을 수 없었을 것이다.

2.2.6 조선의 崔德中과 洪大容

조선 숙종 38(1712)년 淸 조정에 사신 간 謝恩副使 尹趾仁을 수행한 軍官 崔德中은 중국의 서적 중에서 특히 通報의 인쇄에 주목하였다. 자신의 「燕行錄」에서

> 여러 종류의 서책을 가져다 보니 淸國의 신간 서적이 역시 많아서 문자 정책을 폐하지 않았음을 알 수 있었다. 그런데 여러 刻板은 모두 토판으로 간행하므로 작업이 매우 수월하였다. 책 이름이 너무 많아서 다 볼 수가 없었다. 날마다 발행하는 邸報도 또한 토판을 사용하는데, 그 刻板하는 작업이 편리하고 용이하기 때문이었다(取見各色書冊, 而淸國之新刊者亦多, 可知不廢文具. 而凡諸刻板, 皆以土板, 故工夫甚歇. 冊名甚繁, 不可盡見矣. 逐日邸報亦用土板, 其刻工之便易故也.).[21]

라고 하였다. 중국에서 邸報를 토판으로 간행하는 사실을 전하면서, 그 이유로 토판이 편리하기 때문이라고 하였다.

조선 英祖 41(1765)년 子弟軍官으로 北京을 방문한 洪大容이 이듬해 귀국 길에서 만난 孫蓉洲와 10여 년간 주고받은 서신에는 중국의 인쇄술과 관련된 기록이 있다. 자신의 「湛軒書外集」 권1에서:

---

21) 崔德中, 「燕行錄」, 癸巳(숙종 39, 1713)年 1월 5일.

(洪大容이 말하기를) 우리나라의 서적은 목판으로 판각하기가 극히 쉽지 않습니다. 그런데 중국은 비록 자잘한 稗說이나 時文 종류까지도 인쇄하여 널리 배포하니, 이는 반드시 간편한 방법이 있을 것입니다. 鐵鑄 활자나 배나무・대추나무 목판 간행은 비록 대국의 작업 능력이라 할지라도 응당 이처럼 용이하지는 않을 것입니다. 듣자 하니 토판의 방법이 있어서, 비용도 적고 사용하기도 편리한데, 그렇습니까? 孫(蓉洲)이 답하기를, '서적의 간행에 간단하고 용이한 방법은 듣지 못하였습니다. 판목은 배나무・대추나무・느릅나무・아가위나무 종류를 많이 사용합니다. 다만 宋 시대에는 동판으로 간행한 자가 있었는데, 요즘 시절에도 역시 간혹 사용하기도 합니다. 대체로 글씨나 그림은 모두 석각을 사용하는데 간혹 목판이나 벽돌로 하기도 합니다. 토판에 관한 얘기는 실제로 아직 들은 바가 없습니다. 서적 1권 중에는 문자의 수에 차이가 있으므로 소요 비용을 예상하기가 어려우며, 또 그 간행 가격이 각 지방마다 싸고 비쌈이 균일하지 않습니다. 이제 北京의 가격으로 말한다면 예를 들어 문자 1만 자에 약 紋銀 10냥이지만, 浙江에서라면 5~6냥이면 족합니다.'라고 하였다(東方書籍, 板刻極不易. 中國雖瑣瑣稗說時文之類, 印布甚廣, 此必有簡易之法. 鐵鑄活字, 梨棗鋟刻, 則雖大邦事力, 不應若是容易. 傳聞有土板之法, 費小而用便, 然否? 孫答曰: 書籍刻版, 未聞簡易之法. 其木多用梨棗及楡杜之類. 惟宋時則有以銅版者, 今朝廷亦偶爲之. 凡書畫皆用石刻, 間有以木以磚者. 土版之說, 實所未聞. 一卷中字有多寡, 所費難以預定, 且其工價, 各處低仰不一. 今以京論, 如字一萬約紋銀十兩, 若在江浙則五六兩足矣.).[22]

라고 하였다. 洪大容이 중국의 지인 鄧文軒으로부터 받은 답신에

대형(洪大容)이 목판과 토판에 관해 물었기 때문에 이에 대하여 언급하였는데, 이 의견은 어떠합니까?(因吾兄木板土板之詢而及之, 此論如何?)[23]

라는 내용이 있다. 또 孫蓉洲에게 보낸 편지의 마지막에도

22) 洪大容, 「湛軒書外集」, 권1, 杭傳尺牘, 與孫蓉洲書.

23) 洪大容, 「湛軒書外集」, 권1, 杭傳尺牘, 與鄧汶軒書.

鄧(文軒)이 답하기를, 오직 塘報만은 활자를 새겨서 수시로 인쇄하는데, 대개 목활자요 철활자는 아닙니다. 刻板 비용은 문자 1개당 약 銀 2~3 分이라고 말하였다(鄧答曰: 惟塘報係刻活字, 隨時刷印, 盖木字非鐵字也. 刻板之費, 每一字約銀二三分.).[24]

라는 내용이 있는 것으로 보아 鄧文軒에게 중국의 인쇄에 대해 여러 질문을 했음을 알 수 있다. 琉璃廠의 서점 주인 周 모 씨와 나눈 대화에도 다음의 내용이 있다.

듣자 하니 중국의 서적은 대부분 토판으로 간행하여 비용은 적게 들면서 효과는 배라고 하는데 믿을 수 있습니까? 周가 웃으며 말하기를 나무는 마모되기 쉬워서 반드시 단단한 것을 선택하여야 하는데, 토판은 꼭 그럴 이유가 없습니다.라고 하였다. 내(洪大容)가 말하기를 '중국에도 주조한 철활자판이 있습니까?'라고 하니, 周가 말하기를 모두 목판을 사용하고, 철활자는 아직 듣지 못하였습니다.라고 하였다(聞中國書, 多以土板, 費省而功倍, 信乎? 周笑曰木猶易刓, 必擇堅韌, 土板必無之理也. 余曰中國亦有鑄字鐵板乎? 周曰皆用木板, 鐵字亦未聞.).[25]

위 기록들에 의하면 崔德中과 洪大容은 중국의 인쇄술에 대하여 상당한 관심이 있었음을 알 수 있다. 洪大容의 토판 질문에 대하여 孫蓉洲는 모른다고 하였고, 周 모 씨는 실용적이라고 말하고 있다. 또 邸報에 대하여 崔德中은 토판을 사용한다고 하고, 鄧文軒은 목활자로 인쇄한다고 하여 일치하지 않았다.

이 외에 朴齊家도 중국은 서적을 토판으로 간행한다고 언급하기도 하였다.[26]

---

24) 洪大容, 「湛軒書外集」, 권1, 杭傳尺牘, 與鄧汶軒書.

25) 洪大容, 「湛軒書外集」, 권7, 燕記, 蔣周問答, 1월 30일.

26) 朴齊家, 「貞蕤閣文集」, 권1, 記, 漫筆.

이들 기록에서 언급한 토판과 동판이 토활자판과 동활자판인지는 확실하지 않지만, 서적 간행의 방법으로 언급한 점에서 활자판으로 짐작할 수 있다. 이 점에서 이들은 중국의 활자인쇄에 관하여 상당한 교류를 하고 있었음을 알 수 있다.

2.2.7 조선의 李德懋

조선 正祖 2(1778)년 謝恩兼陳奏使 沈念祖의 書狀官으로 北京에 다녀온 적이 있는 李德懋는 자신의 문집인 「青莊館全書」에 중국의 출판과 인쇄 등을 기록하면서 「武英殿聚珍版定式」의 御製 序文을 그대로 옮겨 실었다.[27)]

이러한 인물들의 교류로부터 明·淸 시대의 금속활자와 목활자 인쇄는 아마도 직·간접적으로 조선의 활자인쇄 기술의 영향을 받았을 가능성이 있을 것으로 추론할 수 있다. 조선도 역시 중국의 토판과 武英殿 聚珍版으로부터 영향을 받았을 것으로 추론할 수 있다.

3. 書籍의 交流

3.1 중국 서적의 한국 유입

중국의 서적이 한국에 유입되기 시작한 것은 일찍이 漢 시대에 漢字의 전래와 함께 유교 경전·불경·역사서·제자백가류·문집류

27) 李德懋, 「青莊館全書」, 권32, 淸脾錄 1, 武英殿聚珍版; 권56, 盎葉記 3. 四庫全書.

그리고 의학서적 등이 전래됨으로써이다.[28] 南北朝 시대에는 불교의 전파와 함께 불경과 불상 등이 점점 더 전래되어 왔다. 신라와 고려는 불교를 숭상하였고 또 중국의 과거제도를 채택하여 인재를 선발하였다. 조선왕조는 유교와 주자의 성리학을 주창하였다. 이 때문에 불경과 유교 경전의 수요가 급증하였다. 따라서 중국이 목판인쇄술을 발명한 이후, 적지 않은 간행본 서적과 심지어는 冊板까지도 사신・유학생・불교 승려 등의 빈번한 왕래나 통상을 통하여 꾸준히 한국에 수입되었다. 이처럼 요청하기도 하고 구입하기도 하였는데, 대부분이 佛經・經書・史書・陰陽書・地理書 및 類書 등이었다.[29]

조선의 校書館은 국내에서 보기 드문 중국의 서적을 입수하면 반드시 즉시 인출하여 널리 보급하였다. 그 결과 중국의 적지 않은 판본이 훗날 조선의 활자 주조의 자본이 되곤 하였다. 이는 조선이 역대 주조 활자와 목활자의 자본을 대부분이 중국의 판본에서 취한 사실로 알 수 있다. 그 사례로 주조 활자는 1403년의 계미자・1420년의 경자자・1434년의 갑인자・1493년의 계축자・1516년의 병자자・1519년의 기묘자・1607년의 내의원자・1684년의 제1교서관인서체자・1723년의 제2교서관인서체자・1749년의 홍계희자・1816년의 전사자 등이 있다. 목활자는 1495년의 인경자・1752년 이전의 인력목활자・1772년의 방홍무정운자・1792년의 생생자・1792년의 기영목활자・1815년 이전의 취진자 등이 있다.[30] 이러한 사실에서 조선의 활자본은 중국의 영향을 받았음을 알 수 있다.

---

28) 金斗鍾, "韓國印本의 中國 및 日本과의 交流",「民族文化論叢」 제4집(1983. 12), 9.

29) 楚客, "古代中朝兩國的書籍交流", 喬衍琯 등저,「書林掌故續編」(香港: 中山圖書公司, 1973), 91.

30) 曹炯鎭,「中韓兩國古活字印刷技術之比較硏究」(臺北: 學海出版社, 1986), 224-236.

3.2 한국 서적의 중국 역전파

한국에서 간행한 서적이 중국에 전파된 것은 唐 시대에 이미 그 사례가 있었다.[31] 그 후 수량은 물론 중국에서 한국으로 전래된 것보다는 많지 않지만, 신라와 고려 시대에도 중국에 전파된 서적이 있었다. 한국은 중국의 목판인쇄 기술을 터득한 후 적지 않은 서적을 간행하였는데, 인출한 중국의 서적은 대부분이 중국본을 복각한 것이었다. 이러한 복각본은 의외로 많은 장점이 있었는데, 이러한 장점은 왕왕 역으로 중국에 전파되곤 하였다. 예를 들면 「高麗史」 世家卷第2에:

> (光宗) 己未 10(959)년......가을에 사신을 後周에 파견하여 「別序孝經」 1권·「越王孝經新義」 8권·「皇靈孝經」 1권·「孝經雌雄圖」 3권을 선사하였다(己未十年......秋, 遣使如周, 進≪別序孝經≫一卷·≪越王孝經新義≫八卷·≪皇靈孝經≫一卷·≪孝經雌雄圖≫三卷.).[32]

라고 하여 五代 말기에 고려가 後周에 서적을 보내준 사실을 알 수 있다. (宋)陸游의 「渭南文集」 권27에는:

> 館中의 「說苑」 20권은......후에 고려가 1권을 선사하여 마침내 갖추어졌다(館中≪說苑≫二十卷......後, 高麗進一卷, 遂足.).[33]

「玉海」 제52권에도:

---

31) 朝鮮總督府, 「朝鮮金石總覽」, 上, (2) 新羅期, 附錄: 附8, 慶州崇福寺碑, 新羅國初月山大崇福寺碑銘(幷序).

32) 鄭麟趾 등저, 「高麗史」, 권2, 世家卷 第2, 光宗10(959)年조.

33) (宋)陸游, 「渭南文集」, 권27, 跋說苑조.

고려가 기증한 서적은 이본이 많아서 장서각에도 없는 것들이다(高麗獻書多異本, 館閣所無.).[34]

라고 하여 고려가 중국에서 이미 전래되지 않고 있는 서적을 보내준 사실도 알 수 있다. 또 宋 시대 神宗(1068-1085) 때에는 고려에 書目과 중국의 佚書를 올리도록 요구하기도 하였고,[35] 宋 시대 元祐 6(1091)년에는 고려에 와서 중국에서 失傳된 서적을 구하기도 하였다.[36] 이 밖에도 고려와 조선으로부터 문인의 저작이 중국에 전파되기도 하였다.[37] 이뿐만 아니라 활자판으로 인출한 서적이 정교하고 아름다워서 중국의 장서가들로부터 사랑을 받았던 점에서도 영향이 발생하였을 수 있음을 짐작할 수 있다.

이상에서 서술한 바로부터 한국에서 간행했던 많은 서적이 원래는 중국의 것을 모방하였는데, 이본을 많이 가지고 있을 뿐만 아니라 복각을 함에도 자의적으로 고치거나 바꾸지 않아서 저본의 판식을 유지하고 있음을 알 수 있다. 이로 인하여 고서의 원래 모습을 충분히 엿볼 수 있을 뿐만 아니라, 중국에서 후세에 전래되던 수많은 판본을 정정할 수 있었고 더 나아가 중국으로 역전파되어 실전된 한적을 재현할 수도 있었다. 이러한 점은 모두 한국의 서적이 중국의 학계에 대하여 영향을 미쳤고 또 공헌하였다는 확실한 방증이다.

---

34) (宋)王應麟, 「玉海」, 권52, 藝文書目조.

35) 楚客(1973), 91-92.

36) 屈萬里, "元祐六年宋朝向高麗訪求佚書問題", 「東方雜誌」 復刊第8卷, 第8期(1975. 2), 23-26.

37) 劉國鈞·陳國慶 공저, 「版本學」(臺北: 西南書局, 1978), 135.

4. 文獻 상의 記錄

4.1 「農書」의 朱錫活字와 韓國 尙州의 陶活字

王禎이 「農書」에서 언급한 "근세에 또 주석을 부어서 활자를 만들었다(近世又有注錫作字)."[38]의 "近世"는 13세기 후엽 蒙古가 국호를 元이라고 칭하던 무렵이라고 말할 수 있다.[39] 고려는 그 당시에 이미 활자를 주조하여 서적을 인쇄하고 있었고, 蒙古는 또 고려를 지배하기도 하였다. 그러므로 元 시대의 주석활자는 아마도 고려의 금속활자 인쇄술로부터 영향을 받은 후에 독자적으로 조판 방법을 개량하였을 수 있다. 즉 활자 동체의 측면에 구멍을 조성하여 매 행의 활자를 철사로 꿰어서 조판하였을 것으로 추측할 수 있다.

이와는 별개로 한국의 尙州에서 발견되어 현존하는 陶活字가 있는데, 그 활자 동체의 측면에 조그마한 구멍이 있다.[40] 이처럼 활자 동체의 측면에 구멍이 있다는 점은 元 시대의 주석활자와의 공통점으로 이들 사이에도 교류와 영향을 주고받았을 가능성이 다분히 있을 것이다. 그러나 더 자세한 사항은 陶活字의 연대가 고증된 후에 진일보한 연구를 기대한다.

4.2 한국의 鑄字法과 중국의 鑄印法·鑄錢法

역대의 문헌에는 한국의 활자가 중국의 영향을 받았다고 분명하게 기록하고 있지는 않다. 그러나 한국의 초기 금속활자 인쇄에 관

38) (元)王禎, 「農書」, 권22, 造活字印書法.
39) 千惠鳳, 「羅麗印刷術의 硏究」(서울: 景仁文化社, 1980), 189.
40) 孫寶基, 「金屬活字와 印刷術」(서울: 世宗大王紀念事業會, 1977), 17, 241-242.

한 문헌의 기록, 즉 金宗直의 "新鑄字跋"41)・徐有榘의 「林園十六志」42)・李圭景의 「五洲衍文長箋散稿」43) 등에는 모두 畢昇의 교니활자와 王禎의 목활자 인쇄 방법을 언급하거나 인용하고 있다. 또 한국 초기 금속활자의 인쇄 기술과 그 활자본 상에 나타난 여러 특징을 畢昇의 교니활자 제작 방법과 비교하여 보면, 한국 초기 활자의 주조・조판・인출 등 기술은 畢昇이 이룩한 발명의 계시를 받아서 그 기본 원리와 관련 지식을 터득하였음을 알 수 있다.

(朝鮮)成俔의 「慵齋叢話」 권7에:

> 활자의 주조 방법은 먼저 황양목을 가지고 모든 문자를 새겨서, 바다의 연한 진흙(일명 해감모래)을 인판에 평평히 깔고, 목각자를 그 가운데에 인착하면, 찍힌 곳이 모두 오목하게 문자가 된다. 이에 두 인판을 합쳐놓고, 銅을 용해하여, 한 구멍으로 부어 넣으면, 쇳물이 오목한 곳으로 흘러 들어가, 하나하나 활자가 이루어지니, 드디어 중복되는 부분을 깎아서 다듬는다(鑄字之法, 先用黃楊木刻諸字, 以海浦軟泥平鋪印板, 印着木刻字於泥中, 則所印處凹而成字. 於是合兩印板, 鎔銅, 從一穴瀉下, 流液分入凹處, 一一成字, 遂刻剔重複而整之.).44)

라는 기록이 있다. (明)文彭이 편찬한 「印史」에는:

> 인장의 주조 방법에는 두 가지가 있으니, 번사법과 발랍법이다. 번사법은 나무로 인장을 만들어서, 모래 속에 엎어서, 주전법과 같이 한다.......(鑄印有二, 曰翻砂, 曰撥蠟. 翻砂以木爲印, 覆於砂中, 如鑄錢之法.......).45)

---

41) 金宗直, "新鑄字跋", 朝鮮 甲辰字本, 「治平要覽」・「纂註分類杜詩」・「陳簡齋詩集」 등의 卷末.

42) 徐有榘, 「林園十六志」, 권105, 怡雲志, 권7, 圖書藏訪(下), 鋟印, 膠泥活字法 및 木刻活字法.

43) 李圭景, 「五洲衍文長箋散稿」(서울: 東國文化社, 1959), 권24, 鑄字印書辨證說.

44) 成俔, 「慵齋叢話」, 권7, 活字조.

라는 기록이 있다. (淸)陳克恕가 편찬한「篆刻鍼度」권4에는:

인장의 주조 방법에는 두 가지가 있으니, 번사법과 주전법이다. 모래진흙을 충분히 다져서, 두 개를 만들고, 미리 만들어 둔 인장을 모래진흙 가운데에 끼워 넣어서, 먼저 흔적이 그 안에 찍히게 한 다음, 조그만 구멍 한 개를 만들어서, 구리를 녹여 부어 넣는다(鑄印有二, 翻砂與鑄錢之法. 將砂泥鎚熟, 做成二方, 以已就之印夾合砂泥中間, 先印其式在內, 留一小孔, 以銅鎔化入之.).[46]

라는 기록이 있다.

「慵齋叢話」에 나타난 주자법을「印史」와「篆刻鍼度」에 기록된 주인법과 주전법에 비교하여 보면 결코 차이점을 발견할 수 없다. 중국은 동전이나 인장을 주조하는 기술을 일찍이 先秦 시대부터 가지고 있었으며, 漢 시대에는 이미 상당히 발달하였다. 그러므로 한국의 금속활자 주조 방법은 아마도 중국의 동전과 인장을 주조하는 기술로부터 영향을 받았다고 추론할 수 있다.[47]

4.3 조선의 銅活字와 그 字本

조선의 활자 재료와 제작 방법에 대하여는 (朝鮮)權近의「陽村集」권22에:

내(朝鮮 太宗)가 구리를 주조하여 활자를 만들고저......(予欲範銅爲字.).[48]

---

45) (明)文彭,「印史」.

46) (淸)陳克恕,「篆刻鍼度」, 권4.

47) 沈隅俊, "鑄錢術과 鑄字術",「圖書館學會誌」제4호(1979), 75-115.

48) 權近,「陽村集」, 권22, 跋語類, 鑄字跋.

라는 기록이 있고, 「朝鮮世宗實錄」 권65에는:

> 큰 활자를 주조할 때, 조정의 신하들이 모두 이루기 어렵다고 하자, 太宗이 주조해내도록 강력히 명령하였다. ……내(世宗)가 이 병폐를 염려하여, 일찍이 경에게 개량하도록 명령을 하였는데, 경 또한 어렵다고 생각하였다. 내가 그것을 강력하게 하니, 경이 그제야 지혜를 움직여서……(鑄大字時, 廷臣皆曰難成, 太宗强令鑄之. ……予(世宗)念此弊, 曾命卿改造, 卿亦以爲難. 予强之, 卿乃運智…….).[49]

라는 기록이 있어서 구리를 활자 재료로 삼아 주조한 것은 조선의 독창임을 알 수 있다. 또한, 계미자・경자자・갑인자 등 초기의 인쇄 기술도 역시 독자적으로 개량하여 서적 인쇄에 응용하였음을 알 수 있다.

한국의 금속활자 주조를 오늘날 뒤돌아보면 분명히 중요한 발명임에도 불구하고 당시의 고려와 조선이 금속활자의 발명을 대서특필하지 않았다. 왜 그랬을까? 그의 주된 이유로 세 가지를 들 수 있다. (1) 중국의 宋 시대에 활자인쇄술을 발명하여 그 원리와 개념을 이미 알고 있었고, 고려는 다만 그 재료를 금속으로 바꾸어 사용하였을 따름이다. (2) 비록 이미 금속활자를 발명하긴 하였으나, 그 판본이 宋 시대나 元 시대의 목판본보다 아름답지 못하였다.[50] (3) 금속활자의 발명 초기에 인쇄 기술과 그 능률이 목판본보다 좋지 못하였다. 이러한 연유로 인하여 하나의 새로운 발명으로 여기지 않았던 것으로 보인다.

---

49) 「朝鮮世宗實錄」, 권65, 16(1434)年甲寅 7月 丁丑조.

50) 孫寶基, "韓國印刷技術史", 高麗大學校民族文化硏究所 편, 「韓國文化史大系」(서울: 高麗大學校民族文化硏究所, 1970), 997-998.

그러나 조선이 수많은 활자를 제작할 때 중국본의 서체를 그대로 자본으로 삼은 경우가 적지 않다. 예를 들면 계미자는 송각본을, 경자자는 원각본을, 갑인자는 명각본을, 갑진자는 중국본 「歐陽文忠公集」 등을, 계축자는 명각본을, 인경자는 원각본을, 병자자는 명각본을, 효경대의자는 趙松雪體를, 내의원자는 명각본을, 낙동계자와 현종실록자는 晋體(王羲之體)를, 제1・제2교서관인서체자는 명각본을, 원종자는 원종이 쓴 晋體를, 홍계희자・인력목활자・생생자・기영목활자・정리자・취진자・전사자・학부인서체목활자 등은 聚珍版「康熙字典」體를, 방홍무정운자는 「洪武正韻」을 자본으로 삼았으며,[51] 19세기 민간에서도 인서체가 유행한 사실 등이다. 이는 중국본이 조선의 활자 제작과 서적 간행에 적어도 형태적인 측면에서라도 시종 영향을 미쳤음을 의미한다.

4.4 金屬活字의 유행 시기와 지역

금속활자로 서적을 인쇄한 사실은 한국은 13세기 중엽, 즉 南宋 理宗(1225-1264) 때에 이미 활자를 주조하여 서적을 인쇄하였고, 15세기 초엽에는 여러 차례나 대규모로 활자를 주조하였다. 중국의 금속활자 인쇄술은 明 시대 弘治(1488-1505)・正德 연간(1506-1521)에 성행하였고 활자의 재료도 銅・주석・鉛을 주로 사용하였다.

또한, 금속활자로 서적 인쇄가 유행한 지역은 중국의 바다를 끼고 있는 동부 일대, 즉 江蘇와 福建 등이었다. 이러한 지역은 모두 당시에 조선과 선박의 왕래가 빈번하였던 곳이다. 비록 중국의 금속활자

51) 曹炯鎭(1986), 224-236.

가 한국의 영향을 받았다고 언급한 분명한 문헌 기록을 아직 발견하지 못하였을지라도, 그러나 상식적으로 판단하건대 중국에서 금속활자가 유행한 것은 시간상으로 한국보다 약 80~90년 정도 늦으므로 한국의 영향을 받았을 가능성이 있다. 그렇지만 이 모든 것은 아직 문헌적인 증명이 필요하다.

4.5 「古今圖書集成」 동활자

淸 시대 康熙 연간(1662-1722) 말기에 편찬한 「古今圖書集成」은 동활자로 간행하였다. 그런데 혹자는 비록 한국의 영향을 받았다고 명확히 언급한 역사 기록은 아직 발견하지 못하였지만, 그러나 조선은 顯宗 9(1668)년에는 임진왜란 이후 침체된 동활자 인쇄를 완전히 회복하였고, 양국이 서로 가까운 거리에서 마주 보고 있으므로 응당 간접적인 관계는 있을 것이라고 말하고 있다.[52] 이 점도 역시 문헌 기록의 발굴이 필요하다.

4.6 朝鮮의 正祖와 燕貿木活字·聚珍版

4.6.1 朝鮮의 正祖와 燕貿木活字

朝鮮의 正祖는 세자(春邸) 시절인 英祖 48(1772)년에 이미 임진자(5주 갑인자) 150,000개를 주조하도록 하였고, 「資治通鑑綱目續編」을 간행하기 위하여 방홍무정운 목활자를 조각하도록 하였다. 正祖 원(1777)년에는 정유자(6주 갑인자) 대·소 150,170개를, 6(1782)

52) 周駿富, "中國活字版傳韓考辨", 劉家璧 편, 「中國圖書史資料集」(香港: 龍門書店, 1974), 788.

년에는 임인자(재주한구자) 83,660개를 주조하도록 하였다. 16(1792)년에는 생생자 대·소 목활자 321,500개를 조각하도록 하였으며, 동년에 箕營으로 하여금 취진자체로 기영목활자 160,000개를 조각하도록 하였다. 19(1795)년에는 생생자를 자본으로 정리자 대·소 300,000개를 주조하도록 하였고, 동년에 정리자와 병용하기 위하여 한글 활자인 오륜행실언서자 4,400개를 목활자로 조각하도록 하였다. 21(1797)년에는 춘추강자 5,260개를 목활자로 조각하도록 하였다. 이처럼 정조는 세자 시절부터 재위 기간에 무려 1,174,990여 개를 조성하였다.[53] 이는 아마도 세계에 유례가 없는, 가히 활자 대왕이라고 할 수 있을 것이다.

조선 正祖 14년에 淸朝로부터 燕貿木活字 대자 11,500개와 소자 11,450개를 수입하였다. 이듬해에는 다시 대자 9,600개와 소자 9,900개를 추가로 수입하였다.[54] 비록 이 활자로 인출한 서적이나 서적을 인출하였다는 사실을 언급한 문헌 기록은 아직 발견되지 않고 있다. 그러나 正祖가 두 차례에 걸쳐서 대량의 활자를 수입하여 주자소에 보관한 목적은 적어도 새로운 활자 제작을 위하여 참고하기 위함이었을 것이니 적지 않은 영향을 받았을 것이다.

이러한 추론은 正祖가 燕貿木字 수입 1~2년 후인 16(1792)년에 목활자인 생생자를 제작하였고, 다시 이를 바탕으로 19년에 정리자를 주조하였다. 이때 더 나아가서 중국의 聚珍板式을 모방하고, 「康熙字典」에서 자본을 취하도록 한 점[55]에서도 필연적이었을 것으로 증명된다.

---

53) 曹炯鎭(1986), 232-234.

54) 「板堂考」, 鑄字所應行節目, 活字조.

55) 「朝鮮正宗實錄」, 권44, 20(1796)년丙辰 3月 癸亥(17일)조.

4.6.2 朝鮮의 正祖와 聚珍版

‘활자판’이라는 의미로 사용되는 명칭은 여러 가지가 있는데,[56] 聚珍版도 그중 하나이다. 聚珍版이라는 명칭은 御製題武英殿聚珍版十韻有序에

> 다만 활자판이라는 명칭이 점잖지 아니하니, 이로 인하여 聚珍으로 명명하여 시를 붙인다(第活字版之名不雅馴, 因以聚珍名之而系以詩.).[57]

라고 하여, 乾隆 황제가 우아한 명칭으로 활자 대신 선택하여 사용하기 시작하면서 보편화되었다. 조선 英祖 연간(1724-1776)에 淸朝로부터 「武英殿聚珍版程式」이 전래된 이후[58] 조선에서도 취진판이라는 명칭이 상당히 유행하였다. 심지어 목활자에 취진자라는 명칭을 붙이기도 하였다. 특히 취진자로 인출한 「金陵集」은 서체 외에 판식 상의 여러 특징・지질・제본 등까지도 모두 중국의 취진판을 모방하였다. 이로써 조선이 중국의 것을 즐겨 사용한 기풍을 알 수 있다.

이러한 취진판에 누구보다도 관심이 많았던 사람은 正祖였다. 그는 조선의 활자가 규격이 균일하지 않아서 나타나는 인쇄의 불편을 개량하기 위하여 당시 淸 조정이 추진하고 있는 武英殿 聚珍版에 대한 정보를 입수하여 생생자와 정리자 제작에 응용하였다.[59] 정리

---

56) 1. 張秀民, “中國活字印刷簡史”, 上海新四軍歷史研究會印刷印鈔分會 편, 「活字印刷源流」(北京: 印刷工業出版社, 1990), 13.
2. 鄒毅, 「證驗千年活版印刷術」(北京: 社會科學文獻出版社, 2010), 24-25.

57) (淸)金簡, 「武英殿聚珍版程式」, 御製題武英殿聚珍版十韻有序.

58) 千惠鳳, 「韓國古印刷史」(서울: 韓國圖書館學研究會, 1976), 101.

자가 완성되자 正祖는 20(1796)년 3월 다음과 같이 지시하였다.

> 대체로 이전에 주조한 활자는 銅體(胴體)가 균일하지 않아서 조판하여 인출함에 거의 다 눅눅한 종이를 고르게 붙여야 하였다. 한 판을 인출할 때마다 따로 여러 명을 지정하여 朱墨으로 인판의 형세에 따라 교정하는데도 오히려 삐뚤어지는 것을 염려하여 걸핏하면 시일을 소비하곤 하였다. 그래서 여러 감인관 신하들이 누차 이를 제기하였다. 壬子年에 중국의 「四庫全書」 聚珍板式을 모방하고 「康熙字典」의 자본을 취하여 황양목으로 대·소 활자 32만여 개를 조성하여 생생자라고 이름하도록 명하였다. 乙卯年에는 「整理儀軌」와 「園幸定例」 등의 서적을 장차 편찬하여 간행하려 함에 생생자를 자본으로 대·소 동활자 모두 30여만 개를 주조하여 정리자라 이름하고 奎瀛의 신부에 보관하도록 명하였다(大抵前後所鑄鑄字, 銅體不一, 其擺印也, 率用濕紙均黏. 每刷一版, 另立數人, 以朱墨逐勢句抹, 猶患欹斜, 動費時日. 監印諸臣, 屢以是爲言. 壬子命倣中國四庫書聚珍板式, 取字典字本, 木用黃楊, 刻成大小三十二萬餘字, 名曰生生字. 乙卯「整理儀軌」及「園幸定例」等書, 將編次印行, 命以生生字爲本, 範銅鑄字大小竝三十餘萬, 名之曰整理字, 藏于奎瀛新府.).[60]

또한, 正祖는 「弘齋全書」에서 생생자와 정리자의 인쇄 효율에 대하여 다음과 같이 평가하고 있다.

> 지금의 생생자와 정리자는 모두 균일하고 방정하며 조각과 주조가 정교하여, 衛夫人字나 한구자 등 여러 활자에 비교하면 눅눅한 종이를 받치거나 삐뚤어지게 배열되거나 요동하는 병폐가 없다. 조판이 간편하고 빠르며 비용과 수고를 줄일 수 있어서 중국의 聚珍板式보다 오히려 더 나으니, 진실로 서적을 간행한 이래로 드러나지 않았던 비법이 모두 여기에 모였다. 그런데 다만 그 서체가 너무 각져서 자못 원후한 뜻을 잃은 것이 흠일 뿐이다(今之生生字·

59) 이재정, "正祖의 生生字·整理字 제작과 中國活字 購入", 「한국사연구」 151집(2010. 12), 149-157.
60) 「朝鮮正祖實錄」, 권44, 20년丙辰 3월 癸亥(17일)조.

整理字, 均齊方正, 刻鑴精工, 視衛夫人・韓構諸字, 無濕紙墊排欹斜挑動之患. 擺印簡捷, 省費省勞, 比之中國聚珍之式, 反復勝之, 誠刊書以來不發之祕, 悉萃于玆. 而但其字體圭角太露, 頗失圓厚之意, 爲可欠耳.).61)

이로부터 생생자와 정리자를 제작할 때, 武英殿 聚珍版을 모방하고 문자의 서체는 「康熙字典」을 모방하여 만들었음을 알 수 있다. 더 나아가 모방에 그치지 않고 더욱 효율적으로 개량하였음도 알 수 있다. 徐有榘도 「林園十六志」에서 생생자의 조판 방식이 武英殿 聚珍版보다 더 효율적이라고 하였다.62)

생생자와 정리자는 활자의 보관 방법도 武英殿 聚珍版의 방법을 모방한 듯하다. 현재 남아있는 「生生字譜」에 의하면 「康熙字典」의 차례에 따라 활자를 분류, 보관하였다. 정리자는 字譜가 남아 있지 않지만, 생생자와 같은 방식으로 보관했을 것으로 보인다.63)

4.7 朝鮮의 李圭景과 徐有榘

徐有榘는 正祖 16년 2월에 규장각 대교에 임명되었고, 正祖 18(1794)년에 홍문관 부교리가 되었다.64) 그는 자신의 문집인 「林園十六志」에 「武英殿聚珍版程式」의 내용은 물론 圖解까지 옮겨 수록하였다. 그 내용을 보면 聚珍版을 완전히 파악하면서, 조선의 인쇄 방법과 비교하기도 하였다.65) 또한, 朴齊家와 함께 燕貿木字 구입에

61) 正祖, 「弘齋全書」, 권165, 日得錄 5, 文學 5.

62) 徐有榘, 「林園十六志」, 권7, 怡雲志: 聚珍版式案詳, 此法先用套格刷印, 旋以印出之紙, 更印槽板一幅再印, 煩費工力. 且方其更印槽版之時, 一或失手覆紙歪斜, 則線行交錯, 煤痕疊暗, 便不可用矣. 我國生生字法, 不用槽版, 直就套格, 擺字最爲簡捷.

63) 이재정, "조선 후기 중국 활자 제작 방식의 도입과 활자의 구입". 「규장각」 38집(2011. 6). 16.

64) 「朝鮮正祖實錄」, 권34, 16년壬子 2월 庚戌(11일)조.

65) 徐有榘, 「林園十六志」, 권7, 怡雲志, 聚珍版式.

도 관여하였다. 그는 英祖・正祖 연간(1777-1800) 활자 제작을 주도한 徐命膺과 徐浩修의 자손으로 활자인쇄 관련 지식은 해박하였으며, 수만 개의 활자를 보유하기도 하였다.[66]

李圭景은 李德懋의 손자로서 자신의 문집 「五洲衍文長箋散稿」에서 중국의 聚珍板을 소개하면서 조선의 활자인쇄와 비교하였다.[67]

4.8 柳壽垣의 「迂書」

柳壽垣은 이용후생을 주장한 실학파의 선두로서 당시 조선의 인쇄와 관련된 병폐를 중국의 인쇄와 비교하면서 개선할 것을 제안하였다. 자신의 저서인 「迂書」 권7에:

> 지금의 중국본은 모두 책방에서 사사로이 판각하여, 北京뿐만 아니라 13省의 도성에 모두 책방이 있고, 도성뿐만 아니라 작은 현과 읍도 모두 그러하다… 이는 서적을 판매하면 이익이 있어서 그러한 것이다… 鄕試에 합격한 문장도 모두 傳刻하여 유포하고 있다. 通報(朝報)에 관하여 말한다면 활자가 작은 인판으로 재빨리 찍어내니 저들의 1년 치 通報가 우리나라의 1~2달 치 朝報보다도 제법 적다. 저들은 한 번 조판하면 1만 장을 찍을 수 있는데, 우리는 많은 관리가 함께 베끼는 일을 하면서 모두 국록을 먹고 있고, 큰 글자로 초솔하게 갈겨써서 종이의 소비가 한이 없으니, 작업 비용의 정도가 번잡한 것을 줄이는 것이 과연 어떠하겠는가? (今之唐板, 皆是書坊私刻, 不但北京, 十三省會城, 皆有書坊, 不但會城, 小縣僻邑皆然… 以其鬻書有利而然也… 鄕試入格文字, 皆亦傳刻以布. 以通報言之, 活字細板, 咄嗟印出, 彼中一年通報, 殆小於吾東一二朔朝報. 彼則一番排字, 可印萬張, 此則百吏齊書, 皆喫料布, 大字潦草, 費紙無限, 工費之繁簡省冗, 果何如哉?)[68]

---

66) 徐有榘, 『楓石全集』, 「金華知非集」, 권3, 與淵泉洪尙書論桂苑筆耕書.

67) 李圭景, 「五洲衍文長箋散稿」, 人事編, 技藝類, 書畵, 鑄字印書辨證說.

68) 柳壽垣, 「迂書」 권7, 論免稅保率之類.

라고 하였다. 이 내용은 柳壽垣이 조선의 朝報 생산에 대한 비효율성을 지적하면서 개선의 필요성을 제안한 것이다. 하지만 중국을 방문한 적이 없는 柳壽垣이 중국의 인쇄 상황을 남으로부터 전해 듣고 그 효율성을 조선과 비교할 수 있을 만큼 파악할 정도라면, 중국의 인쇄 사실이 조선에 상당히 전파되었음을 짐작할 수 있다.

4.9 한국의 중국 연호 사용

한국에서 간행된 판본의 종류를 막론하고, 그 서문이나 발문에는 거의 대부분이 중국의 遼・金・元・明 시대의 연호를 사용하고 있고, 明 시대 이후에는 습관적으로 萬曆(1573-1620)이나 崇禎(1628-1644)의 연호를 사용하고 있다.[69] 이 점은 한국이 중국문화의 영향을 얼마만큼 많이 받았는가를 잘 보여주고 있다.

이상 서술한 문헌 기록 외에도 상대방의 인쇄 관련 사실을 언급한 기록은 적지 않으니, 이를 통하여 한국과 중국은 이왕의 인쇄술 방면에서 서로 영향을 주고받았음이 진실로 허구가 아님을 알 수 있다.

5. 現存 活字本의 比較

활자인쇄 기술사를 연구하는 주된 자료는 활자와 인쇄 공구 실물・인본 서적・관련 저록・문헌 기록 등이 포함된다. 앞의 두 가지는

69) 張秀民(1980), 101.

직접 자료이고 뒤의 두 가지는 간접 자료이다. 明 시대의 금속활자는 弘治 연간부터 萬曆 연간까지 약 80~90년간 통용되었다. 그러다가 17세기 말에 이르러 淸朝의 內府에서 曆算書 등과 「古今圖書集成」을 인출할 때에야 비로소 다시 동활자를 제작하였다. 그런데 明 시대와 淸 시대의 금속활자는 현재 실물이 남아 있지 않기 때문에 한·중 양국 활자인쇄의 상호 영향을 연구하는 가장 원시적인 자료는 소수의 현존 금속활자본만 한 것이 없다. 현재 알 수 있는 明 시대의 금속활자본은 각종 저록과 題跋文에 의하면 약 50종이 확인된다. 현재 소장처를 확실히 알 수 있는 것은 겨우 30종 정도이다. 그중 唐 시대 인물의 소형 문집 50종[70]을 따로 계산한다면 모두 100종에 달하며, 현존하고 있는 것은 80종에 이른다. 만약에 현존하고 있는 원본에 근거하여 자양·行字·묵색·지질·서발·題識 및 기타 기록 등을 서로 비교하여 분석한다면, 금속활자의 원래의 모습과 그 차이점을 다소나마 밝힐 수 있을 것이다. 이를 통하여 한·중 양국의 인쇄문화 중 특히 금속활자에 관하여 상호 발생하였을 가능성이 있는 교류와 영향의 진실도 알 수 있을 것이다.

고대의 완전 수동식 인쇄 기술은 현대의 기계식 인쇄와 달라서 비록 동일한 활자로 인출해 낸다고 할지라도 인출해 낸 각각의 墨跡이나 묵색의 농담이 완전히 일치하지는 않아서 두 개의 활자로 인출해 낸 것처럼 보일 때도 있다. 이러한 완전 수동식 인쇄의 특징을 고려하면서 明 시대 금속활자본의 자양을 자세히 살펴보면 간혹 형식이 가지런하고 일률적인 것이 있기는 하나, 대부분은 자형과 필법이 각

70) 錢存訓, "論明代銅活字板問題", 喬衍琯·張錦郎 공편, 「圖書印刷發展史論文集」(臺北: 文史哲出版社, 1982), 321, 334.

각 다르며 필획 윤곽도 둥그렇지 않고 뾰족한 도각의 흔적이 있다. 한 葉 내의 동일한 문자는 자양이 모두 서로 달라서 하나씩 개별적으로 조각한 듯하고, 하나의 주형에서 주조해 낸 것 같지는 않다. 그러나 주조한 활자라 할지라도 꼭 하나의 자모만을 쓰는 것은 아니어서 如·之·乎·也·者 등이나 숫자와 같이 자주 쓰이는 문자는 여러 개의 자모를 사용하여 주조하므로 자양이 각각 다를 수 있다. 또는 주조한 후에는 인출에 사용하기 위하여 줄이나 조각도로 수정을 하므로 문자 필획의 굵기가 서로 다르게 될 수 있다. 明 시대의 금속활자만이 이런 것이 아니라 조선의 동활자도 비록 주조한 것이긴 하지만 초기에 주조한 활자는 자형이 대부분 다르고 필획도 가지런하지 못하다.

房兆楹은 無錫의 安國과 華 씨의 활자는 출처가 틀림없이 한국일 것이라고 하였다.[71] 無錫의 華 씨 일가가 인쇄한 각종 서적은 서체가 대부분 顔眞卿體와 유사하여 필획이 굵은데 단정하지는 못하여 조선의 을유자와 상당히 닮았다. 이 밖에 조선의 경자자는 華燧의 會通館이 인쇄한 「文苑英華辨正」에 쓰인 대자 및 소자와 서체가 비슷하다. 그러나 각각의 자양을 자세히 관찰하면 일치하지 않고 다소 또는 상당한 차이가 있다.

明 시대 正德 10(1515)년에 蘭雪堂이 인쇄한 「蔡中郎文集」을 살펴보면 "正德 乙亥(10)년 봄 3월에 錫山 蘭雪堂 華堅이 활자동판으로 간행하다(正德乙亥春三月錫山蘭雪堂華堅允剛活字銅版印行)."라는 간기가 있다. 활자의 제작 기술은 매우 粗拙하여 자양이 바르지

71) 錢存訓(1982), 328-329.

못하고 판면도 정교하지 않아서 조선의 주조 활자 인쇄본과는 비교할 수 없을 만큼 차이가 있음을 한눈에 알 수 있다. 그러나 일부 문자는 특별히 삐뚤어지게 조판되어 있고 문자의 행렬도 곧거나 바르지 못한 점은 조선 초기의 주조 활자 인쇄본과 비슷하다.

明 시대의 弘治·正德 연간 금속활자 인쇄가 성행할 때 조선에서 서적 인쇄에 사용하던 동활자는 갑인자·을해자·정축자·무인자·훈사자 및 갑진자 등이다. 그 중 정축자·무인자·훈사자는 특수한 목적을 위하여 주조한 것으로 사용범위가 넓지 않아서 인쇄본 역시 적을 뿐만 아니라 후대에 대한 영향도 그다지 크지 않다. 그러므로 만약에 전해오는 소문과 같이 華燧가 조선에 와서 활자를 가지고 돌아갔다면 나머지 세 종류의 활자일 가능성이 비교적 크다. 이에 華燧의 會通館이 弘治 8(1495)년에 인출한 「容齋隨筆」·安國의 桂坡館이 嘉靖 3(1524)년에 인출한 「吳中水利通志」·芝城에서 嘉靖 31(1552)년에 인출한 「墨子」 등 3종의 판본을 선택하여 조선의 世宗 22(1440)년경 갑인자로 인출한 「唐柳先生集」·世祖 12(1466)년에 을해자로 인출한 「周易傳義」·成宗 16(1485)년에 갑진자로 인출한 「王荊文公詩」 등과 몇몇 특징을 비교하고자 한다.

5.1 華燧 會通館 朱錫活字本 「容齋隨筆」

「容齋隨筆」(圖錄IX-서영 1)은 華燧의 會通館이 弘治 8(1495)년에 인출하였다. 사주단변, 계선 있음(9행). 판심: 화구(弘治歲在旃蒙單閼)(소자 2행), 상 하향 흑단어미, 판심제(容齋隨筆), 권차, 장차, 판심 하단에 會通館活字銅板印(소자 2행). 18행 17자, 판 크기: 23.7 ×

16.1cm. 旃蒙單閼은 乙卯年이니 곧 弘治 8년이다. 사용한 활자는 두 종류, 대자는 1.3 × 1.4cm, 소자는 1.2 × 0.8cm. 소자를 쌍행으로 배열하여 실제 계선은 9행이다.

한 葉 안의 동일한 문자의 자양이 모두 다르고, 서체는 粗拙하여 아름답지 못하며, 각 필획 간의 각도와 거리가 약간씩 차이가 있다. 인판은 변란과 어미가 고착된 일체식이다. 따라서 변란의 네 꼭짓점에 틈이 벌어져 있지 않다. 문자의 횡렬은 가지런하지 못하다. 혹자는 비록 이 서적을 인쇄하여 만든 공정이 가지런하고 지질과 묵색도 정교하다고 하지만,[72] 이에서 활자의 제작과 조판 등 인쇄 기술이 매우 고명하지 못함을 알 수 있다.

5.2 安國 桂坡館 活字銅板本 「吳中水利通志」

「吳中水利通志」(圖錄IX-서영 2)는 安國의 桂坡館이 嘉靖 3년에 인출하였다. 좌우쌍변, 계선 있음. 판심: 백구, 상 하향 흑단어미, 판심제(水利通志), 권차, 장차, 판심 하단에 張(소자). 8행 16자, 소자 쌍행, 판 크기: 19.9 × 14.1cm. 권13의 末葉에 "嘉靖甲申錫山安國活字銅板刊行" 1행의 간기가 있다. 사용한 활자는 두 종류, 대자(표본은 권13 末葉하엽 제7행 제1자의 "嘉")는 1.2 × 1.5cm, 소자는 1.2 × 0.7cm이다.

각 문자의 자양이 대부분 별로 같지 않으며, 필획의 윤곽에 뾰족한 각이 도각의 흔적처럼 남아있어서 주조한 활자처럼 원활하지 않다. 권1 제1엽상엽에 湖가 대자는 4개 소자는 7개가 있는데, 각 필

72) 北京圖書館 원편, 勝村哲也 복간 편, 「中國版刻圖錄」(京都: 朋友書店, 1983), 97, 容齋隨筆조.

획 간의 각도와 거리가 약간씩 차이가 있고 심지어는 크기조차도 일치하지 않는 것이 있다. 예를 들면 제4행 제2자와 제7행 제15자는 크기가 1.2 × 1.3cm인데 비하여, 제8행 제7자는 1.1 × 1.2cm이다. 인판은 조립식이어서 광곽의 네 꼭짓점에 틈이 크게 벌어져 있다.

5.3 姚奎의 銅活字藍印本 「墨子」

「墨子」(圖錄IX-서영 3)는 芝城에서 嘉靖 31년에 인출하였다. 권8의 末葉에 "嘉靖 31년 壬子년 늦여름의 吉日, 芝城의 銅板活字(嘉靖三十一年歲次壬子季夏之吉, 芝城銅板活字)"라는 간기 한 행과 권15의 末葉에 "嘉靖 壬子년 7월 15일 乙未의 吉日, 芝城의 銅板活字(嘉靖壬子歲夷則月中元乙未之吉, 芝城銅板活字)"라는 간기 한 행이 있다. 사주단변, 계선 없음. 판심: 화구(墨子), 상하 내향 흑쌍어미, 권차, 장차. 11행 22자, 판 크기: 19.4 × 13.0cm, 활자의 크기는 0.9 × 0.9cm이다.

권1 제1엽상엽의 而・也의 자양이 상당히 일치하고, 각 필획 간의 각도와 거리도 매우 비슷하다. 인판은 조립식을 사용하였는데 광곽의 네 꼭짓점에 틈이 벌어져 있다. 계선은 인출되지 않았으며 문자의 횡렬은 가지런하고 묵색도 균일하며 판면도 정교하고 치밀하다. 이에서 활자의 제작과 조판인쇄 기술이 상당히 고명하였음을 알 수 있다.

5.4 朝鮮 甲寅字本 「唐柳先生集」

「唐柳先生集」(圖錄IX-서영 4)은 조선 世宗 22(1440)년경 갑인자로 인출하였다. 사주쌍변, 계선 있음. 판심: 백구, 상하 하향 흑쌍어미, 10행 18자, 소자쌍행, 판 크기: 26.7 × 17.5cm(표본은 권41 제1

엽상엽), 활자는 두 종류, 대자는 1.4 × 1.6cm, 소자는 1.4 × 0.8cm 이다.

서체는 모두 둥그스름하고 한 葉 안의 동일한 문자의 자양과 각 필획 간의 각도와 거리가 모두 완전히 합치한다. 인판은 조립식이지만, 광곽의 네 꼭짓점에 틈이 전혀 벌어져 있지 않다. 문자의 횡렬은 매우 가지런하고 묵색도 균일하며 판면도 정교하고 치밀하다. 이로부터 이 활자는 하나의 주형에서 주조해 낸 것이며 그 주조기술과 조판 및 인출 등의 기술이 모두 대단히 고명하였음을 알 수 있다.

5.5 朝鮮 乙亥字本「周易傳義」

「周易傳義」(圖錄IX-서영 5)는 조선 世祖 12년에 을해자로 인출하였다. 사주단변, 계선 있음. 판심: 백구, 상하 내향 흑쌍어미, 8행 대자 12자, 중자 17자, 판 크기: 22.2 × 15.5cm(표본은 권20 제7엽하엽), 활자는 세 종류, 대자 크기 1.8 × 2.3cm, 중자 1.2 × 1.5cm, 口訣 용 한글 활자 1.2 × 1.0cm, 구결은 쌍행이다. 대자와 중자의 계선 간의 너비가 같지 않다.

일부 문자는 자양이 그다지 정교하지 않게 주조되었다. 인판은 조립식을 사용하였다. 문자의 횡렬은 비교적 가지런하다. 묵색은 갑인자만큼 균일하지 못하다. 을해자본 서적 중에는 소자만 사용하여 인출한 것도 있고 중자와 소자를 같이 사용하여 인출한 것도 있는데, 소자의 크기는 1.2 × 0.8cm이다. 그러나 묵색은 균일하지 못하여 인쇄 기술이 갑인자만큼 고명하지 못하였음을 알 수 있다.

5.6 朝鮮 甲辰字本「王荊文公詩」

「王荊文公詩」(圖錄IX-서영 6)는 조선 成宗 16년에 갑진자로 인출하였다. 사주쌍변, 계선 있음. 판심: 상대흑구, 상하 내향 삼엽화문어미, 권차, 장차. 12행 19자(표본은 권21 제1엽상엽), 주석쌍행, 엽에 따라 행자 수와 광곽의 크기가 동일하지 않다. 판 크기: 21.0 × 15.0cm(표본은 권41 제1엽상엽), 활자는 두 종류, 대자 1.0 × 1.1cm, 소자 1.0 × 0.5cm이다.

한 엽 안의 동일한 문자의 자양과 각 필획 간의 각도와 거리가 일치하고 있다. 인판은 조립식을 사용하였다. 문자의 횡렬은 비교적 가지런하고 묵색은 약간 균일하지 않다. 이와는 별개로 대자 또는 소자만을 사용하여 인출한 갑진자본 서적이 있는데[73] 소자본은 묵색이 약간 떨어진다.

상술한 바와 같이 세밀히 관찰하여 얻은 바에 의하면「容齋隨筆」에 사용한 활자는, 활자의 크기를 측정할 때에 발생할 수 있는 약간의 오차를 고려한다면, 이의 대자는 갑인자의 대자와 비슷하고 소자는 을해자의 소자와 비슷하다. 인판은 계미자와 같이 광곽・계선・어미 등이 모두 고착된 일체식을 사용하였다.「吳中水利通志」에 사용한 활자의 크기는 을해자의 중자 및 소자와 비슷하다.「墨子」의 인쇄 기술은 조선의 주조한 동활자본과 비슷하다.

73) 千惠鳳(1976), 210, 214.

6. 小 結

본 연구를 통하여 얻은 내용을 결론으로 정리하면 다음과 같다.

(1) 인물의 왕래

한국은 사신을 파견하여 상대방의 인쇄 기술을 물어오도록 한 경우가 있었다. 서적 생산이나 활자와 관련된 사신이 양국을 왕래하기도 하였다.

중국은 明 시대 금속활자로 서적을 간행한 華씨 문중에 조선에 사신 갔던 인물이 있었다. 淸 시대의 武英殿 聚珍版 목활자를 건의하고 주관한 金簡이 조선의 후손이라는 점으로 미루어 간접적으로 조선의 영향을 받았음을 짐작할 수 있다.

(2) 서적의 교류

중국의 서적은 한국에 수입되어 활자 제작의 자본이 되기도 하였다. 간혹 한국의 서예가가 자본을 쓰기도 하였는데 서예는 중국으로부터 전파된 것이므로, 이 점 역시 중국의 영향을 받은 것이다.

반면에 한국의 한적은 중국으로 역전파되어 실전된 서적을 보충하기도 하였다. 한국의 활자본이 중국의 장서가로부터 사랑을 받기도 하였다. 이처럼 양국 간에는 수많은 교류가 있었다.

(3) 문헌상의 기록

조선은 활자인쇄의 기본 원리인 활자의 제작・조판・인출・해판과 재사용의 과정을 畢昇의 교니활자 인쇄술로부터 계시를 받았다. 특히 금속활자의 주조는 중국의 주인술과 주전술을 응용하였다. 이뿐만 아니라 중국의 활자를 수입한 사실도 있었다.

조선의 활자인쇄 기술 수준은 明 시대의 금속활자가 유행하기 전인 世宗朝에 최고조에 도달하였다. 양국은 지리적으로도 가까워서 왕래하기도 쉬웠으므로, 明 시대의 금속활자 인쇄 기술은 이로부터 간접적으로 영향을 받았을 수 있다.

(4) 양국 활자본의 비교

明 시대의 弘治・正德 연간에 유행한 금속활자본과 조선이 비슷한 시기에 주조한 동활자본을 비교하여 보면, 자양・활자의 제작 기술 및 조판 기술 등에 있어서 정교도에 차이가 있음을 알 수 있다.

이는 아마도 조선의 동활자본은 정부가 주도하였고, 明 시대의 금속활자본은 서사가 제작한 때문일 가능성이 크다. 따라서 明 시대의 금속활자가 직접 조선에서 건너갔을 가능성은 크지 않다. 다만 문헌의 교류 또는 기타의 간접적인 경로를 통하여 조선의 정부 주도 하에서 주조한 동활자 인쇄 기술의 영향을 받았을 가능성은 있을 것으로 짐작할 수 있다.

한・중 양국의 고활자인쇄 기술은 교류를 확증할 수 있는 직접 증거나 자료를 아직 발견하지 못하고 있지만, 이상 서술한 바처럼 서로 영향을 주고받으면서 휘황찬란한 성과를 이룩하였다. 이 성과가 동으로는 일본으로, 서로는 중앙아시아 및 유럽 각지로 전파되어 전체 인류 문명의 급속한 발전을 이룩하는 촉매가 되었을 것이다.

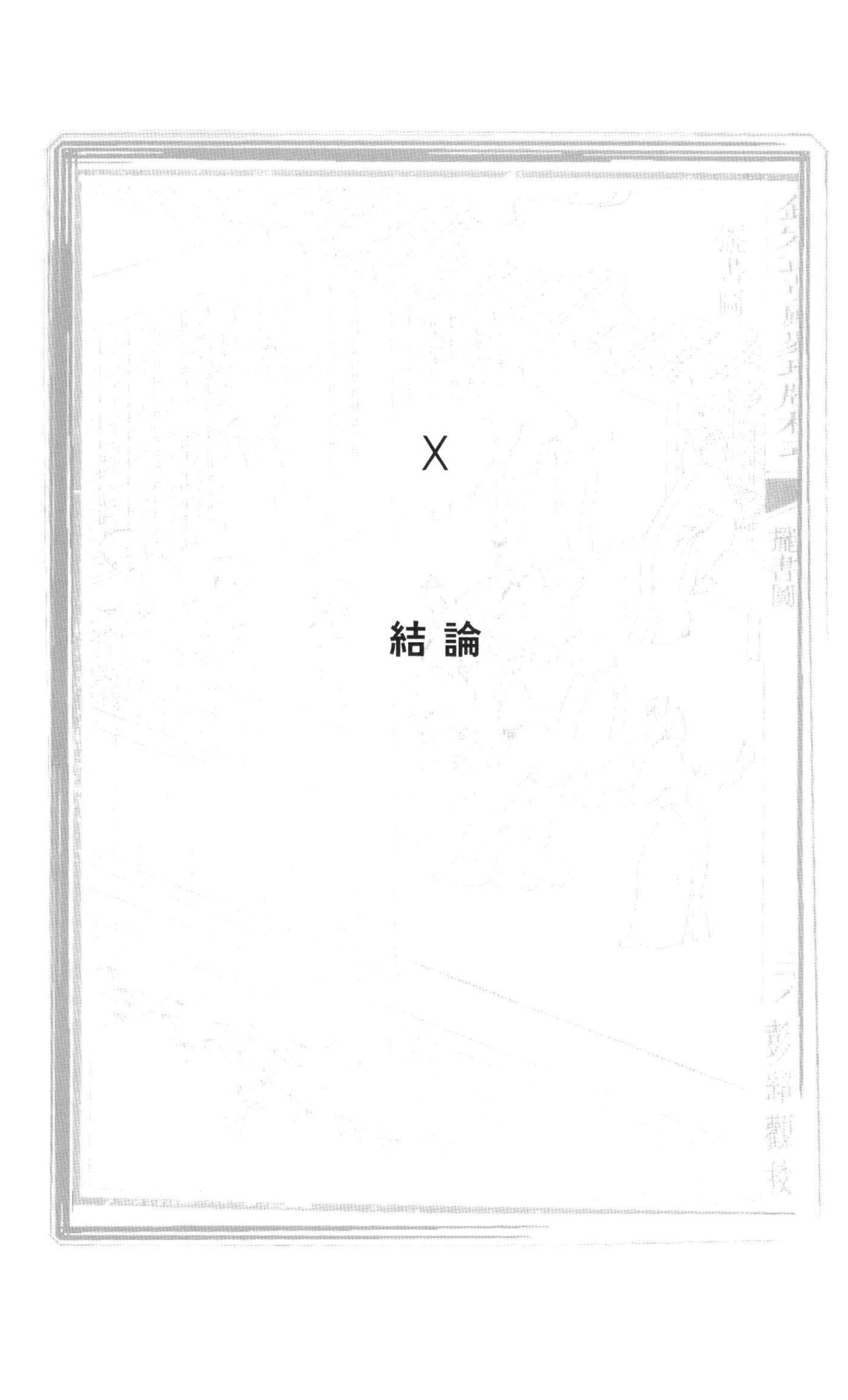

X

結論

X. 結 論

Conclusion

중국의 활자인쇄에 관하여 문화사적 관점과 기술사적 관점에서 통사적으로 분석하였다. 아울러 한국과의 기술 교류를 분석하였다. 그 주요 내용을 정리하면 다음과 같다.

1. 活字印刷術의 發明 背景과 起源

1.1 활자인쇄술의 발명 배경

장구한 역사를 통하여 축적된 선조의 과학기술 분야의 경험에서 활자인쇄술의 발명 배경이 되는 요소를 정립하였다.

1.2 활자인쇄의 기원

여러 활자인쇄의 기원설을 고증함으로써, 활자인쇄의 기원은 宋시대 慶曆 연간(1041-1048) 畢昇의 膠泥活字임을 고구하였다.

1.3 「佛說觀無量壽佛經」

1965年 浙江省 溫州市 白象塔에서 출토된 「佛說觀無量壽佛經」에 대하여, (宋)畢昇 교니활자의 인쇄물인가를 다각도로 분석하였다.

1.4 畢昇의 묘비

1990년 湖北省 英山縣에서 발견된 畢昇 묘비가 활자인쇄술 발명자 畢昇의 것인가를 다각도로 검토하였다.

1.5 宋 시대의 활자본

宋 시대의 활자본으로 알려진 판본들을 고증하여, 그중 5종이 宋 시대의 활자본임을 확인하였다.

1.6 활자인쇄의 기술 과정

宋·元 시대를 통하여 활자의 제작, 조판, 인출의 활자인쇄 기술적 과정에서 발전한 내용을 고구하였다.

1.7 西夏文 활자본과 현존 最古의 목활자본

西夏文 활자본 11종을 분석하였고, 그 중 西夏 桓宗 연간(1194-1205)에 간행한 「德行集」이 현존 最古의 목활자본임을 밝혔다.

1.8 (元)王禎의 공헌과 元 시대의 활자본

(元)王禎이 인쇄 기술 발전에 공헌한 내용을 분석하였고, 元 시대의 활자 3종 및 활자본 3종을 고증하였다.

2. 中國 活字印刷의 通史的 分析

2.1 明 時代 無錫 華·安 兩氏 家門의 活字印刷

2.1.1 九行本 詩集

成化(1465-1487)·弘治(1488-1505)·正德 연간(1506-1521)에 江蘇省에서 동활자로 인쇄한 것으로 보이는 九行本 詩集들을 분석한 결과, 신빙성이 부족하여 진일보한 연구가 필요하였다.

2.1.2 華씨 가문의 금속활자본

중국에 있어서 초기 활자인쇄의 유행을 주도한 無錫 華씨 가문의 주석활자본 33종을 추적하였다. 아울러 이의 인쇄 기술 수준, 교감 태도 등을 분석하였다.

2.1.3 安國의 금속활자본

安國의 금속활자본 10종을 추적하였다. 아울러 이의 인쇄 기술 수준, 교감 태도 등을 華 씨의 판본과 비교하였다.

2.2 明 時代 後期의 活字印刷

2.2.1 활자본의 수량

130여 종의 활자본 분석을 통하여 문화사적 요소와 과학기술적 요소를 종합적으로 고구하였다. 그중에는 1,000권에 달하는 「太平御

覽」도 포함하고 있다.

2.2.2 활자인쇄의 유행 지역

활자인쇄가 유행한 지역은 연근해 지역의 도시뿐만 아니라 내륙 지역까지도 광범위하게 유행하였다.

2.2.3 활자의 재료

활자의 재료는 銅·木 외에 鉛·朱錫 등을 다양하게 사용하였다.

2.2.4 활자본의 내용

활자본의 내용은 經學·역사·철학·문학·과학 기술·예술·족보 등을 광범위하게 포함하고 있다.

2.2.5 인쇄 기술의 발달 수준

인쇄 기술의 발달 수준은 우수한 경우와 미숙한 경우가 동시에 나타나는 과도기 현상을 보인다. 특히 금속활자 인출용 油煙墨을 조제하지 못하여 금속활자본의 품질에 큰 영향을 미쳤다.

2.2.6 교감의 태도

교감 태도는 간혹 우수한 경우가 있기는 하나 대체로 엄격하지 못하였다.

2.2.7 연구 자료의 부족

현존 활자본 외에 인쇄 기술 연구에 절대적인 문헌 기록이나 인쇄용 실물이 전혀 남아 있지 않아서 간접 자료를 이용할 수밖에 없었다.

2.3 清 時代 前期의 活字印刷

2.3.1 활자인쇄의 주체

활자인쇄의 주체는 중앙정부를 비롯하여 書肆와 書院 및 개인에게까지도 파급되었다.

2.3.2 활자본의 내용

활자본의 내용은 經學·史部·子部를 비롯하여 문학 작품·類書·천문·수학·음악 및 정부의 「官報」까지를 광범위하게 포함하고 있다. 그중에는 10,040권에 달하는 「古今圖書集成」도 포함하고 있다.

2.3.3 동활자의 유행 지역과 인쇄 기술 수준

동활자의 유행 지역은 北京·江蘇·臺灣의 3개 省에까지 퍼져나갔다. 활자인쇄 기술 수준도 明 시대보다 발전하여 서품도 훨씬 우수하였다.

2.3.4 목활자의 유행 지역과 시기

목활자의 유행 지역은 6개 省에까지 광범위하게 성행하여 활자인쇄의 대부분을 차지하였다. 유행 시기는 주로 乾隆 연간(1736-1795) 「武英殿聚珍版叢書」의 간행 이후였다.

2.3.5 磁活字의 사용

磁活字로 서적을 간행하여 (宋)畢昇의 교니활자를 계승하기도 하였으니, 泰山 徐志定 眞合齋의 磁版이 그것이다.

2.3.6 활자인쇄의 기술 수준

활자인쇄의 기술 수준은 기본적으로 畢昇의 방법을 이용하였다. 그러나 활자의 제작 기술·조판 기술·묵즙 조제 기술은 장족의 발전을 이룩하였다.

2.3.7 교감의 태도

교감 태도는 明 활자본보다 신중하여, 여러 방법으로 오류를 정정함으로써 오늘날의 귀감이 될 만하였다.

2.3.8 內府의 동활자본 「古今圖書集成」

內府의 동활자본인 「古今圖書集成」의 고명한 인쇄 기술 수준으로 미루어, 정부의 지원이 활자인쇄 기술의 발전에 지대한 공헌을 한다는 사실도 알 수 있었다.

2.4 淸 時代 後期의 活字印刷

2.4.1 활자의 재료와 銅활자의 유행 지역

활자의 재료는 銅·朱錫·鉛·泥 및 木質을 사용하였다. 동활자는 4개 省에서 유행하였다. 활자의 조각술은 明 시대의 활자본보다 정교하였다.

2.4.2 목활자의 유행 지역·소유자·판본의 수량·내용·용도

목활자는 14개 省에서 광범위하게 유행하였다. 목활자본 간행 기관은 궁궐·각 지방의 衙門·서원·官書局·祠堂·서사·개인 등이다. 목활자본의 수량은 약 2,000종 정도이다. 그 내용은 經學·小學·史部·子部·詩文集·문학 작품·類書·叢書·工具書·족보 등을 포함하고 있다. 목활자의 용도는 서적 인쇄 외에 저당·매매·대여·선물로 사용하기도 하였다. 목활자가 가장 유행한 이유는 ① 저렴한 經濟性, ② 용이한 製作性, ③ 목판인쇄 기술의 轉用性을 들 수 있다.

2.4.3 泥활자 인쇄의 성공 및 인쇄 기술 수준·교감

李瑤와 翟金生이 泥활자로 서적 인쇄에 성공함으로써 畢昇의 膠泥활자 인쇄가 가능하다는 사실을 증명하였다. 목활자의 인쇄 기술도 畢昇의 膠泥활자를 바탕으로 발전하였다. 동활자의 인쇄 기술도 꾸준한 발전을 이루었다. 교감 작업도 각종 방법을 응용하여 교감을 중시하는 淸 시대 학자의 전통을 계승하였다.

2.4.4 인쇄 기술상의 단점

부분적으로 소홀히 한 단점도 있었다. 거질의 서적에는 묵색이 고르지 못한 곳이 매양 있었다. 영리를 목적으로 인쇄한 서적이나 족보는 품질이 떨어졌다. 발행 시간에 쫒기는 「京報」는 字行이 삐뚤삐뚤하며 농담이 고르지 못하고 오자도 있었다.

2.4.5 현대적 機械化의 실패

활자인쇄 기술은 宋 시대에 발명한 이래로 900년 동안 사용되어 왔으나 목판인쇄만큼 보편화되지 못하였다. 기술적으로는 활자인쇄와 목판인쇄 모두 시종 수공업적 방법을 사용하였고, 19세기에 이르러 서양의 기계식 鉛활자 인쇄술로 대체되고 말았다. 이처럼 현대적 기계화에 실패한 원인은 ① 완만한 需要性, ② 문자의 語彙性, ③ 낙후된 技術性, ④ 판본의 審美性, ⑤ 묵즙의 着墨性, ⑥ 정치적 출판 통제와 사회적 인식 등을 들 수 있다.

3. 韓·中 兩國 活字印刷의 技術 過程

3.1 泥활자의 제작

泥활자의 제작을 위하여 朝鮮은 구멍을 뚫은 목판을 사용하였고, 淸 시대의 翟金生은 도토 주형이나 구리 주형을 사용하여 주조하였다.

3.2 목활자와 금속활자의 제작

중국 武英殿 聚珍版의 목활자는 방정한 육면체 木子를 만든 후, 문자를 조각하였다. 조선의 금속활자는 蜜蠟鑄造法・鑄物砂鑄造法・單面陶板鑄造法을 이용하였다. 중국의 금속활자는 조각과 주조의 방법을 이용하였다.

3.3 조판 과정

조판 과정에서 조선은 문선을 한 후 조판하였다. (元)王禎은 인판틀을 만든 후 문선을 하였으며, 武英殿 聚珍版은 문자를 베껴 쓴 후 문선을 하였다.

3.4 인출 과정

인출 과정에서 한국은 油煙墨을 많이 사용하였으며, 고체 상태로 보존하였다. 중국은 줄곧 송연묵을 사용하면서, 반액체 상태로 저장하였다. 武英殿 聚珍版은 광곽을 인출한 후, 투인 방식으로 문자를 인출하였다.

3.5 전반적인 기술 수준

인쇄 과정상의 전반적인 기술 수준은 한・중 양국이 대동소이하였다.

4. 韓·中 兩國 活字印刷의 技術 交流

4.1 인물의 왕래

한·중 양국의 인쇄 관련 업무를 주관하는 인물들이 사신으로 수차례 양국을 왕래하기도 하였다. 혹자는 明 시대 금속활자로 서적을 간행한 華씨 문중에 조선에 사신 갔던 인물이 있었음으로써 조선에서 배워왔을 가능성이 있을 것이라고 주장하였다. 淸 시대 武英殿聚珍版을 주관한 金簡이 조선의 후손이라는 점으로 미루어 간접적으로 조선의 영향을 받았을 것이다.

4.2 서적의 교류

한국은 중국의 서적을 수입하여 활자 제작의 자본으로 삼기도 하였다. 반면에 한국본 漢籍은 중국으로 역전파되어 중국 본토의 失傳된 서적을 보충하기도 하였다.

4.3 문헌상의 기록

조선이 터득한 활자인쇄의 원리는 문헌을 통하여 畢昇의 교니활자 인쇄술로부터 계시를 받았다. 조선의 금속활자 주조 방법은 중국의 鑄印術과 鑄錢術을 응용하였다. 중국의 목활자를 수입한 사실도 있었다. 그러나 조선의 활자인쇄 기술 수준은 世宗朝(1418-1450)에 이미 최고조에 도달하였다. 따라서 明 시대의 금속활자 인쇄 기술은 이로부터 간접적으로 영향을 받았을 수 있다.

4.4 양국 활자본의 비교

明 시대 초기의 금속활자본과 조선의 동활자본을 비교하여 보면 정교도에 차이가 있음을 알 수 있다. 따라서 明 시대의 금속활자는 조선에서 직접 건너갔을 가능성은 크지 않다. 다만 조선 동활자 인쇄 기술의 영향을 받았을 가능성은 존재할 수 있다.

〈참고문헌〉

Reference

1. 사료·원전

(春秋)左丘明. 「國語」. (조선)哲宗 9(1895)년 정리자본.

(宋)江少虞. 「宋朝事實類苑」. 臺北: 源流出版社, 1982.

康熙 「常州府志」. 康熙34(1695)년刻本.

乾隆 「無錫縣志」. 乾隆18(1753)년刻本.

(清)乾隆. "御製題武英殿聚珍版十韻詩".

(清)慶桂 等 奉勅撰. 「清宮史續編」.

景閑和尙. 「白雲和尙抄錄佛祖直指心體要節」. 1377年清州牧外興德寺金屬活字本(프랑스국립도서관소장, MSS극동부, 109).

(清)顧炎武. 「日知錄」.

(清)顧炎武. 「亭林文集」.

(清)龔顯曾. 「亦園脞牘」.

(清)軍機處上諭檔. 乾隆 23年 4月 初8日. 中國第一歷史檔案館. 盒號: 580. 册號: 2.

(清)軍機處上諭檔. 乾隆 25年 6月 初4日. 中國第一歷史檔案館. 盒號: 583. 册號: 2.

(唐)貫休. 「禪月集」.

(清)蔣師轍·薛紹元 纂. 唐景崧 修. 「光緒臺灣通志」. 稿本.

(清)瞿鏞. 「鐵琴銅劍樓藏書目錄」.

權近. 「陽村集」.

(清)紀昀 等 奉勅纂. 「四庫全書總目提要」. 臺北: 商務印書館, 1978.

(清)金簡. 「武英殿聚珍版程式」. 紀昀 등 總纂. 「影印文淵閣四庫全書」. 臺北: 臺灣商務印書館, 1983. 제673책.

(清)金粱. 「清帝外紀」.

(清)金埴. 「巾箱說」. 北京: 中華書局, 1982.

金宗直. "新鑄字跋". 朝鮮 甲辰字本. 「治平要覽」·「纂註分類杜詩」·「陳簡齋詩集」등의 卷末.

(清)羅振玉. 「金泥石屑」. 上海: 倉聖明智大學, 1916년영인선장본. 「藝術叢編」 1-6(傅斯年圖書館古籍線裝書 991.05 401 V.1-6, 및 933.2 909). 1916년 上

虞羅氏영인선장본, 「楚雨樓叢書」初集: 4(傅斯年圖書館 990.8 909 V.4).
(淸)內務府. "奏請査武英殿修書處餘書請將監造司庫等官員議處摺". 「史料旬刊」 北京: 故宮博物院文獻處: 1930.
(淸)內務府愼刑司. "奏爲將管理武英殿御書處官永忠等治罪事". 乾隆18年 6月 14日. 中國第一歷史檔案館. 卷號: 05—128. 檔號: 05-0128-070.
(明)唐錦. 「龍江夢餘錄」. 弘治 17年 목판본.
(日本)大正一切経刊行会 편. 「大正新修大藏經」.
(民國)陶湘 편. 「故宮殿本書庫中華民國二十二年存目」.
(日)島田翰. 「古文舊書考」.
東萊鄭氏派譜所 편. 「東萊鄭氏派譜」.
(宋)鄧肅. 「栟櫚先生文集」. 正德 14(1519)년 羅珊刻本,
마테오리치(利瑪竇). 「天主實義」. 萬曆 35年 燕貽堂刻本.
(淸)莫友芝. 「郘亭知見傳本書目」.
「明孝宗實錄」.
(淸)繆荃孫 輯校. 「藕香零拾」. 臺北: 廣文書局, 1968.
(淸)繆荃孫. 「藝風藏書續記」. 臺北: 廣文書局, 1967.
(明)文彭. 「印史」.
朴齊家. 「貞蕤閣文集」.
(淸)方以智. 「通雅」. 上海: 上海古籍出版社, 1988.
(淸)裴大中 等修. 秦緗業 等纂. 「無錫金匱縣志」. 臺北: 成文出版社, 1970.
(明)謝啓元. 「謝先生雜記」. 稿本(中國 國家圖書館 소장).
(日)森立之. 「經籍訪古志」.
徐居正 등 纂集. 「東文選」.
(宋)徐兢. 「宣和奉使高麗圖經」. 臺北: 商務印書館, 1968.
徐有榘. 「林園十六志」.
徐有榘. 『楓石全集』. 「金華知非集」.
(宋)薛居正. 「舊五代史」.
成俔. 「慵齋叢話」.
(明)邵寶. 「容春堂集」. 影印文淵閣 「四庫全書」本.
(明)邵寶 찬. 秦榛 重校. 「容春堂後集」.
(淸)孫從添. 「藏書紀要」. 臺北: 廣文書局, 1968.
(淸)孫炯. 「硯山齋雜記」. 上海: 上海古籍出版社, 1993.
(淸)崇彝. 「道・咸以來朝野雜記」.
辛敦復. 「東國厚生新錄」. 單卷. (金然昌 所藏)筆寫本.

(明)沈繼孫. 「墨法集要」.
(宋)沈括. 「夢溪筆談」. 元大德9(1305)년 東山書院각본.
(宋)沈括 저. 胡道靜 교증. 「夢溪筆談校證」. 臺北: 世界書局, 1961.
(後漢)曹操 等 注. 郭化若 譯. 「十一家註孫子」. 1409년癸未字本.
(淸)安璿. 「安氏家乘拾遺」. 康熙17(1678)年安璿手稿本(上海圖書館 소장).
(淸)楊紹和. 「楹書隅錄」.
(淸)呂撫. 「精訂綱鑑二十一史通俗衍義」. 乾隆원(1736)년呂撫교니활자본.
(淸)葉德輝. 「書林淸話」. 臺北: 世界書局, 1974.
(淸)葉昌熾. 「藏書紀事詩」. 臺北: 世界書局, 1980.
(淸)吳任臣. 「十國春秋」.
(淸)吳長元. 「宸垣識略」.
(宋)王溥. 「五代會要」.
(淸)王士禎. 「居易錄」. 臺北: 商務印書館, 1983.
(淸)王士禎. 「池北偶談」.
(淸)汪森. 「粤西叢載」. 影印文淵閣「四庫全書」本.
(宋)王應麟. 「玉海」.
(元)王禎. 「農書」.
(淸)王昶. 「金石萃編」.
(宋)王欽若・楊億 등. 「冊府元龜」.
(元)姚燧. 「牧庵集」.
「遼藏」.
(淸)袁棟. 「書隱叢說」.
(淸)元成 등. 「續纂淮關統志」. 光緖 32年 목판본.
「越吟」. 明萬曆元年玉樹齋木活字藍印本. 中華民國故宮博物院圖書館所藏.
魏崧. 「壹是紀始」. 臺北: 新興書局, 1976.
(淸)劉錦藻. 「皇朝續文獻通考」. 권270. 「續修四庫全書」영인본.
(淸)劉聲木. 「萇楚齋續筆」. 北京: 中華書局, 1998.
(唐)劉崇遠. 「金華子雜編」.
柳壽垣. 「迂書」.
(宋)陸放翁. 「渭南文集」.
(明)陸深. 「金臺紀聞」. 馮可賓. 「廣百川學海」. 臺北: 新興書局, 1970.
(淸)陸心源. 「皕宋樓藏書志」. 臺北: 廣文書局, 1968.
(宋)陸游. 「渭南文集」.
(淸)胤禛 "世宗憲皇帝硃批諭旨". 卷223, 「影印文淵閣四庫全書」. 臺北: 商務印書館, 1986.

(淸)胤禛. "御製古今圖書集成序". 「古今圖書集成」. 上海: 中華書局: 1934.
李圭景. 「五洲衍文長箋散稿」. 서울: 東國文化社, 1959.
李奎報. 「東國李相國全集」. 高麗高宗38(1251)年목판후쇄본(韓國銀行소장본 819, 아72).
李德懋. 「靑莊館全書」.
(明)李詡. 「戒庵漫筆」.
(淸)李前泮 修. 張美翊 纂. 「奉化縣志」.
「日省錄」.
(淸)林春祺. "銅板敍". 顧炎武. 「音論」. 林春祺銅活字本(中華民國 國家圖書館 소장).
(淸)章乃煒. 「淸宮述門」.
(淸)翟金生. 「泥板試印初編」. 翟金生泥活字本.
(淸)翟金生. 「泥板造成試印拙著喜賦十韻」.
(淸)丁丙. 「善本書室藏書志」. 臺北: 廣文書局, 1967.
鄭麟趾 등. 「高麗史」.
正祖. 「弘齋全書」.
「朝鮮成宗實錄」.
「朝鮮世宗實錄」.
「朝鮮正祖實錄」.
「朝鮮正宗實錄」.
朝鮮總督府. 「朝鮮金石總覽」.
朝鮮總督府 參事官分室. 「朝鮮舊慣制度調查事業概要」.
(民國)趙爾巽 등. 「淸史稿」.
(明)曹學佺. 「蜀中廣記」.
(宋)周必大. 「周益國文忠公集」. 道光28(1848)년廬陵(吉安)歐陽棨瀛塘別墅刊, 咸豐元(1851)年續刊本.
(淸)陳克恕. 「篆刻鍼度」.
(淸)陳夢雷. 「松鶴山房文集」.
「淸實錄」. 北京: 中華書局, 1986.
崔德中. 「燕行錄」.
(淸)托津 등 奉勅撰. 「大淸會典事例」.
(元)脫脫(托克托) 등. 「遼史」.
(元)脫脫(托克托) 등. 「宋史」.
「板堂考」.
(淸)彭元瑞. 「欽定天祿琳琅書目」. 臺北: 廣文書局, 1968.
(淸)彭元瑞. 「欽定天祿琳琅書目後編」. 臺北: 廣文書局, 1968.

(淸)包世臣. "包世臣序". 翟金生. 翟金生泥活字本 「泥板試印初編」.
(淸)包世臣. 「安吳論書」. 「咫進齋叢書」. 제2집. 光緖9(1883)年刻本.
(淸)戶部. 「請行錢糧民欠徵信册折」. 光緖12(1886)年 鉛印本. 中國國家圖書館 소장.
(淸)曹雪·高鶚. 「紅樓夢」. "引言". 乾隆57年程偉元萃文書屋木活字本(程乙本).
洪大容. 「湛軒書外集」.
洪鳳漢 등 봉칙찬. 李萬運 보편. 朴容大 등 보수. 「增補文獻備考」. 서울: 明文堂, 1981.
(明)華方·華察 輯錄. 「華氏傳芳續集」. 明嘉靖11(1532)年華從智刻, 隆慶6(1572)年華察續刻本.
(明)華燧. "容齋隨筆序". 「會通館印正容齋隨筆」. 弘治8년會通館朱錫活字本.
(明)華允誠 等 修. 「華氏傳芳集」. 淸初刻本.
(淸)華渚. 「勾吳華氏本書」. 淸光緖31(1905)年存裕堂義庄木活字本.
(淸)黃丕烈. 「士禮居藏書題跋記」.

2. 공구서

寧夏社會科學院 編. 「中國國家圖書館藏西夏文文獻」. 上海: 上海古籍出版社, 2005.
(中國)國家圖書館 編. 「中國國家圖書館藏黑水城文獻」. 上海: 上海古籍出版社, 2005.
(中國)故宮博物院圖書館·遼寧省圖書館 공편. 「淸代內府刻書目錄解題」. 北京: 紫禁城出版社, 1995.
(中華民國)國立故宮博物院 편. 「國立故宮博物院善本舊籍總目」. 臺北: 國立故宮博物院.
(中華民國)國立中央圖書館 편. 「國立中央圖書館善本書目」. 臺北: 國立中央圖書館, 1967.
(中華民國)國立中央圖書館特藏組 편. 「國立中央圖書館善本題跋眞跡」. 臺北: 國立中央圖書館, 1982.
潘承弼·顧廷龍 공편. 「明代版刻圖錄」. 上海: 開明書店, 1941.
北京圖書館 원편. 勝村哲也 복간편. 「中國版刻圖錄」. 京都: 朋友書店, 1983.
北京圖書館 편. 「北京圖書館古籍善本書目」. 北京: 書目文獻出版社, [1987].
商務印書館 편. 「縮本四部叢刊初編書錄」. 上海: 商務印書館, 1936.
(淸)邵懿辰 편. 「增訂四庫簡明書目標注」. 臺北: 世界書局, 1967.
楊繩信. 「中國版刻綜錄」. 西安: 陝西人民出版社, 1987.
翁連溪 편. 「中國古籍善本總目」. 北京: 線裝書局, 2005.
翁連溪 편. 「淸代內府刻書圖錄」. 北京: 北京出版社, 2004.
任繼愈 편. 「中國國家圖書館古籍珍品圖錄」. 北京: 北京圖書館出版社, 1999.
中國古籍善本書目編輯委 편. 「中國古籍善本書目」. 上海: 上海古籍出版社, 1998.

中國科學院圖書館 편. 「中國科學院圖書館藏中文古籍善本書目」. 北京: 科學出版社, 1994.
中國書店 편. 「中國書店三十年所收善本書目」. 北京: 中國書店, 1982.

3. 저술

Bibliotheque Nationale. *Le Livre.* Paris: 1972.
Carter, Thomas Francis. *The Invention of the Printing in China and its Spread Westward*. New York: Columbia University Press, 1925. Revised by Googrich, L. Carrington. (the second edition). New York: The Ronald Press Company, 1955.
Carter 저. 吳澤炎 역. 「中國印刷術的發明和它的西傳」. 北京: 商務印書館, 1991.
Denis, Twitchett. *Printing and Publishing in Medieval China*. New York: Frederic C. Beil, Publisher, 1983.
Eria Grinstead. *The Tangut Tripitaka*(「西夏文大藏經」). New Delhi: 1973.
Tsien Tsuen-Hsuin. *Paper and Printing*. Joseph Needham. *Science and Civilization in China.* Vol. V:1. Cambridge: Cambridge University Press, 1985.
Rudolph, Richard Casper(tr.). *A Chinese Printing Manual 1776. Translation of Chin Chien's Wu-ying-tian chü-chen-pan ch'en-shih.* Los Angeles: Typophiles, 1954.
江澄波. 「江蘇活字印刷」. 北京: 北京聯合出版公司, 2020.
戈公振. 「中國報學史」. 上海: 商務印書館, 1927・1928・1935・1955・1999・臺灣版.
屈萬里・昌彼得 공저. 「圖書板本學要略」. 臺北: 華岡出版有限公司, 1978.
屈萬里・昌彼得 공저, 潘美月 증정. 「圖書板本學要略」. 臺北: 中國文化大學出版部, 1986.
金簡 저. 朴文烈 역. 「武英殿聚珍版程式」. 서울: 典廣, 1998.
金子和正 편저. 「中國活字版印刷法」. 東京: 汲古書院, 1981.
羅樹寶. 「中國古代印刷史」. 北京: 印刷工業出版社, 1993.
多賀秋五郎. 「宗譜の研究」. 東京: 東洋文庫, 1960.
大内白月. 「支那典籍史談」. 東京: 昭森社, 1944.
杜建民 편저, 「中國歷代帝王世系年表」(濟南: 齊魯書社, 1995)(http://www.zxls.com/UploadFiles//article/uploadfiles2008/201211/zxls2012112222334

411.pdf. 2022. 6. 17).
杜石然 등 편. 「中國科學技術史稿」. 北京: 科學出版社, 1982.
杜信孚. 「明代版刻綜錄」. 揚州: 江蘇廣陵古籍刻印社, 1983.
馬貴斌・張樹棟 공저. 「中國印鈔通史」. 西安: 陝西人民出版社, 2015.
毛春翔. 「古書板本學」. 臺北: 洪氏出版社, 1982.
繆咏禾. 「明代出版史稿」. 南京: 江蘇人民出版社, 2000.
米山寅太郎. 「圖說中國印刷史」. 東京: 汲古書院, 2005.
潘吉星. 「中國・韓國與歐洲早期印刷術的比較」. 北京: 科學出版社, 1997.
潘吉星. 「中國科學技術史: 造紙與印刷卷」. 北京: 科學出版社, 1998.
潘吉星. 「中國金屬活字印刷技術史」. 瀋陽: 遼寧科學技術出版社, 2001.
潘天禎. 「潘天禎文集」. 上海 : 上海科學技術文獻出版社, 2002.; 北京; 北京圖書館出版社, 2002.
傅增湘. 「藏園群書經眼錄」. 北京: 中華書局, 1983.
史金波. 「西夏佛教史略」. 銀川: 寧夏人民出版社, 1988.; 臺北: 臺灣商務印書館, 1995.
史金波・雅森吾守爾 공저. 「中國活字印刷術的發明和早期傳播: 西夏和回鶻活字印刷術研究」. 北京: 社會科學文獻出版社, 2000.
史金波 등편. 「西夏文物」. 北京: 文物出版社, 1988.
史梅岑. 「印刷概論」. 臺北: 五洲出版社, 1970.
史梅岑. 「中國印刷發展史」. 臺北: 臺灣商務印書館, 1977.
上海新四軍歷史研究會印刷印鈔分會 편. 「活字印刷源流」. 北京: 印刷工業出版社, 1990.
舒秀嬋. 「畢昇英山」. 湖北: 長江出版集團, 2008.
徐憶農. 「活字本」. 南京: 江蘇古籍出版社, 2002.
西田龍雄. 「西夏文華嚴經」三. 「西夏譯經雜記」二. 京都: 京都大學文學部, 1977.
西田龍雄. 「西夏語的研究」二. 京都: 座右寶刊行會, 1966.
小駒公子. 「陶活字をたずねて」. 蝴蝶の會, 1986.
蕭東發. 「中國圖書出版印刷史論」. 北京: 北京大學出版社, 2001.
蘇精. 「馬禮遜與中文印刷出版」. 臺北: 學生書局, 2000.
蘇精. 「鑄以代刻: 傳教士與中文印刷變局」. 臺北: 臺大出版中心, 2014.
孫寶基. 「金屬活字와 印刷術」. 서울: 世宗大王紀念事業會, 1977.
손보기. 「한국의 고활자」. 서울: 보진재, 1982.
孫毓修. 「中國雕板源流考」. 臺北: 商務印書館, 1974.
藪內清. 「宋元時代の科學技術史」. 京都: 京都大學人文科學研究所, 1967.

秀川. 「中國印刷術史話」. 香港: 商務印書館, 1977.
施廷鏞. 「古籍珍稀版本知見錄」. 北京: 北京圖書館出版社, 2005.
辛德勇. 「中國印刷史研究」. 北京: 三聯書店, 2016.
矢作勝美. 「明朝活字その歴史と現状」. 東京: 平凡社, 1976.
艾俊川. 「中國印刷史新論」. 北京: 中華書局, 2022
吳國鎭. 「「直指」活字 復元 報告書」. 청주: 淸州古印刷博物館, 1996.
王重民. 「中國善本書目提要」. 臺北: 明文書局, 1984.
王欣夫. 「文献學講義」. 上海: 上海古籍出版社, 2005.
魏隱儒. 「中國古籍印刷史」. 北京: 印刷工業出版社, 1984.
劉國鈞. 「中國書史話」. 香港: 上海書局, 1976.
劉國鈞. 「中國的印刷」. 上海: 上海人民出版社, 1979.
劉國鈞・鄭如斯 공저. 「中國書的故事」. 北京: 中國青年出版社, 1979.
劉國鈞・陳國慶 공저. 「版本學」. 臺北: 西南書局, 1978.
李廣宇. 「書文化大觀」. 北京: 中國廣播電視出版社, 1994.
李萬健. 「中國古代印刷術」. 鄭州: 大象出版社, 1997.
李書華. 「中國印刷術起源」. 香港: 新亞研究所, 1962.
이재정. 「활자본색」. 서울: 도서출판 책과함께, 2022.
이재정. 「활자의 나라, 조선」. 서울: 국립중앙박물관, 2016.
李致忠. 「古籍版本鑑定」. 北京: 北京圖書館出版社, 2007.
李致忠. 「古籍版本知識500問」. 北京: 北京圖書館出版社, 2001.
李致忠. 「古書板本學概論」. 北京: 書目文獻出版社, 1990.; 北京: 北京圖書館出版社, 2001.
李致忠. 「中國古代書籍史」. 北京: 文物出版社, 1985.
李致忠. 「歷代刻書考述」. 成都: 巴蜀書社, 1989.
李致忠・周少川・張木早 공저. 「中國典籍史」. 上海: 上海人民出版社, 2004.
印刷工業出版社編輯部. 「活字印刷源流」. 北京: 印刷工業出版社, 1989.
印刷工業出版社編輯部 편. 「裝訂源流和補遺」. 北京: 中國書籍出版社, 1993
自然科學史研究所 主編. 「中國古代科技成就」. 北京: 中國青年出版社, 1978.
卡特 저. 古德瑞 수정. 胡志偉 역주. 「中國印刷術的發明及其西傳」. 臺北: 臺灣商務印書館, 1980.
張樹棟・龐多益・鄭如斯 공저. 「簡明中華印刷通史」. 桂林: 廣西師範大學出版社, 2004.
張樹棟・龐多益・鄭如斯 공저. 「中華印刷通史」. 北京: 印刷工業出版社, 1999.
張秀民. 「張秀民印刷史論文集」. 北京: 印刷工業出版社, 1988.
張秀民. 「中國印刷史」. 上海: 上海人民出版社, 1989.

張秀民 저. 韓琦 增訂. 「中國印刷史」. 浙江: 浙江古籍出版社, 2006.
張秀民. 「中國印刷術的發明及其影響」. 臺北: 文史哲出版社, 1980.
張秀民・龍順宜 공저. 「活字印刷史話」. 北京: 中華書局, 1963.
張秀民・韓琦 공저. 「中國活字印刷史」. 北京: 中國書籍出版社, 1998.
張秀民 등 저. 「活字印刷の文化史」. 東京: 勉誠出版株式會社, 2009.
張潤生 등 저. 「中國古代科技名人傳」. 北京: 中國青年出版社, 1981.
長澤規矩也. 「古書のはなし-書誌學入門」. 東京: 富山房, 2000.
長澤規矩也. 「圖解和漢印刷史<解說篇>」. 東京: 汲古書院, 1976.
長澤規矩也. 「書誌學序說」. 東京: 吉川弘文館, 1966.
저자미상. 「中國古典文獻學」. 臺北: 木鐸出版社, 1983.
저자미상. 「中國科學文明史」. 臺北: 木鐸出版社, 1983.
錢基博. 「版本通義」. 臺北: 臺灣商務印書館, 1973.
錢存訓. 「中國書籍・紙墨及印刷史論文集」. 香港: 香港中文大學出版社, 1992.
錢存訓 저. 劉祖慰 역. 「紙和印刷」. 上海: 科學出版社・上海古籍出版社, 1990.
錢存訓 저. 劉拓・汪劉次昕 역. 「造紙及印刷」. 臺北: 臺灣商務印書館, 1995.
程千帆・徐有富. 「校讎廣義: 版本編」. 濟南: 齊魯書社, 1991.
(明)曹溶. 「曹氏寶文堂書目」. 上海: 古典文學出版社, 1957.
曹之. 「中国印刷術的起源」. 武漢: 武漢大學出版社, 1994.
曺炯鎭. 「「白雲和尙抄錄佛祖直指心體要節」 復原 硏究: 高麗時代 蜜蠟鑄造法 金屬活字印刷術」. 파주: 한국학술정보(주), 2019.
曺炯鎭. 「「慵齋叢話」 "活字"條 實驗 硏究: 朝鮮時代 鑄物砂法 金屬活字印刷術」. 파주: 한국학술정보(주), 2020.
曹炯鎭. 「中韓兩國古活字印刷技術之比較研究」. 臺北: 學海出版社, 1986.
曹洪奎 편. 「活字排版工藝」. 北京: 輕工業出版社, 1979.
鍾史祖. 「中國古代科學家史話」. 香港: 商務印書館, 1976.
竹村眞一. 「明朝体の歷史」. 京都: 思文閣, 1986.
中國古代科學家史話編寫組 편. 「中國古代科學家史話」. 瀋陽: 遼寧人民出版社, 1975.
中國第一歷史檔案館. 「雍正朝漢文硃批奏折滙編」. 南京: 江蘇古籍出版社, 1989.
陳國慶・劉國均 공저. 「版本學」. 臺北: 西南書局, 1978.
陳曉中 등저. 「中國古代的科技」. 臺北: 明文書局, 1981.
昌彼得. 「中國圖書史略」. 臺北: 文史哲出版社, 1976.
川田久長. 「活版印刷史」. 大進堂, 1981.
千惠鳳. 「羅麗印刷術의 研究」. 서울: 景仁文化社, 1980.
千惠鳳. 「韓國古印刷史」. 서울: 韓國圖書館學研究會, 1976.

鄒毅. 「證驗千年活版印刷術」. 北京: 社會科學文獻出版社, 2010.
편자 미상. 「唐五十家詩集」. 上海: 上海古籍出版社, 1981.
馮紹霆. 「四大發明」. 上海: 上海古籍出版社, 1998.
賀聖鼐・賴彦于 공편. 「近代印刷術」. 臺北: 商務印書館, 1973.
黃永年. 「古籍版本學」. 南京: 江蘇教育出版社, 2005.
黃任恆. 「補遼史藝文志」. 廣州: 聚珍印務局, 1925.
黃寬重. 「南宋史研究集」.

4. 논문・보고서

Fang Chao-Ying. "*On Printing in Korea*". (1967). cited by Tsien Tsuen-Hsuin. *Paper and Printing*. See: Joseph Needam. *Science and Civilisation in China.* Vol. 5, part 1. Taipei: Caves Books, 1986.
Karlbeck, O. "*Anyang Moulds*". *Bulletin of the Museum of Far Eastern Antiquities* Vol. 7. Stokholm, 1935. 39-60.
Ramusio, Givo-battista. "*Hajji Mabomd's Account of Cathay as Delivered to messer*". Henry Yule Cathay & The Thither. Vol. 1. note XVIII(cira. 1550).
Samuel Wells Williams. "*Movable Metallic Types in Chinese*". *The Chinese Repository*. Vol. XIX(1850), 247-253, Vol. XX(1851), 281-282. (Canton); *The Chinese Recorder*. Vol. VI. 24-25, 1875. (Shanghai).
加特 저. 向達 역. "高麗之活字印刷術". 「圖書館學季刊」 第2卷 第2期(1928. 3). 247-263.
柯浦. "淺釋活字印本". 上海新四軍歷史研究會印刷印鈔分會 편. 「活字印刷源流」. 北京: 印刷工業出版社, 1990. 130-134.
谷祖英. "銅活字和瓢活字的問題". 「光明日報」 1953年 7月 25日. 제5면. 史學. 第9號.
屈萬里. "元祐六年宋朝向高麗訪求佚書問題". 「東方雜誌」 復刊第8卷, 第8期(1975. 2). 23-26.
金斗鍾. "韓國印本의 中國 및 日本과의 交流". 「民族文化論叢」 제4집(1983. 12). 9-21.
金柏東. "早期活字印刷術的實物見證-溫州市白象塔出土北宋佛經殘頁介紹". 「文物」 1987年 第5期(1987. 5). 15-18 및 圖版 1.
김성수. "한국목판인쇄의 기원연대에 관한 연구". 「書誌學研究」 10(1994. 12). 425-478.

金然昌. “東國厚生新錄의 鑄字製造法”. 「考古美術」 第4卷 第7號(1963. 7). 419-420.
羅福萇. “大方廣佛華嚴經卷一釋文”. 「國立北平圖書館館刊」 第4卷 第3號(1932.). 243-248.
羅偉國. “華氏與銅活字”. 上海新四軍歷史研究會印刷印鈔分會 편. 「活字印刷源流」. 北京: 印刷工業出版社, 1990. 159-161.
羅振玉. “遼居藁徐氏古璽印譜序”. 張秀民. 「中國印刷術的發明及其影響」. 臺北: 文史哲出版社, 1980. 57, 註1.
寧夏回族自治區文物考古研究所・寧夏回族自治區賀蘭縣文化局. “寧夏賀蘭縣拜寺溝方塔廢墟清理紀要”. 「文物」 1994年 第9期(1994. 9). 4-20.
老鳴. “英山畢昇墓碑研討會情況綜述”. 「出版科學」 1996年 第1期(1996. 2). 39-40.
盧秀菊. “清代盛世之皇室印刷事業”. 「中國圖書文史論集」. 北京: 現代哲出版社, 1992. 33-74.
盧前. “書林別話”. 喬衍琯・張錦郎 공편. 「圖書印刷發展史論文集續編」. 臺北: 文史哲出版社, 1979. 137-146.
唐桂豔. “清代山東刻書史”. 박사학위 논문. (中國)山東大學研究所. 2011. 4.
戴文葆. “韓國과 中國의 活字印刷出版文化: 한국문화 사상의 찬란한 빛”. 韓國出版學會・清州古印刷博物館 편. 「第1回 國際印刷出版文化學術會議 世界 속의 韓國印刷出版文化論文集」. 清州: 清州市, 1995. 5. 52-53.; 「印刷界」. 제252호(1995. 10). 109-113.
陶寶慶. “是磁版還是磁活字版?”. 上海新四軍歷史研究會印刷印鈔分會 편. 「活字印刷源流」. 北京: 印刷工業出版社, 1990. 251-255.
陶寶慶. “一部珍貴的磁版印本≪周易說略≫”. 上海新四軍歷史研究會印刷印鈔分會 편. 「活字印刷源流」. 北京: 印刷工業出版社, 1990. 249-250.
陶湘. “武英殿聚珍版叢書目錄”. 「圖書館學季刊」 第3卷 第1・2合期(1929. 6). 205-217.
陶然. “中國活字板考”. 「國學專刊」 第1卷 第1期(1926. 3). 45-53.
涂玉書. “用膠泥活字印製的書”. 「湘圖通訊」 1982年 第2期(1982. 3). 52.
童能奇. “首次發現畢昇詩作”. 「湖北文化」 2010(6).
藤枝晃. “西夏經-石和木和泥-現存最古的活字本”. 「石濱先生古稀記念東洋學論叢」 吹田: 石濱先生古稀記念會, 1958.
馬理. “傳播失效與行業格局-試析中國古代金屬活字落選的社會原因”. 「科學學研究」 제22권 第4期(2004. 8). 355-361.
馬民權. “畢升故里在英山—北宋活字印刷術發明家畢升墓考”. 「理論月刊」 1994年 第3期(1994. 3). 35-37.

萬國鼎. "古今圖書集成考略". 劉家璧 편. 「中國圖書史資料集」. 香港: 龍門書店, 1974. 713-724.

梅林村. "英山畢昇碑與淮南摩尼教". 「北京大學學報: 哲學社會科學版」 1997年 第2期(1997. 3). 137-147, 159.; 文物出版社 편. 「漢唐西域與中國文明」. 北京: 文物出版社, 1998년. 394-406.

聞新. "初步認定活字印刷術發明者畢昇墓碑". 「出版參考」1996년 제4기(1996. 2). 7.

朴文烈・李基淑・閔庚錄 역주. "武英殿聚珍版程式". 「古印刷文化」 제3집(1996. 12). 145-177.

方曉陽. "泥活字印刷工藝再硏究".

潘吉星. "論金屬活字技術的起源". 「科學通報」 43:15(1998. 8). 1583-1594.

潘吉星. "論金屬活字技術的起源". 「中國出版」 1998:11(총제95기)(1998. 11). 42-45와 1998:12(총제96기)(1998. 12). 40-43.

潘吉星・魏志剛 공저. "金屬活字印刷發明于韓國嗎". 「中國印刷」 1999년 제1기(總第73期)(1999. 1). 55-59.

潘美月. "五代的印刷". 「故宮文物月刊」 제1권 제10기(1984. 1). 67-72.

潘天禎. "乾隆・嘉慶間所印日報≪題奏事件≫的發現". 「文物」 1992年 제3期(1992. 3). 82-91.

潘天禎. "明代無錫會通館印書是錫活字本". 「江蘇圖書館工作」 1980년 제1기(1980. 3). 72-75.; 「圖書館學通迅」 1980년 제1기(1980. 1). 51-54.; 上海新四軍歷史硏究會印刷印鈔分會 편. 「活字印刷源流」. 北京: 印刷工業出版社, 1990. 139-144.

潘天禎. "三談明代無錫會通館印書是錫活字本". 「北京圖書館館刊」 1999년 제4기(1999. 12). 106-109, 118.

潘天禎. "四談明代無錫會通館印書是錫活字本-華燧錫活字印書的探索始末". 「江蘇圖書館學報」 2002년 제2기(2002. 2). 45-49.

潘天禎. "再談明代無錫會通館印書是錫活字本". 「北京圖書館館刊」 1993년 제3・4합기(1993. 12). 65-70.

裴芹. "陳夢雷 "校正銅版"釋考". 「文獻」 2009년 제4기(2009. 10). 120-127.

白莉蓉. "淸呂撫活字泥板印書工藝". 「文獻」 1992년 제2기(1992. 6).; 印刷工業出版社編輯部. 「裝訂源流和補遺」. 北京: 中國書籍出版社, 1993. 401-410.

范景中. "銅活字 套印本 「御製數理精蘊」". 「故宮博物院院刊」 1999년 제2기(1999. 5). 88-91.

傅振倫. "中國活字印刷術的發明與發展". 上海新四軍歷史硏究會印刷印鈔分會 편. 「活字印刷源流」. 北京: 印刷工業出版社, 1990. 89-100.

史金波. "現存世界上最早的活字印刷品: 西夏活字印本考". 「北京圖書館館刊」 1997년 제1기(1997. 3). 67-78.

史金波・白濱. "西夏文及其文獻". 「民族語文」 1979年 第3期(1979, 10). 212-216.

史金波・黃潤華. "北京圖書館藏西夏文佛經整理記". 「文獻」 1985년 제4기(1985. 12). 238-251.

師大印刷技術團隊. "師大圖傳系重現畢昇活字印刷術". http://pr.ntnu.edu.tw/ntnunews/index.php?mode=data&id=16720.

史樹青. "史樹青同志在英山畢昇墓碑研討會上的發言". 「出版科學」 1996年 第1期(1996. 1). 36.

徐鵬. "前言". 편자 미상. 「唐五十家詩集」. 上海: 上海古籍出版社, 1981. 1-20.

徐蘇. "我國古代的活字印刷術爲什麼發展緩慢". 上海新四軍歷史研究會印刷印鈔分會 편. 「活字印刷源流」. 北京: 印刷工業出版社, 1990. 256-266.

徐小蛮. "談明銅活字本唐人詩集". 「中華文史論叢」. 1981년 제2輯(1981. 제2辑(1981. 2). 316- 318.

舒秀嬋. "再說畢昇墓碑". 中國印刷博物館 편. 「(1997年第三屆)中國印刷史學術研討會文集」. 北京: 印刷工業出版社, 1997. 59-64.

舒秀嬋. "畢昇墓碑的歷史背景及其認定". 中國印刷史學術研討會籌備委員會 편. 「(1996年第二屆)中国印刷史學術研討會文集」. 北京: 印刷工業出版社, 1996. 256-261.

徐眞源. "正純祖朝의 活字印刷와 淸朝의 影響에 관한 硏究". 석사학위 논문. 성균관대학교 대학원 도서관학과. 1979.

徐學林. "安徽古代印刷史述略". 「中國印刷」 1994年 第2期(總第45期)(1994. 6). 53-55, 59.

成繩伯. "從活字結構與固定活字方法看活字印刷的發展". 「自然辯證法通迅」 1993年 第5期(제15권 총87기)(1993. 10). 62-63.

冼玉淸. "佛山的錫鑄活字版". 「廣東文獻叢談」 1965年 5月. 73-75.

蘇瑩輝. "銅器的銘刻與活字版". 「臺灣新生報」 1964年 10月 19日. 第9面.

孫啓康. "答畢昇墓碑質疑". 「中國印刷」 1994年 第1期(總第44期)(1994. 4). 72-74, 76.

孫啓康. "對≪英山畢昇碑與淮南摩尼教≫一文中幾個問題的商榷". 「江漢考古」 總第95期(2005. 2). 89-94.

孫啓康. "三答≪英山畢昇墓碑再質疑≫". 「江漢考古」 1996年 第4期(1996. 12). 87-90, 93.; 「出版科學」 1996年 第3期(1996. 8). 40-42.

孫啓康. "英山畢昇墓碑的宗教色彩及相關問題—與任昉先生商榷". 「中國印刷」 1995年 第1期(1995. 1).

孫啓康. "英山畢昇墓碑綜考與畢昇軼事初探". 中國印刷史學術研討會籌備委員會 편.

「(1996年第二屆)中國印刷史學術研討會文集」. 北京: 印刷工業出版社, 1996. 274-284.
孫啓康. "二答對英山畢昇墓碑的再商榷". 「中國印刷」 1994年 第5期(1994. 5).
孫啓康. "再說畢昇墓碑的物象崇拜與宗教色彩". 「出版科學」 1995年 第4期(1995. 11). 34-36.
孫啓康. "畢昇墓碑鑒定及相關問題考證". 「中國文物報」 1993年 7月 4日. 제3면.; 「中國印刷」 1993年 第4期(總第42期)(1993. 11). 81-83.
孫啓康. "畢昇墓碑的物象崇拜與宗教色彩". 「出版科學」 1995年 第1期(1995.).
孫啓康. "畢昇墓碑的宗教信仰與民俗文化特色一答任昉". 「江漢考古」 1995年 第1期(1995. 3). 73-78, 36.
孫啓康. "畢昇墓碑綜考". 中國書籍出版社. 「出版史研究」 第四輯(1996. 5). 13-24.
孫啓康. "畢昇墓碑之年代斷定與避諱問題". 「出版科學」 1995年 第2期(1995. 5). 37-38.
孫寶基. "韓國印刷技術史". 高麗大學校民族文化研究所 편. 「韓國文化史大系」. 서울: 高麗大學校民族文化研究所, 1970.
孫壽齡. "西夏泥活字版佛經". 「中國文物報」 1994년 3월 27일.
叔英. "新發現的泥活字印本- ≪泥版試印初編≫". 上海新四軍歷史研究會印刷印鈔分會 편. 「活字印刷源流」. 北京: 印刷工業出版社, 1990. 207-210.
辛德勇. "論所謂明銅活字印書于史初無徵驗-附論明代的金屬活字印本". 北京論壇大會. 2008. 297-342.; 「文明的和諧與共同繁榮-文明的普遍價值和發展趣向」. 北京: 北京大學出版社, 2009. 10.; 辛德勇. 「中國印刷史研究」. 北京: 生活・讀書・新知三聯書店, 2016. 1-32.
辛德勇. "重論明代的銅活字印書與金屬活字印本問題". 「燕京學報」 2007年 第2期(新23期)(2007. 11). 99-154.
沈文倬. "清代學者的書簡". 「文物」 1961年 제10期(1961. 10). 61-65.
沈嵎俊. "鑄錢術과 鑄字術". 「圖書館學會誌」 제4호(1979). 75-115.
樂素美. "罕見的山東磁版書籍". 印刷工業出版社編輯部. 「裝訂源流和補遺」. 北京: 中國書籍出版社, 1993. 340-343.
艾俊川. "金属活字的雕痕". http://blog.sina.com.cn/s/blog 5ce786b50102v9gc.html(2014. 11. 30)
艾俊川. "談活字本的鑑定-以排印工藝特徵爲中心". 「文津學志」 제3집(2006). 60-73.
艾俊川. "談活字本的鑑定". http://blog.sina.com.cn/s/blog 5ce786b50100kswy.html.; http://blog.sina.com.cn/s/blog 5ce786b50100ksw8.html.; http://blog.sina.com.cn/s/blog 5ce786b50100ksux.html.
艾俊川. "木活字印刷在清末的一次全國性應用". 「文津學志」 제10집(2017. 8). 235-241.;

艾俊川. 「中國印刷史新論」. 北京: 中華書局, 2022. 199-208.

艾俊川, "摸朔迷離的李瑤"泥活字 "-用貨幣史知識解決印刷史難題之二", http://blog.sina.com.cn/s/blog 5ce786b50100f3y5.html(2008. 08. 29).

艾俊川. "不足凭信的吹藜閣銅版". http://blog.sina.com.cn/s/blog 5ce786b50100hdkq.html(2009. 11. 27).

艾俊川. "爲李瑤泥活字印書算幾筆帳". 「藏書家」 제12집(齊魯書社, 2007. 6). 39-46.; 艾俊川. 「中國印刷史新論」. 北京: 中華書局, 2022. 169-179.; http://blog.sina.com.cn/s/blog 5ce786b50100hy13.html(2010. 01. 11).

艾俊川. "鐫金刷楮就是銅版印刷嗎?". http://blog.sina.com.cn/s/blog 5ce786b50100fqc6.html(2009. 07. 31).

艾俊川. "從文獻角度看羅振玉舊藏銅活字". 「中國出版史研究」 2018年 제2기(2018. 6). 7-13.

艾俊川. "清康熙內府銅活字鑄造初探". 「中國出版史研究」 2019年 제2기(2019. 6). 143-153.

雅森吾守爾. "敦煌出土回鶻文活字及其在活字印刷術西傳中的意義". 葉再生. 「出版史研究」. 北京: 中國書籍出版社, 1998. 1-12.

趙萬里. "中國印本書籍發展簡史". 「文物參考資料」. 1952년 제4기(1952. 4). 5-19.

梁子涵. "明代的活字印書(上・下)". 「大陸雜誌」 33卷, 6期(1966). 13-15.; 33卷, 7期(1966. 10). 30-34.

梁子涵. "元朝的活字板". 「出版月刊」 第32期(1967. 4).

楊倩描. "雕板印刷術中的蠟板". 「中國科學史料」 第9卷 第3期(總第40期)(1988. 6). 26.

楊虎. "乾隆朝<古今圖書集成>之銅活字銷毀考". 「歷史檔案」 2013年 第4期(2013. 11). 87-93.

燕義權. "銅板和套色版印刷的發明與發展". 學海出版社編輯部 편. 「中國圖書版本學論文選輯」. 臺北: 學海出版社, 1981. 453-461.

葉德輝. "書林餘話". 葉德輝. 「書林清話」. 臺北: 世界書局, 1974. 卷下, 24-48, 총358-382.

葉雨霞. "英山畢昇文化研究二十年概述". 「圖書情報論壇」 2011年 第1・2期(總第89・90期)(2011.). 70-73.

葉鍾華. "畢昇墓在湖北英山發現". 「泉州師傳學報: 社科版」 1993年 第1期(1993. 6). 69-70.

嶺南大學校民族文化研究所 편. 「民族文化論叢」 제4집. 경산: 영남대학교출판부. 1983.

英山縣 편. "畢昇活字印刷博物館可行性研究報告". 2010. 7.

寧夏文物考古研究所 등. "寧夏賀蘭縣拜寺溝方塔廢墟清理紀要". 「文物」 1994年 第9期(1994. 9). 4-20.

吳曉松. “關于畢昇是英山人的再考證”. 「出版科學」 1994年 第3期(1994. 8). 38-39.
吳曉松. “李約瑟關心英山發現畢昇墓碑”. 「出版科學」 1994年 第4期(1994).
吳曉松. “畢昇墓地發現及相關問題研究”. 「江漢考古」 1994年 第2期(1994. 6). 86-90, 85.
吳曉松. “湖北英山“畢卅八”墓葬的發現對畢昇墓碑研究的意義”. 中國印刷史學術研討會籌備委員會 편. 「(1996年第二屆)中国印刷史學術研討會文集」. 北京: 印刷工業出版社, 1996. 262-266.
吳曉松・余南杆・陳幼林 공저. “英山縣發現畢升及其後裔墓葬考證”. 「出版科學」 1994年 第1期(1994. 2). 39-41.
吳哲夫. “中國古代活字版印刷術”. 「故宮文物月刊」 제2권 제5기(1984. 5). 63-67.
溫州市文物處・溫州市博物館 공저. “溫州市北宋白象塔清理報告”. 「文物」 1987年 第5期(1987. 5). 1-14.
翁連溪. “談清代內府的銅活字印書”. 「故宮博物院院刊」 2003년 제3기(2003.). 79-85.
翁連溪. “羅振玉藏早期銅活字回流記”.; 中國印刷博物館組 편. 「版印文明: 中國古代印刷史學術研討會論文集」. 北京: 印刷工業出版社, 2019. 21-27.
汪家熔. “木活字字盤的排列”. 「中國印刷」 1991년 제3기(總第33期)(1991. 8). 84-85, 74.
王繼祥. “泥活字本≪修業堂集≫簡介”. 上海新四軍歷史研究會印刷印鈔分會 편. 「活字印刷源流」. 北京: 印刷工業出版社, 1990. 234-237.
汪桂海. “談明代銅活字印書”. 「中國典籍與文化」 2010년 제4기(총제75기))(2010. 10). 109-113.
王巧林・史智鵬 공저. “畢昇故里在英山”. 「湖北旅遊」(「映像湖北」) 2010年 第6期(2010. 11). 28.
王玉良. “明銅活字本≪曹子建集≫與≪杜審言集≫趙元方題跋”. 「文獻」 1991년 제3期(총제49期)(1991. 9). 207-209.
王靜如. “西夏文木活字版佛經與銅牌”. 「文物」 1972年 第11期(1972. 11). 8-18.; 上海新四軍歷史研究會印刷印鈔分會 편. 「活字印刷源流」. 北京: 印刷工業出版社, 1990. 170-178.
牛達生. “西夏文佛經≪吉祥遍至口和本續≫的學術價值”. 「文物」 1994年 第9期(1994. 9). 58-65.
牛達生. “新發現西夏文佛經≪吉祥遍至口和本續≫的刻本特點及學術價值”. 「中國印刷」 1993년 제2기(總第40期)(1993. 5). 118-122.
牛達生. “我國最早的木活字印刷品-西夏文佛經≪吉祥遍至口和本續≫”. 「中國印刷」 1994年 第1期(總第44期)(1994. 4). 38-45.

牛達生. "質疑與期望-西夏泥活字版讀後". 「寧夏社會科學」 1995年 第1期(1995. 1). 71-72, 83.

牛汝極. "法國所藏維吾爾學文獻文物及其研究". 「西域研究」 1994년 제2기(1994. 6). 81-89.

魏志剛. "關于我國金屬活字版(公元1148年)技術與物證". 中國印刷博物館 편. 「(1997年第三屆)中國印刷史學術硏討會文集」. 北京: 印刷工業出版社, 1997. 130-133.

劉國鈞. "宋元明清的刻書事業". 學海出版社編輯部 편. 「中國圖書板本學論文選集」. 臺北: 學海出版社, 1981. 385-401.

劉雲. "對「早期活字印本的實物見證」一文的商榷". 「文物」 1988年 第10期(1988. 10). 95-96.

柳鐸一. "嶺南地方現存木活字와 그 印刷用具". 「奎章閣」 第3輯(1979. 12). 47.

柳鐸一. "韓國木活字印刷術에 對하여". 「民族文化論叢」 第4輯(1983. 12). 112.

李光偉. "晚淸賦稅徵繳徵信系統的建設". 「歷史研究」 2014年 第4期. (2014. 8) 68-85.

李秉岐. "韓國 書誌의 研究(下)". 「東方學志」 第5輯(1961). 38.

李瑞良. "把畢昇研究深入下去—關于畢昇墓碑的研究方法問題". 「出版科學」 1997年 第1期(1997). 36-40.

李龍如. "我省發現泥活字印的書". 湖南日報(長沙). 1980. 3. 4.; 上海新四軍歷史研究會印刷印鈔分會 편. 「活字印刷源流」. 北京: 印刷工業出版社, 1990. 233.

이재정. "正祖의 生生字·整理字 제작과 中國活字 購入". 「한국사연구」 151집 (2010. 12). 137-174.

이재정. "조선 후기 중국 활자 제작 방식의 도입과 활자의 구입". 「규장각」 38집(2011. 6). 1-26.

李書華. "活字板印刷的發明". 「大陸雜誌」. 特刊第二輯(1962. 5). 117-122.

李淸志. "明代中葉以後刻板特徵". 古籍鑑定與維護研習會專集編輯委員會 편. 吳哲夫 執行. 「古籍鑑定與維護研習會專集」. 臺北: 中國圖書館學會, 1985. 96-121.

李致忠. "北宋銅活字的鑑定及其在中國活字印刷史上的價值". 第二屆中國傳統出版文化的傳承與弘揚研討會. 2018년 5월 25일.

李弘稙. "慶州佛國寺釋迦塔發見의 無垢淨光大陀羅尼經". 「白山學報」 제4호(1968. 6). 169-198.

任昉. "再談≪畢昇碑≫的宗教色彩". 「出版科學」 1995年 第3期(1995. 8). 37-38.

任昉. "畢昇與湖北英山出土的"畢昇碑"". 「中國文物報」 1994年 9月 25日. 제3면.; 中國文物研究所文物古文献研究部 주편. 「出土文献研究」 1998年 第1期(1998. 10). 264-273.

林子雄. "關于金屬活字『是鑄是刻』問題的探討". 「廣東印刷」 1998年 第5期(1998. 10). 39-40.

林子雄. "關于金屬活字『是鑄是刻』問題的探討(續)". 「廣東印刷」 1998年 第6期(1998. 12). 35.

林品香. "我國歷代活字版印刷史研究". 석사학위 논문. 私立中國文化大學 史學研究所. 1981.

張淦. "古今圖書集成再考". 「新中華」 第4卷, 第4期.

張文玲. "現存最早的活字印書". 上海新四軍歷史研究會印刷印鈔分會 편. 「活字印刷源流」. 北京: 印刷工業出版社, 1990. 111-114.

張秉倫. "關於翟金生的"泥活字"問題的初步研究". 「文物」 1979年 第10期(1979. 10). 90-92.; 上海新四軍歷史研究會印刷印鈔分會 편. 「活字印刷源流」. 北京: 印刷工業出版社, 1990. 229-232.

張秉倫. "關於翟氏泥活字的製造工藝問題", 「自然科學史研究」 제5권 제1기(1986. 4). 64-67, 圖版壹.; 上海新四軍歷史研究會印刷印鈔分會 편. 「活字印刷源流」. 北京: 印刷工業出版社, 1990. 223-228.

張秉倫・劉雲. "泥活字印刷的模擬實驗". 「自然科學史研究」 제8권 제3기(1989. 8). 293-296.; 上海新四軍歷史研究會印刷印鈔分會 편. 「活字印刷源流」. 北京: 印刷工業出版社, 1990. 237-242.

張思溫. "活字版西夏文≪華嚴經≫卷11至卷15簡介". 「文物」 1979年 第10期(1979. 10). 93-95.

張樹棟. "孰是孰非畢昇碑—向任昉先生討教". 「中國印刷」 1995년 제2기(1995. 4). 57-59.

張樹棟. "畢昇籍貫及其發明印刷地點初探". 「英山畢昇墓碑研討會」 1995년 12월 26-28일.

張秀民. "對英山畢昇墓碑的再商榷". 「中國印刷」 1994年 第2期(總第44期)(1994. 4). 75-76.

張秀民. "銅活字的發明與發展". 「光明日報」. 1954年 3月 6日. 第3面.; 上海新四軍歷史研究會印刷印鈔分會 편. 「活字印刷源流」. 北京: 印刷工業出版社, 1990. 145-153.

張秀民. "遼金西夏刻書簡史". 喬衍琯・張錦郎 공편. 「圖書印刷發展史論文集續編」. 臺北: 文史哲出版社, 1979. 65-80.

張秀民. "明代的銅活字". 喬衍琯・張錦郎 공편. 「圖書印刷發展史論文集續編」. 臺北: 文史哲出版社, 1979. 81-92.

張秀民. "明代的活字印刷". 「史學史資料」 1980年 第1期(1980. 3). 30-37.

張秀民. "明華氏會通館活字銅板是錫活字本嗎?". 「中國印刷」. 1992년 제3기(총제37기)(1992. 8). 88-89.

張秀民. "補記". 中國印刷史學術硏討會籌備委員會 편. 「(1996年第二屆)中国印刷史學術硏討會文集」. 北京: 印刷工業出版社, 1996. 273.
張秀民. "我國最早的金屬活字". 上海新四軍歷史硏究會印刷印鈔分會 편. 「活字印刷源流」. 北京: 印刷工業出版社, 1990. 135-138.
張秀民. "英山發現的是活字發明家畢昇的墓碑嗎?". 「中國印刷」 1993年 第4期(總第42期)(1993. 11). 83-85.; 「北京圖書館館刊」. 1993년 제3·4합기(1993. 12). 63-65.
張秀民. "英山畢昇故里". 「人民日報」 1995年 7月 20日.
張秀民. "英山畢昇墓碑再質疑". 中國印刷史學術硏討會籌備委員會 편. 「(1996年第二屆)中國印刷史學術硏討會文集」 北京: 印刷工業出版社, 1996. 267-272.
張秀民. "元明兩代的木活字". 學海出版社編輯部 편. 「中國圖書版本學論文選輯」. 臺北: 學海出版社, 1981. 413-424.; 上海新四軍歷史硏究會印刷印鈔分會 편. 「活字印刷源流」. 北京: 印刷工業出版社, 1990. 179-189.
張秀民. "中國印刷術的發明及其對亞洲各國的影響". 「文物參考資料」 1952年 第4期(1952. 4). 20-50.
張秀民. "中國活字印刷簡史". 「中國印刷」 1989년 제1기(總第23期)(1989. 2)~1990년 제1기(總第27期)(1990. 2).; 上海新四軍歷史硏究會印刷印鈔分會 편. 「活字印刷源流」. 北京: 印刷工業出版社, 1990. 6-65.
張秀民. "中朝兩國對於活字印刷術的貢獻". 「(天津)大公報」. 1953年 2月 20日. 第3面. 史學週刊.
張秀民. "清代涇縣翟氏的泥活字印本". 學海出版社編輯部 편. 「中國圖書板本學論文選集」. 臺北: 學海出版社, 1981. 447-452.; 「文物」 1961年 第3期(1961. 3). 30-32.; 上海新四軍歷史硏究會印刷印鈔分會 편. 「活字印刷源流」. 北京: 印刷工業出版社, 1990. 216-221.
張秀民. "清代的銅活字". 「文物」 1962年 第1期(1962. 1). 49-53.; 喬衍琯·張錦郎 공편. 「圖書印刷發展史論文集續編」. 臺北: 文史哲出版社, 1979. 93-102.; 上海新四軍歷史硏究會印刷印鈔分會 편. 「活字印刷源流」. 北京: 印刷工業出版社, 1990. 162-169.
張秀民. "清代的木活字". 喬衍琯·張錦郎 공편. 「圖書印刷發展史論文集續編」. 臺北: 文史哲出版社, 1979. 103-118.; 上海新四軍歷史硏究會印刷印鈔分會 편. 「活字印刷源流」. 北京: 印刷工業出版社, 1990. 190-206.
張秀民. "湖北英山發現的活字發明家宋畢昇墓不可信". 「印刷科技」. 제10권 제3기(1994. 3). 15-17.
張秀民. "活字印刷史話二則". 「印刷雜志」. 1992년 제6기(1992.).

長澤規矩也. “書林清話校補”. 葉德輝. 「書林淸話」. 臺北: 世界書局. 1974. 307-333.
張懷禮. “印刷術的發明和演進”. 「歷史教學」. 1955년 7월호(1955. 7). 43-47.
田淵正雄. “淸代木活字版印刷技術考”. 「ビブリア」 第75號(1980. 10). 437-442.
錢存訓. “論明代銅活字板問題”. 喬衍琯・張錦郎 공편. 「圖書印刷發展史論文集」. 臺北: 文史哲出版社, 1982. 319-341.
錢存訓. “論明代的活字印書”. 「慶祝蔣慰堂先生七秩榮慶論文集」. 臺北: 臺灣學生書局, 1968. 129-146.
錢存訓. “中國歷代活字本”. 古籍鑑定與維護硏習會專集編輯委員會 편. 吳哲夫 집행편집. 「古籍鑑定與維護硏習會專集」. 臺北: 中國圖書館學會, 1985. 211-223.
錢存訓. “中國歷代活字本綜述”. 印刷工業出版社編輯部 편. 「裝訂源流和補遺」. 北京: 中國書籍出版社, 1993. 133-148.
程溯洛. “論敦煌吐魯番發現的蒙元時代古維文木刻活字和雕版印刷品與我國印刷術西傳的關係”. 李光璧・錢君曄 공편. 「中國科學技術發明和科學技術人物論集」. 北京: 生活・讀書・新知三聯書店, 1955. 225-235.
淨雨. “淸代印刷史小紀”. 喬衍琯・張錦郎 공편. 「圖書印刷發展史論文集」. 臺北: 文史哲出版社, 1982. 342-362.
丁瑜. “我國雕版印刷術與活字印刷術的比較硏究”. 上海新四軍歷史硏究會印刷印鈔分會 편. 「活字印刷源流」. 北京: 印刷工業出版社, 1990. 121-129.
趙相如. “維吾爾先民是中國印刷術西傳最重要的媒介”. 「中國印刷」. 1988년 제3기(총제21기)(1988. 8). 78-87.
曹淑文 등. “談美國普林斯頓大學藏木活字本≪大方廣佛華嚴經≫”. 「文物」 1992年 第4期(1992. 4). 87-90.
曹之. “華燧銅活字考辯”. 「晉圖學刊」 1994年 第2期(1994. 6). 58-60, 22.
曺炯鎭. “古活字 印刷技術의 評價에 관한 硏究”. 「書誌學硏究」 제25집(2003. 6). 369-406.
曺炯鎭. “金屬活字本說 「南明泉和尙頌證道歌」의 鑑別方法 硏究”. 「書誌學硏究」 제63집(2015. 9). 91-117.
曺炯鎭. “金屬活字의 中國發明說에 관한 硏究”. 한국과학사학회. 제51회전국역사학대회과학사부. 2008. 388-394.; 「書誌學硏究」 제42집(2009. 6). 105-135.
曹炯鎭. “論中國發明金屬活字說”. 中國四川大學公共管理學院・韓國江南大學校. 第4回 亞細亞와 發展: 宗敎와 文化 國際學術大會. 2007. 67-83.
曹炯鎭. “對中方學者說中國發明金屬活字的商榷”. 中華民國淡江大學. 全球化與漢語文化國際學術硏討會. 「全球化與漢語文化國際學術硏討會: 全球化與數位化下華語文化的內容創意與傳播論文集」. 臺北縣: 中華民國淡江大學文學院, 2005. 159-179.

曹炯鎭. “明代 無錫 華·安 兩氏 家門의 活字印刷”. 「季刊書誌學報」 제15호(1995. 3). 95-120.
曹炯鎭. “明代後期之活字印刷”. 「書誌學研究」 제15집(1998. 6). 283-307.
曹炯鎭. “中國 活字印刷技術의 發明背景과 萌芽期의 發展”. 「書誌學研究」 제13집(1997. 6). 47-72.
曹炯鎭. “紙幣印版與千佛銅牌能否做活字版?”. 中國北京大學新聞與傳播學院. 東方印跡: 中韓日雕板印刷國際學術研討會. 2015. 27-30.
曹炯鎭. “淸代 前期의 活字印刷”. 「한국문헌정보학회지」 제29집(1995. 12). 345-382.
曹炯鎭. “淸代 後期의 活字印刷”. 「季刊書誌學報」 제19호(1997. 1). 99-134.
曹炯鎭. “韓國 初期金屬活字의 鑄造·組版·印出技術에 대한 實驗的 研究”. 박사학위 논문. 중앙대학교 대학원. 1995.
曹炯鎭. “韓·中 兩國 活字印刷技術의 交流에 관한 研究”. 「書誌學研究」 제14집(1997. 12). 273-301.
曹炯鎭. “韓中兩國 活字印刷의 技術的 過程”. 「書誌學研究」 제17집(1999. 6). 237-262.
曹洪軍. “≪古今圖書集成≫版本研究”. 「故宮博物院院刊」 2007년 제3기(2007. 5). 53-66.
曹洪軍. “康雍乾三朝中央機構刻印書研究”. 박사학위 논문. 南京師範大學(中國古典文獻學). 2006년.
朱家濂. “淸代泰山徐氏的磁活字印本”. 學海出版社編輯部 편. 「中國圖書板本學論文選集」. 臺北: 學海出版社, 1981. 441-445.; 上海新四軍歷史研究會印刷印鈔分會 편. 「活字印刷源流」. 北京: 印刷工業出版社, 1990. 243-248.
朱家溍. “關于淸代宮史研究及原狀陳列的幾個問題”. 「故宮退食錄」. 北京: 北京出版社, 1999. 379-389.
周吉友. “一生籌活版半世作雕蟲: 淸代安徽涇縣翟金生的泥活字印刷”. 「印刷史話」 2003年 제2기(2003. 2). 77-78.
周衛榮 등저. “對羅振玉舊藏古代銅活字的初步研究”. 「中國錢幣」 2018年 제2기(2018. 4). 3-11.
周一良. “紙與印刷術-中國對世界文明的偉大貢獻”. 李光璧·錢君曄 공편. 「中國科學技術發明和科學技術人物論集」. 北京: 生活·讀書·新知三聯書局, 1955. 1-20.
周駿富. “中國活字版傳韓考辨”. 劉家璧 편. 「中國圖書史資料集」. 香港: 龍門書店, 1974. 779-791.
陳尙君. “明銅活字本≪唐五十家詩集≫印行者考”. 「中華文史論叢」 總第46輯(19).
陳仙舟 등저. “畢昇泥活字版印刷術的分析與新發現”. 「印刷科技」 제32권 제3기(2016. 9). 63-83.

陳暐仁. “談淸宮銅活字印刷書籍”. 「故宮文物月刊」 제293기(2007. 8). 62-69.
昌彼得. “我國歷代版刻的演變”. 喬衍琯・張錦郎 공편. 「圖書印刷發展史論文集」. 臺北: 文史哲出版社, 1982. 248-265.
昌彼得. “歷代版刻之演變”. 昌彼得. 「版本目錄學論叢Ⅰ」. 臺北: 學海出版社, 1977. 105-122.
昌彼得. “中國的印刷術”. 昌彼得. 「版本目錄學論叢Ⅰ」. 臺北: 學海出版社, 1977. 139-150.
蔡美彪. “銅活字與印刷術起源問題”. 「光明日報」 1954年 1月 9日. 제5면. 史學. 第21號.; 上海新四軍歷史硏究會印刷印鈔分會 편. 「活字印刷源流」. 北京: 印刷工業出版社, 1990. 154-158.
蔡成瑛. “翟金生的又一種泥活字印本-≪試印續編≫”. 上海新四軍歷史硏究會印刷印鈔分會 편. 「活字印刷源流」. 北京: 印刷工業出版社, 1990. 210-215.
蔡學儉. “我國畢昇硏究情況和觀點綜述”. 「出版發行硏究」 1995年 第4期(1995. 7). 43-45.; 「新華文摘」 1995年 第10期. 208-210.
千惠鳳. “朝鮮朝의 乙亥小字體木活字本「御施策」”. 「書誌學硏究」 15(1998. 6). 42-48.
楚客. “古代中朝兩國的書籍交流”. 喬衍琯 등저. 「書林掌故續編」. 香港: 中山圖書公司, 1973. 90-92.
“最古の木製活字印刷物の發見”. 「出版ニュ-ス」 1997년 1월호(1997. 1). 66-67.
馮漢鏞. “畢昇活字膠泥爲六一泥考”. 「文史哲」1983년 제3기(1983. 4). 84-85.
何步云. “中國活字小史”. 上海新四軍歷史硏究會印刷印鈔分會 편. 「活字印刷源流」. 北京: 印刷工業出版社, 1990. 66-88.
賀聖鼐. “中國印刷術沿革史略”. 喬衍琯・張錦郎 공편. 「圖書印刷發展史論文集」. 臺北: 文史哲出版社, 1982. 226-247.
韓琦. “西方人硏制中文活字史略”. 「文獻」 1992년 제1기(1992. 3). 223-230.
韓琦. “宋元文獻中的畢昇與泥活字印書”. 「中國印刷」 2004年 第6期(2004).; 「中國印刷年鑑」. 北京: 中國印刷年鑑社, 2005.
韓琦. “十九世紀上半葉西方人對中文活字之硏製”. 上海新四軍歷史硏究會印刷印鈔分會 편. 「活字印刷源流」. 北京: 印刷工業出版社, 1990. 267-276.
韓琦. “十九世紀中文疊積活字硏制史”. 「印刷科技」. 제11권 제4기(1995. 6). 78-98.
韓琦. “中國的蠟板印刷術”. 印刷工業出版社編輯部. 「裝訂源流和補遺」. 北京: 中國書籍出版社, 1993. 159-165.
한선학. “아시아 다라니와 부적 판화의 세계”. 김진호 강서문화원장. 「역병을 이겨내는 마음의 백신: 동아시아 다라니와 부적 특별전」. 서울: 허준박물관, 2021. 92-115.

項戈平. “宋代杭州的刻書與畢昇發明活字印刷的地點”. 上海新四軍歷史研究會印刷印鈔分會 편. 「活字印刷源流」. 北京: 印刷工業出版社, 1990. 115-120.
恒慕義 저. 劉修業 역. “中國活字印刷術之檢討”. 上海新四軍歷史研究會印刷印鈔分會 편. 「活字印刷源流」. 北京: 印刷工業出版社, 1990. 101-106.
項旋. “雍和宮三世佛與≪古今圖書集成銅活字板≫”. 「北京印刷學院學報」 2012年 第5期(2012. 10). 20-22.
項旋. “清代內府銅活字考論”. 「自然科學史研究」 제32권 제2기(2013. 6). 254-262.
許同莘. “無錫華氏譜跋”. 「北平圖書館館刊」 제8권 제4기(1934. 7・8). 73-74.
胡道靜. “≪古今圖書集成≫的情況・特點及其作用”. 「圖書館」 1962년 제1기(1962). 31-37.; 王秋桂・王國良 공편. 「中國圖書・文獻學論集」. 臺北: 明文書局, 1983. 462-483.
胡道靜. “活字板發明者畢昇卒年及地點試探”. 「文史哲」 第59期(1957. 7). 61-63.
胡進杉. “記院藏存世最早的木活字版圖書-西夏文≪大方廣佛華嚴經≫”. 「故宮文物月刊」. 제301기(2008. 4). 36-45.
華宗慈. “中國古活字”. 上海新四軍歷史研究會印刷印鈔分會 편. 「活字印刷源流」. 北京: 印刷工業出版社, 1990. 107-110.
黃岡地區博物馆 등. “英山縣茅竹灣宋墓發掘”. 「江漢考古」 1988年 第3期(1988. 4) 23-30.
黃寬重. “南宋活字印刷史料及其相關問題”. 中央研究院歷史語言研究所集刊. 55: 1(1984. 3). 133-138.
黃寬重. “宋代活字印刷的發展”. 「國立中央圖書館館刊」 제20권 제2기(1987. 12). 1-10.
徽之. “涇縣水東翟村發現泥活字本宗譜”. 上海新四軍歷史研究會印刷印鈔分會 편. 「活字印刷源流」. 北京: 印刷工業出版社, 1990. 222.

5. 기타

http://159.226.2.2:82/gate/big5/www.kepu.net.cn/gb/technology/ancientech/ancientech_printing/200312300110.html.
http://profleeclub.ep.nctu.edu.tw/～wilee/proflee4/public/articles/60/index.phtml(2012. 1. 6).
http://res.bigc.edu.cn/yinshuaziyuankuse/gudaishi/zxnhzys_27.html(2012. 1. 6).

http://translate.google.com.tw/translate?hl=zh-TW&sl=zh-CN&tl=zh-TW&u=http%3A%2F%2Fwww.kepu.net.cn%2Fgb%2Fcivilization%2Fprinting%2Fevolve%2Fevl211.html&anno=2.
http://www.cgan.net/book/books/history/index.html.
http://www.sohu.com/a/304940484_562249?sec=wd.
http://www.hubeipack.com/html/zjrc/yxdt/2009/0627/11305.html(2012. 1. 6).
http://zh.wikipedia.org/wiki/%E6%B4%BB%E5%AD%97%E5%8D%B0%E5%88%B7%E6%9C%AF(2012. 1. 6).
https://ko.wikipedia.org/wiki/%EC%84%9C%ED%95%98(2021. 11. 18).
https://pr.ntnu.edu.tw/ntnunews/index.php?mode=data&id=16720.
https:youtu.be/g_Zwp9FqcHU
https://kknews.cc/culture/g8q2rj8.html(畢昇是活字印刷書發明者, 一塊墓碑的發現讓其身世大白於天下)(2022. 9. 22).
https://kknews.cc/history/k8k8ngr.html(畢昇籍貫的認定問題)(2022. 9. 22).
https://kknews.cc/history/z6xenmq.html(活字印刷術的發明者畢昇後人僞造錢幣被朝廷發現, 株連九族?)(2022. 9. 22).
千惠鳳. 「書誌學概論」. 미간행유인물.
청주 MBC. "금속활자 그 위대한 발명(3부작)". "제1부: 세계 최고의 금속활자본". 2000. 9. 22. 21:55-22:45.; "제2부: 금속활자 발명국, 한국인가 중국인가?". 2000. 9. 29. 21:55-22:45.; "제3부: 한국의 금속활자 세계로 가다". 2000. 10. 6. 21:55-22:45.
프랑스 국영 TV. 1972. 6. 1. 20:00 뉴스.

輪轉擺印課程

第一日 擺書二十四版

第二日 平整十二版

第三日 校刊十二版 平整十二版 擺書二十四版

부록

〈부록〉

Appendix

부록 1. 中國의 歷代 世系

진하게 표시한 왕조가 역사의 정통성을 승계한 왕조들이다.[1]

<table>
<tr><td>三皇</td><td colspan="6">① 天皇氏・地皇氏・人皇氏.
② 燧人氏・伏羲氏・神農氏, 또는 燧人氏・伏羲氏・有巢氏.</td></tr>
<tr><td>五帝</td><td colspan="6">少昊・顓頊・帝嚳・唐堯・虞舜(「史記」에는 少昊 대신 黃帝).</td></tr>
<tr><td rowspan="5">三代</td><td colspan="2">夏</td><td colspan="4">BC 21세기 ~ BC 16세기</td></tr>
<tr><td colspan="2">商(殷)</td><td colspan="4">BC 16세기 ~ BC 11세기(BC 1027)</td></tr>
<tr><td rowspan="3">周</td><td>西周</td><td>BC 11세기(BC 1027)
~ BC 771</td><td colspan="3">12代 257년간</td></tr>
<tr><td rowspan="2">東周</td><td rowspan="2">BC 770 ~ BC 256</td><td rowspan="2">25대 515년간</td><td colspan="2">春秋시대: BC 700 ~ BC 476</td></tr>
<tr><td colspan="2">戰國시대: BC 475 ~ BC 221</td></tr>
<tr><td colspan="3">秦</td><td>BC 221 ~ BC 206</td><td colspan="3">3代 16년간</td></tr>
<tr><td rowspan="2">漢</td><td colspan="2">西漢</td><td>BC 206 ~ AD 25</td><td colspan="3">15代 231년간</td></tr>
<tr><td colspan="2">東漢</td><td>AD 25 ~ AD 220</td><td colspan="3">13代 196년간</td></tr>
<tr><td colspan="3">魏</td><td>220 ~ 265</td><td>5代 46년간</td><td>蜀:
221 ~ 263,
2代 43년간</td><td>吳:
222 ~ 280,
4代 59년간</td></tr>
</table>

1) 杜建民 편저, 「中國歷代帝王世系年表」(濟南: 齊魯書社, 1995)(http://www.zxls.com/UploadFiles//article/uploadfiles2008/201211/zxls2012112222334411.pdf. 2022. 6. 17). 연구자에 따라 약간의 오차가 있다.

<table>
<tr><td rowspan="2">晉</td><td>西晉</td><td colspan="2">265 ~ 316</td><td colspan="2">4代 52년간</td><td colspan="2" rowspan="2">5胡 16國(成・前趙・後趙・前燕・後燕・西燕・南燕・北燕・前秦・後秦・西秦・夏・前涼・後涼・南涼・北涼・西涼): 302~439</td></tr>
<tr><td>東晉</td><td colspan="2">317 ~ 420</td><td colspan="2">11代 104년간</td></tr>
<tr><td rowspan="5">南朝</td><td>宋</td><td>420 ~ 479</td><td>8代 60년간</td><td rowspan="5">北朝</td><td>北魏</td><td>386 ~ 534</td><td>14代 149년간</td></tr>
<tr><td>齊</td><td>479 ~ 502</td><td>7代 24년간</td><td>東魏</td><td>534 ~ 550</td><td>1代 17년간</td></tr>
<tr><td>梁</td><td>502 ~ 557</td><td>6代 56년간</td><td>西魏</td><td>534 ~ 557</td><td>3代 24년간</td></tr>
<tr><td rowspan="2">陳</td><td rowspan="2">557 ~ 589</td><td rowspan="2">5代 33년간</td><td>北齊</td><td>550 ~ 577</td><td>6代 28년간</td></tr>
<tr><td>北周</td><td>557 ~ 581</td><td>5代 25년간</td></tr>
<tr><td colspan="2">隋</td><td colspan="2">581 ~ 618</td><td colspan="4">3代 38년간</td></tr>
<tr><td colspan="2">唐</td><td colspan="2">618 ~ 907</td><td colspan="4">20代 290년간</td></tr>
<tr><td rowspan="5">五代</td><td>後梁</td><td colspan="2">907 ~ 923</td><td colspan="2">3代 17년간</td><td colspan="2" rowspan="3">10國(吳・南唐・前蜀・後蜀・南漢・楚・吳越・閩・荊南・北漢): 902 ~ 979</td></tr>
<tr><td>後唐</td><td colspan="2">923 ~ 936</td><td colspan="2">4代 14년간</td></tr>
<tr><td>後晉</td><td colspan="2">936 ~ 946</td><td colspan="2">2代 11년간</td></tr>
<tr><td>後漢</td><td colspan="2">947 ~ 950</td><td colspan="2">2代 4년간</td><td colspan="2" rowspan="2">遼(契丹): 916 ~ 1125, 9代 210년간</td></tr>
<tr><td>後周</td><td colspan="2">951 ~ 960</td><td colspan="2">3代 10년간</td></tr>
<tr><td rowspan="2">宋</td><td>北宋</td><td colspan="2">960 ~ 1127</td><td colspan="2">9代 168년간</td><td colspan="2">西夏國: 1038 ~ 1227, 10代 190년간</td></tr>
<tr><td>南宋</td><td colspan="2">1127 ~ 1279</td><td colspan="2">9代 153년간</td><td colspan="2">金: 1115 ~ 1234, 9代 120년간</td></tr>
<tr><td rowspan="2">元</td><td>蒙古</td><td colspan="2">1206 ~ 1270</td><td colspan="4">4代 65년간</td></tr>
<tr><td></td><td colspan="2">1271 ~ 1368</td><td colspan="4">11代 98년간</td></tr>
<tr><td colspan="2">明</td><td colspan="2">1368 ~ 1661</td><td colspan="4">20代 294년간</td></tr>
<tr><td rowspan="2">清</td><td>後金</td><td colspan="2">1616 ~ 1635</td><td colspan="4">1代 20년간</td></tr>
<tr><td></td><td colspan="2">1636 ~ 1911</td><td colspan="4">11代 276년간</td></tr>
<tr><td colspan="2" rowspan="2">中華民國</td><td colspan="2" rowspan="2">1912 ~ 현재</td><td colspan="2" rowspan="2">15代</td><td colspan="2">滿洲國: 1932 ~ 1945, 2代 14년간</td></tr>
<tr><td colspan="2">中華人民共和國: 1949 ~ 현재, 7代</td></tr>
</table>

부록 2. Comparisons of Chinese and Korean Typography*

◁ Contents ▷

1. Preface

Old printing includes wood block printing and movable type printing or typography. Both of which were invented by the Chinese. Within a short time, Korean imported printing from China and invented the metal type for printing books, which is about 200 years earlier than in Europe.

The bud of typography was in Song and Yuan dynasties in China and in the latter half Goryeo dynasty in Korea. It became popular in the Ming and Qing dynasties in China, and especially in Joseon

* This paper is a manuscript of the lecture delivered at the University of Chicago(1992. 10. 28, invited by East Asia Library) and Harvard University(1992. 11. 4, invited by Korean Colloquium). The following is the additional research since the lecture. See the main body of the manuscript for the details.

1. *Dexing ji* is a wooden type edition in Xixian character printed between 1194 and 1205, earlier than the wooden type of Zhen Wang in Yuan Dynasty. It was excavated from Kara Khoto in Inner Mongolia. Xixia was then an independent country.
2. The Wuxi Hua family's type, known as bronze type, was found to be a casted bronze printing plate and carved tintype.

dynasty in Korea. The developing situations, however, had both similarities and differences. Today I'd like to talk about the early development of Chinese and Korean typography and to make some comparisons of their specialties.

The procedures of wood block printing is as follows: (1) transcription of the text, (2) proofreading of the transcription, (3) attaching the transcription face down on wood block, (4) carving the blocks, (5) smearing ink, (6) putting on paper, and (7) brushing the back of the paper. The strengths of wood block printing include (1) printing block is never loosen when printing so one can easily print a lot of sheets: (2) one can store printing blocks for a long time and use them to print in quantity when needed anytime. The weaknesses include (1) the need to process wood and carve a set of wood blocks, consequently spending much time, effort, material means etc.: (2) if there is mistakes or miscarving on the block, one must cut out the incorrect part and put in correct piece, or carve a new block, losing much of the time: (3) one set of printing blocks can print one book only, no other books. Also, if printing quantity is small or reprints are unnecessary, the blocks become useless: and (4) printing blocks need a lot of space for storage, and are easily damaged.

The procedures of typography are as follows: (1) manufacturing single types, (2) picking types according to text, (3) composing types to assemble printing plate, (4) smearing ink, (5) putting on paper, (6) brushing the back of the paper, and (7) breaking up printing plate after finishing printing. Single types can be reused for other books. The strengths of typography include (1) preparation of only one fond of types. The types therefore can be used repeatedly for many different books. This saves effort and expenses, and increases speed: (2) if there is a mistake on the printing plate, it can be corrected with just another type. The weaknesses include (1) early printing technique was slow, and thus it was not possible to print a lot of sheets at a time: (2) if unusual characters were not prepared when types were composed, a new type has to be made: and (3) if more copies of same book is needed after the printing plate is broken, one must compose the types again. This is very inconvenient for reprinting.

So wood block printing is suitable for printing and reprinting books that are needed frequently, or for small number of copies of less volumes. Typography is suitable for printing bulky volumes of books, or the hasty production of a lot of copies at one time.

Then, under what kind of situation was typography invented? Early records didn't mention its background, but we know that an invention must first have the creative thinking and accumulated experience of people of former times, and also the need for a new social environment. The invention will be successful only after the combination of originality of rational concepts and new methods from previous experiences, which are developed for securing economy and efficiency. The invention of typography is the same.

2. Bud of typography Printing

2.1 Song and Yuan Dynasties in China

Until now, the most dependable record as to the origin of typography is *Mengxi bitan* (Dream Pool Jottings) written by Gua Shen. In this book Vol. 18, *Jiyi* (Handicrafts), *Banyin shuji* (On Block Printed Books) says that

> *During the period Qing-li(1041-1048) Sheng Bi, a man of the common people, invented movable type.*

Gua Shen then narrated detail processes of *Jiao ni* (sticky clay) typography, including type manufacture, composing types, printing, breaking up etc.. The basic method and principle is the same as nowaday used plumbum typography. Based on this, we can make a definite deduction that typography was invented by Sheng Bi during the middle of the 11th century. Sheng Bi's greatest contribution is the creation of sticky clay type and is the earliest known person who used types for printing. As to what books did print during that time, a recent discovery in Zhejiang, China in 1965 of the *Foshuo guanwuliangshou fojing* (Buddhist Sermonic Eternal Life Sutra) is very important. It is said that this Buddhist text was printed around 1100 in Song dynasty with sticky clay types. If the appraisal is correct, it was printed only 50 years after Sheng Bi and the types could have been made by Sheng Bi.

In *Zhouyiguo wenzhonggong ji* (Bi-da Zhou's Collected Writings) Vol. 198, a letter from Bi-da Zhou to Yuan-cheng Cheng says

> *These days according to the way of Cun-zhong (Gua) Shen, I transplanted his method to print with sticky clay types on copper plate and completed recently the yutang zazhi* (Miscellaneous Notes of the Jade Hall) *for 28 sections.*

This letter was written in 1193, which Zhou was a government official in Tanzhou. From this, we know that Bi-da Zhou printed a book with sticky clay types in 1193, which was 150 years after Sheng Bi.

In *Muyan ji* (Sui Yao's Collected Works), written by Sui Yao of Yuan dynasty, Vol. 15, *an inscription about his life*, states that

> *The year of Xin chou(1241) ---- because primary school texts were not distributed widely, he let a student called Gu Yang print Jinsi lu* (Reflections on Things at Hand), *Donglai jingshi lunshuo* (Discourse from the Classics and Histories by Donglai) *and several other books with Shen's printing type, and scattered them everywhere .---- in the year of geng shu(1250) ----*

From this, we know that Gu Yang printed several kinds of type editions between 1241 and 1250.

At the beginning of Yuan dynasty, a person who lived in Changzhou created tin type to print books. This type has a small hole on the side for composing. But because it was hard to receive ink, many books were badly printed, and so the types were not used for very long. Technically, ink is very important for metal types in printing.

Zhen Wang of Dongping in Yuan dynasty, was a government official of Jingde xian(1295-1300) in Anhui. He created more than 30,000 pieces of wood type in 2 years for printing. *Nong shu* (Farming Book) written by himself. The procedures are detailed in *Nong shu* Vol. 22, *Zao huozi yinshu fa* (Procedures of Type Making and Book Printing). It says:

> *First write the transcription on paper, attach it on wood block and carve the letters, cutting with a fine saw. Put on the finishing touches to make the types equal in size with a thin knife, and then compose types to pack rows, divide them with a strip of bamboo, composing a full printing template. Flatten it by propping the types with small pieces of bamboo, wedging up to secure the types, and then smearing it with ink and brushing it to print.*

He also describes 'The ways of writing rhyme and carving letters, cutting blocks and putting in finishing touches, making template and composing, making wheel boards, choosing type, making template to compose types and brushing etc.' But for some reason, he didn't print his own books with this font of type, and only printed *Jingde xianzhi* (Local Gazetteer of the Jingde Prefecture) in 1298. Zhen Wang's contributions include (1) creation of wood type; (2) invention of rhyme wheel board of kept types. This tool lets the worker move types for securing efficiency during the process of composing; (3) systematic narration of detailed procedures of carving types and printing.

Cheng-de Ma, who lived in Guangping in Yuan dynasty, carved 100,000 pieces of wood type in 1319 while serving as a government official of Fenghua in Zhejiang. He printed *Daxue yanyi* (Commentaries on the Daxue) etc. with these types in 1322.

Paul Pelliot, the French Sinologist, discovered in Dunhuang wood types from the Uighur tribe dated to 1300. Also discovered in Kuche and Hetian were books printed in Chinese. Mongolian and classical Hetian letters with wood types. Buddhist sutra, *Dafang guangfo huayanjing* (Adoration of buddha), written in Xixia letters during the King Renzong(1139-1193) of Xixia, is considered by some to have been printed with wood types carved in Hangzhou in Yuan dynasty. If it was really printed with wood types, it is the oldest wood type edition in existence today.

The above documentary evidence and artifacts indicate that to date the sticky clay type was invented in Song dynasty and wood type in Yuan dynasty. Both were used for printing books in Anhui and Zhejiang in southeast China.

2.2 Goryeo Dynasty in Korea

The earliest record about origin of Korean typography is a

postscript to *Sinin sangjong yemun* (A New Printed and Detailed Authentic Code of Etiquette) written by Kyu-bo Yi for the duke of Chinyang gathered in *Tongguk yisangguk chip* (Collected Works of the Grand Counselor Yi). Based on this, Kyu-bo Yi printed *Sinin sangjong yemun* with metal types in Kanghwa between 1234 and 1241, Goryeo dynasty. Here, we have to pay attention that at that time, because of Mongol invasion, capital was transferred into Kanghwa, and thus they could not afford to invent properly any metal types. So one can easily infer metal typography was invented before transferring the capital into Kanghwa. This possibility is supported by a postscript written by Yi Ch'oi (the duke of Chinyang) gathered in *Nammyongch'on hwasang songjungdoga* (Hymn for Buddhist Priest Nammyongch'on):

> *So recruit workers and anew carve according to metal type edition to transmit long, year of Ji hai(1239) early in September ----.*

The meaning of "anew carve according to metal type edition" is the new reproduction of the original metal type edition. So one can infer metal type edition in manuscript form had to be printed with metal types long before this time. From these two records, one can infer Koreans probably invented metal type before 1232 when the capital was transferred into Kanghwa.

Besides, based on the Goryeo dynasty's type "複" at the National

Museum of Korea, its material is bronze alloy, as perfect as Haedong t'ongbo (East of the Sea Coin) cast in 1126, Goryeo dynasty, its style of letters is very similar to *Nammyongch'on hwasang songjungdoga* carved anew according to metal type edition in 1239. It has been suggested that bronze type was already used for printing books during this period.

French National Library opened to the public in 1972 *Paegun hwasang ch'orok pulcho jikchi simch'e yojol* (Abstract of Buddha and His Patriarchs' Sutra by Buddhist Priest Paegun) from its collection. In the end of this book, there are printed words saying that

> *The 7th year(1377) of Xuan-guang, Ding si, July, (on a certain) day, Hungdok temple in the suburbs of the Ch'ongju city print with metal types as temple offering.*

This statement shows two significant facts: one is that this record is in existence in a metal type edition, the other is that the metal typography was spread to one of the local temples. As manufacturing, based on the fact that the same characters' styles are different from each other and not exquisite, the type was probably made by lost-wax casting. It is the oldest metal type edition in existence.

When printing this book with metal types in 1377, we know wood types were also used for temporary supplement of unprepared characters in the late Goryeo dynasty.

Sambong chip (Collected Works of Three Peaks) written by Do-jon

Chong who lived in the late Goryeo dynasty, Vol. 1, *Ch'i sojog p'o si byong so* (Poem and Preface of Organization for Publication Office) says that

Earnestly want to establish Sojog p'o cast type ----

This statement shows that Sojog won (Publication Office) was established by government cast type and print books in 1392, Goryeo dynasty. But the government of Goryeo dynasty fell in this year, so it could not have successfully operated, but we can presume government officiated casting metal type for printing books probably before 1232.

3. Development of Ming and Qing Dynasties Typography Printing

3.1 Ming Dynasty

Chinese typography was popular after the period *Hong-zhi*(1488-1505). In those days, the popularity of typography was closely connected with social and economic development. In the 15th and 16th century, the area south of Yangzi River (Wuxi, Changzhou, Suzhou), because of rich soil, commerce and industry prosperity, many large landowners and merchants appeared. The cultural level was high, and the amount of printed books increased, so typography widely prevailed in this area. Here are some noted printers:

Hua's family of Wuxi printed 29 titles of books with bronze types between 1490 and 1521. Although his printing was numerous, its type composition and ink smearing were poor and the proofreading was not careful. As to the way of type making, there are two views of casting or carving on bronze and tin alloy. Anyway, it is the earliest known metal type editions of China.

Jinlan Guan (House of Gold Orchid) in Suzhou carved bronze types and printed two books in 1503. The printing technique is pretty good and the book quality is also excellent. It is a masterpiece of type editions in the Ming dynasty.

Besides bronze type, lead type was also used at that time. Somebody who lived in Piling (Changzhou) printed *Jintai jiwen* (Record of events of the Jintai) with lead types during the period of *Hong-zhi* and *Zheng-de*(1506-1521). The printing technique is not high, but this type is the beginning of using lead alloy type in China.

Donghu shuyuan (East Lake School) printed books with wood types in 1510 and 1537, Meng-yu Qian who lived in Changshou borrowed these types from the school for printing books. From this, we know school began to use types in Ming dynasty.

Guo An who lived in Wuxi printed about 10 titles of books with bronze types between 1521 and 1534. The quantity of his printing is only the next to that of the Hua family. The type making, composing technique, and proofreading are better than Hua's, but he didn't successfully compound oil ink used for metal type.

The prince of Shu printed *Luancheng ji* (Collected Works of Paniculate Town) with wood types in 1541 in Chengdu. The printing technique is not refined.

Kui Yao Who loved in Zhihcheng (Jianning) carved bronze types and printed *Tongshu leiju keize daquan* (Great Classified Collection of Old Term for Almanac) in 1551, and printed *Mozi* (Advocate of Love without Distinction) with blue ink in the next year. His printing technique is pretty sophisticated, much better than wood block printing.

Rong You and Shi-ren Yao who lived in Fujian carved bronze types and printed books during the period of *Long-qing*(1567-1572) and *Wan-li*(1573-1620) in Wuxi and Changshou. The printing technique is better than Hua's and An's, but proofreading is not fine. This is a typical case of cooperation between a type composer of Fujian and a printer of Wuxi. Working mobility was opening up the pioneer life style of a family pedigree printer who used types bundles on shoulder and went around the countryside to print family pedigrees.

One family pedigree printer in the area south of Yangzi River printed *Zengshi zongpu* (Zeng's Family Pedigree) with wood types in 1571. After this, the common practice that a printer print family pedigrees for other families prevailed in the entire area south of Yangzi River.

One local government of Prince Yi printed *Bianhuo bian* (Critical Discussion of Suspicion) and *Bianhuo xubian* (Critical Discussion of

Suspicion's Continuation) with wood types in 1574. The printing technique and the proofreading are excellent. It is the masterpiece of type editions in Ming dynasty.

The central government in Beijing published *Di bao* (Government Official Bulletin) as the official bulletin with wood types since 1638. *Jing bao* (Government Official Bulletin) published by the central government was printed with wood types through the end of Qing dynasty.

From what is narrated above, we know typography prevailed in close connection with social and economic development in Ming dynasty. Most of the publishers were private people, and government printing with types were only few. Types used include copper(Cu), tin(Sn), lead(Pb), wood etc.. As to the printing techniques, bronze type's ink quality is poor, perhaps the result of poor composing technique and the inability to compound oil ink. Proofreading was poor: there are situations of missing characters, sideways and upside down characters etc.. These mistakes are sometimes used as evidence of type editions. Bronze type's printing technique is difficult to verify because there are only books, but no types are available for examination.

3.2 Qing Dynasty

In Qing dynasty, typography was used more extensively. Here are some major cases:

Nei fu (Ministry of Education) of the royal court in Qing dynasty first made bronze types and printed books before 1713. The method of making the types was carving, and the total was about 250,000 pieces. Since the style of characters on the printed books is not the same, and big and small points were used, these bronze types were perhaps not from one font. There were five books printed between 1713 and 1726, including *Gujin tushu jicheng* (Compilation of Books in Past and Present) 10,040 Vols.. The printing technique is pretty good. This is the beginning of making metal types and printing books by the Chinese government.

Zhi-ding Xu from Taian printed 2 books with porcelain in 1718. However, opinions are controversial as to whether the books were printed by porcelain block or types.

Wuying dian of the royal court in Qing dynasty carved jujube wood types of big and small points totalling 253,500 pieces. It took about six months in 1773 and 1774 of the *Qian-long* period. Jian Jin, a native of Joseon, officiated this work. The types were used to print a total of 142 titles of books called *Wuying dian Juzhen ban congshu* (The Series of Type Editions in Palace of Force Surpassingness) between 1774 and 1820. The printing is excellence but proofreading is less. The features of this work and Zhen Wang's wood type may be compared as follows:

<Table 1> Zhen Wang and Wuying dian Juzhen ban's Typography

	Zhen Wang's wood type	Wuying dian Juzhen ban
1	First carve block, and then cut with saw.	First cut into wood cube, and then carve.
2	Make boundary with strip of bamboo.	Print border lines, boundary and block heart with block that carved according to paged format, and print letters.
3	Prop to flat with small pieces of bamboo.	Prof to flat with paper pieces.
4	Invent wheel board keep types, classify types according to the rhyme.	Change to type chest to keep types, classify types according to radicals of *Kangxi dictionary* and number of strokes.

Jin-sheng Zhai who lived in Jingxian, Anhui spent 30 years of hard labor for making more than 100,000 pieces of sticky clay type. Collaborators included his sons, nephews, nephew of wife, son-in-law, grandsons, sons of daughter and students. They printed 7 books with this type set, including *Zhaishi zongpu* (Zhai's Family Pedigree), between 1844 and 1857. The procedure of making this type included: (1) to make a mold of intaglio in standard style of characters, (2) case sticky clay types of embossing opposite style of characters with this mold, (3) burn it, and (4) putting on finishing touches. The type sizes were five kinds of point, and the technique is pretty complex.

Chun-qi Lin, who lived in Fuzhou, hired laborers to carve big and small bronze types for more than 200,000 pieces in 21years between 1825 and 1846. He printed 6 books between 1846 and 1853. The books printed with his type are clean and exquisite, probably by using oil ink, and are among the best of Chinese type editions.

Mr. Deng from Foshan, Guangzhou began to cast tin type from 1850, making 3 fonts of type, totalling 200,000 pieces. The method is clay-mold casting (single face mold casting) and the procedures include first carving the characters on a wood cube, then pressing with this on sticky clay tablet, pouring tin liquid, and putting on finishing touches. He printed *Wenxian tungkao* (General Treatises of Literature) between 1851 and 1852. His printing is good and ink is clear. This is the oldest tin type edition in existence today.

Xi-qi Wang who lived in Shanyang cast lead types between 1879 and 1895, and also bought Chinese lead types made by westerners. He printed 4 books with these types.

There were numerous family pedigrees printed with wood types. Many scholar officials printed family records or literary works of ancestors for spreading the fame of the forebear's name and honoring ancient sages. The result was a group of printers who professionally engaged in printing family pedigrees. Pu jiang, as the group was called, after every autumn harvesting, would go around in rural villages or other prefectures to work, and their mobility was frequent. Each Pu jiang would have about 20,000 pieces of type, divided into big and small points. 5 to 10 printers cooperated, dividing their work into carving, drawing, composing, printing, miscellaneous services, supervising etc.. Their working period was about 1 or 2 months to half a year. In family pedigrees, one usually shows direct or lineal relation with a red line, which maybe called the red and black multiple-color edition. Their proofreading was prudent also. Printing quantity was about 10 to 100 copies. There are more than 500 family pedigrees in the National Library of China were printed with wood types, especially during the *Guang-xu*(1875-1908) and *Min-guo*(1912-) periods. The areas included Jiangsu, Zhejiang, Anhui, Jiangxi, Hunan, Hubei, Sichuan, Fujian, etc.. Shaoxing in Zhejiang and Changzhou and Wuxi in Jiangsu were especially in the leading position. This areas also produced more printers than any other places in China.

From what is narrated above, we know that after bronze type printing became popular from 1490's and it has been continuously used for printing. Type printers included the royal court, central and local governments, schools, commercial publishers, shrines, and private families. The Pu jiang, who printed pedigrees for families appeared as a professional group of travelling printers. Materials for types included bronze, tin, lead, sticky clay, porcelain, and wood, which had been the most universal. Wood type were used especially for printing books, family pedigrees, bulletins, and rosters of government staff members (Red Face Books). This has become a kind of property which one could mortgage, buy and sell, or present to others. The reasons of wood type's popularization included comparative economy and convenience: no need of large investment or high technique (different with metal type) and it was not troublesome (compared to sticky clay type) for making. Wood processing, carving, printing and ink compounding is almost the same with wood block printing. No matter what advantages the traditional typography might possess, it had been gradually replaced, from the 19th century, by the new lead type and other kinds of printing machines imported from the western countries.

4. Development of Joseon Dynasty Typography Printing

In Joseon dynasty, the first typography is when Sojog won printed *Da minglǚ zhijie* (Commentaries on the Laws and Regulations of Ming Dynasty) with Ch'an So made wood types in 1395. The second is when Kongsin dogam (Department of Meritorious Courtiers) printed *Kongsin nokkwon* (Honorary Certificate to the Meritorious Courtiers) with wood types 2 years later because of political, economical and social order had not been restored at beginning of Joseon dynasty. After social order was restored, the royal court continually officiated casting metal types and printing books. Here are some important projects:

The first is Kemi Type. It is bronze type cast in 1403. King T'aejong said that there were a few books in his own land, scholars could not read widely: and Chinese books were scarce. It was easy to have a stroke in the wood block bud difficult to print all the books with block. Although officials said it was difficult to succeed in casting types, but King T'aejong strongly commanded to cast. From this we know the casting was King T'aejong's own idea. This is the difference with Ming dynasty's type, it came into existence in close relationship to social and economic development. Kemi Type had over 100,000 pieces, including big and small points. The backside of type is pointed like a gimlet for convenience in composing. For composing type, first pave printing template with wax and then placed types on it. The printing quantity was only several sheets a day, so the technique was not very efficient.

Kyongja Type. Because Kemi Type is pretty big, the style of the letter is not neat and skillful, and difficult to compose, so Kyongja Type was cast in 1420. The method is sand-mold casting (green-sand casting). The technique was improved to cast type of equal size making composition regularized and secure. It was possible to print more than 20 sheets per day. There are two views about this type form. One is that the type's backside was changed to flat, so wax was not needed, only bamboo and paper pieces were used to compose: other one is that type's backside is still pointed, so it was necessary to pave with wax. We do not know which one is correct.

Kabin Type. Because Kyongja Type was difficult to read with the small size of characters, Kabin Type was cast in 1434 with large and small points, totalling 200,000 pieces. The type form of four sides is even, size is equal, using bamboo or wood pieces and remnants of paper for lining, enabling to print more than 40 sheets per day. This type's style of characters is very skillful, the strokes are exquisite, ink is remarkable, the printing face is fine, thus book product is excellent. We can say that this type already arrived to the summit-level of metal type printing technique during Joseon dynasty, so this type had been continually used for over 300 years, and that printing technique and method had been continued throughout the whole Joseon dynasty.

Pyongjin Type. Since the King Sejong was old, he had difficulty of reading books, a new, bigger point type called Pyongjin Type was cast in 1436, and used together with Kabin Type. The type was made of lead, and is the earliest lead type in the world.

Urhae Type, because the calligraphy of Kyongo Type(1450) was written by prince Anp'yong who was a political rival, another type was cast in 1455, with large, medium and small points and Korean alphabets, it's style was fine and type's size was suitable for printing books, so it was used for about 140 years till Imjin Waeran(1592) like a pair of jewels together with Kabin Type.

The Royal Court began to print *Cho bo* (Government Official Bulletin) with wood types around 1578.

For Illyok Metal Type. Kwansang kam (Bureau of Observatory) cast big and small points of iron type for printing almanacs before 1592. It was the first time that iron type was used during Joseon dynasty.

Hullyontogam Type. Hullyon togam (Department of Military

Training) carved wood types about 60 years after 1599. Joseon was invaded by the Japanese in 1592. Consequently, a fatal blow struck all of the national area and the printing facilities couldn't escape from destruction. Types and books were plundered, even printers were taken away by the Japanese, making a vacuum of book production. Fortunately Hullyon togam carved wood types and printed books with soldiers for making money to maintain expenses of the army. This type included 6 kinds of letter styles. Before this, wood type was only used to supplement metal type, but during this period, wood type was used entirely for printing necessary books even though the printing technique was poor.

To Type (clay type) was made by Jae-hang Yi, a military officer of Hwangju, according to character style of *Hongwu zhengyun* (Correction of Rhythm of Hongwu Period) in 1729 in Hwangju. Sungam Old Book Museum has a collection of clay types, the style of which is very like that of *Hongwu zhengyun yixun* (Translation into Korean for Correction of Rhythm of Hongwu Period), but one can't conclude if it was made by Jae-hang Yi. The National Museum of Korea collected more than 200 pieces of clay type, which is very coarsely made. Besides these, other clay types were discovered in Sangju. There is a small hole at one side of the type similar to the tin type of Yuan dynasty in China. From the above description, we know that Koreans had made clay type also.

Gyong-hui Kim Type was developed by Gyong-hui Kim, an official interpreter of Sayog won (Translation Managing Center). He carved iron types for printing the family pedigrees in 1764. We know that many private families printed pedigrees or collected works for glorifying their ancestors at those days. The method used by him was the clay-mold casting. Huihyon dang (Scare and Wise House) Iron Type was cast in this way also in 1798, but it was not better than sand-mold casting.

Ch'wijin Type. Gong-ch'ol Nam, a government official and scholar, carved wood type in big and small points, called Ch'wijin Type, before 1815. Its calligraphic style and printing method was different from Wuying dian Juzhen ban of Qing dynasty, but the use of high-grade bamboo paper, with binding and features of paged format are similar to Wuying dian Juzhen ban, from which this type was giving it this name.

Gourd Type is said to be a kind of type made with old gourd's shells, but opinions vary. Somebody said local schools carved gourd types and printed books in the 18th century, and others said they have seen types like this in Kyoto, Japan. But another opinion considers this name of type was made up by old book sellers to stimulate Japanese book collectors' curiosity, and gourd type doesn't possesses utilitarian value. Since wood type was easily carved, so this gourd type didn't exist. Still another opinion considers that wood type carver whose family name is Pak, thus it was called "pak" (gourd is called "pak" in Korean) type. We do not know which idea is correct.

Based on what is narrated above, the main background of typography development during Joseon dynasty was to convert minister's center from politics to Confucianism, and let them cultivate ruler and ruled's obligation for solidification of the royal authority, so necessitating the printing of many Confucian books. In those days, books were not in demand of large quantity, thus typography was the best method of printing. Although they were beginning to print books with wood types at the beginning of Joseon dynasty, metal type cast by the government's official duty became the main current after the period of King T'aejong(1400-1418). Wood type was only used to supplement metal type. During Joseon dynasty, the main printing policy was that central government printed books with types, and offered them to the royal family, government officials, and scholars, and then sent them to each local government for reprinting. This let them to supply the demand by carving anew according to the type edition. So 60 to 70% of Korean old editions in existence are printed with types. Besides that, reprinted editions are not few. From the early 16th century, beside government, local school and private persons also began to print text books and family pedigrees with wood types. In the latter half of 16th century, *Cho bo* also began to print with wood types. After Imjin waeran, exclusive use of wood type for printing books lasted for about 60 years, thus the book quality was poor. From the period of King Hyonjong(1659-1674) and Sukchong(1674-1720) the casting of metal type returned. After that, iron type was also popular for use together with wood type. Typography officiated by central government changed gradually to being officiated by local governments, schools, shrines and private persons, mostly using wood type. In social life, wood type printing of family pedigrees and collected works for other persons was for profit. In the period of King Yongjo(1725-1776) and Chongjo(1777-1800) metal typography returned, thus achieving the golden age of printing in the latter half of Joseon dynasty.

The basic printing technique was developed from Kemi Type through Kyongja Type, arriving at the best in Kabin Type. After this, there were almost no special developments or new breaks, but followed those previously developed methods. The methods used were lost-wax casting, sand-mold casting and clay-mold casting. Joseon's typography was managed separately through cooperation, including those, who were responsible for keeping types; proofreading; smelting metal; composing; printing; carving letters; and casting. However, after importing western lead type printing to Korea in the 19th century, these traditional methods disappeared gradually, as the same happened in China.

5. Conclusion

Generally speaking, the Chinese invented typography, Koreans imported it from China to develop, and the two countries' developing situations had differences and similarities.

Chinese typography began with sticky clay type, developed to wood and metal type and continuously used clay type. The Koreans began with metal type, and supplemented with wood type and at times they used clay type. We know that both countries were deeply influenced by the invention of Sheng Bi.

Chinese typography was officiated by the government at times, but mostly was promoted by private persons for social and economic necessity. Book quality was not very attractive, and only a few records related to typography are left. Beside printed books, few relic are left, and because of that, many problems are not easily answered today. Korean typography, on the other hand, was always officiated by government, the printing was of good quality, and many records and relics like types, printing tools and printers are surviving, so we can understand their development and technology fairly well.

The methods of making Chinese metal type were both by casting and carving, but these is no acceptation; all the Korean types were made by only casting, including lost-wax casting, sand-mold casting and clay-mold casting.

Chinese oil ink was compounded rather late, so watery ink used for early metal type edition's was good. Koreans used oil ink from the beginning, that is why Korean books printed by types are of better quality.

Official government bulletins from both countries were printed with wood types. Jian Jin, who hailed from Joseon, officiated Wuying dian Juzhen ban; Joseon made Ch'wijin Type, the name of which was adopted from the Chinese type. Clay-mold casting methods were also used. Arriving in the late Qing and Joseon dynasties. wood type was pretty popular in both countries for using it for printing of family pedigrees. From this we can generalize that the development of typography techniques in both countries were deeply influenced by each other. (The end)

부록 3. (元)王禎「農書」卷22 "造活字印書法"[1]

造活字印書法

伏羲氏畫卦造契, 以代結繩之政, 而文籍生焉注云: 書字于木, 刻其側以爲契, 各持其一, 以相考合. 黃帝時, 蒼頡視鳥跡以爲篆文, 即古文科斗書也. 周宣王時, 史籀變科斗而爲大篆. 秦李斯損益之而爲小篆. 程邈省篆而爲隸. 由隸而楷, 由楷而草, 則又漢・魏間諸賢變體之作. 此書法之大槩也. 或書之竹, 謂之竹簡, 或書于縑帛, 謂之帛書, 厥後文籍寖廣. 縑貴而簡重, 不便於用, 又爲之紙, 故字從巾. 案前漢皇后紀已有赫䗚紙, 至後漢蔡倫以木膚・麻頭・敝布・魚網造紙, 稱爲蔡倫紙. 而文集資之, 以爲卷軸, 取其易於卷舒, 目之曰卷. 然皆寫本. 學者艱於傳錄, 故人以藏書爲貴. 五代唐明宗長興二年, 宰相馮道・李愚, 請令判國子監田敏校正九經, 刻板印賣, 朝廷從之. 錄梓之法, 其本此. 因是天下書籍遂廣.

然而板木工匠所費甚多, 至有一書字板, 功力不及, 數載難成, 雖有可傳之書, 人皆憚其工費, 不能印造傳播. 後世有人別生巧枝, 以鐵爲印盔, 界行內用稀瀝靑澆滿, 冷定取平, 火上再行煨化. 以燒熟瓦字, 排於行內, 作活字印板. 爲其不便, 又有以泥爲盔, 界行內用薄泥, 將燒熟瓦字排之, 再入窯內燒爲一段, 亦可爲活字板印之. 近世又有鑄錫作字, 以鐵條貫之作行, 嵌於盔內界行印書. 但上項字樣, 難於使墨, 率多印壞, 所以不能久行.

1) 明嘉靖9(1530)년 山東布政使司刻本.

今又有巧便之法, 造板木作印盔, 削竹片爲行, 雕板木爲字, 周(用)小細鋸鎪開, 各作一字, 用小刀四面修之, 比試大小高底(低)一同. 然後排字作行, 削成竹片夾之. 盔字旣滿, 用木榍掮牛結切之, 使堅牢, 字皆不動, 然後用墨刷印之.

寫韻刻字法

先照監韻內可用字數, 分爲上・下平・上・去・入五聲, 各分韻頭, 校勘字樣, 抄寫完備. 擇能書人取活字樣, 製大小寫出各門字樣, 糊於板上, 命工刊刻. 稍留界路, 以憑鋸截. 又有如助辭 '之・乎・者・也'字及數目字, 竝尋常可用字樣, 各分爲一門, 多刻字數, 約有三萬餘字. 寫畢, 一如前法. 今載立號監韻活字板式于後, 其餘五聲韻字, 倶要倣此.

一, 東通侗恫桐同仝童僮曈朣瞳銅峒橦絧罿筒穜潼
犝㼿詷艟籠襲聾曨朧櫳瓏礱瀧芃蓬鬔蒙冡幪幪濛
霥曚朦艨矇懵悤蔥聰驄騣猣緵鬉叢藂篵潨洪洚紅
訌鴻訌烘空悾箜公功工攻玒翁豐酆風楓馮渢嵩娀
菘崧充忼琉忡終螽戎檂駥狨崇漴中衷忠蟲沖忡种
爞𤢪隆癃窿融𧶊彤雄熊弓躬躳宮芎窮藭濃
二, 冬彤鼕農儂宗鬆賨悰琮漎淙攻 三, 鍾鐘橦舂樁衝
衝罿憧艟鱅慵茸縱鏦從蓯蹤樅松手夆鋒鏠烽逢峯
螽蜂桻重穜龍籠醲濃穠檂容溶溶蓉庸墉鎔鄘鏞封
葑逢傭恭共供龔胸匈凶洶訩詾㲨邕嗈雍雝灉癰饔
壅雝喁禺蛩邛笻蛬

四, 江扛杠矼釭玒腔椌降悾缸瓨玒洚訌虹邦龐尨庬
哤雙艭㩳瀧牕窻囪鏦樁舂幢

五, 支枝肢卮梔觗氏榰禔衹祇秪袛砥跂施葹鍦鉈釃
廝籭襹吹歈炊差衰匙翅垂陲倕腄兒痿斯祈凘澌虒
褫雌貲鬒觜疵訾玼㠿隨遺隋知摛縭馳池邸篪褫錘
鎚槌搥甀離离蠡劙剺黎褵纚罹籬醨漓璃灕鸝驪鵹
孋棃䔉犂黧來倈徠釐[illegible][illegible]犛裡貍霾羸鈹被陂羆碑
卑痺裨錍鈚埤箄鞞皮疲罷

鏤字修字法

將刻訖板木上字樣, 用細齒小鋸, 每字四方鏤下, 盛於筐筥器內. 每字令人用小裁刀修理齊整. 先立準則, 於準則內, 試大小高低一同, 然後另貯別器.

作盔嵌字法

於元寫監韻各門字數, 嵌於木盔內, 用竹片行行夾住, 擺滿, 用木榍輕搌之, 排於輪上, 依前分作五聲, 用大字標記.

造輪法

用輕木造爲大輪, 其輪盤徑可七尺, 輪軸高可三尺許. 用大木砧鑿竅, 上作橫架, 中貫輪軸, 下有鑽臼, 立轉輪盤, 以圓竹笆鋪之, 上置活字板面, 各依號數, 上下相次鋪擺. 凡置輪兩面, 一輪置監韻板面, 一

輪置雜字板面. 一人中坐, 左右俱可推轉摘字. 蓋以人尋字則難, 以字就人則易, 此轉輪之法, 不勞力而坐致. 字數取訖, 又可補還韻內, 兩得便也. 今圖輪像監韻板面于後.

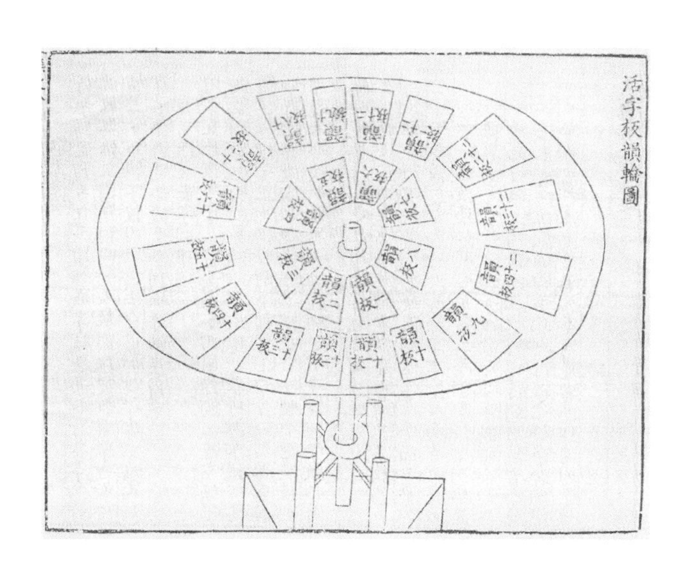

取字法

將元寫監韻另寫一冊, 編成字號, 每面各行各字, 俱計號數, 與輪上門類相同. 一人執韻, 依號數喝字, 一人於輪上元布輪字板內取摘字隻, 嵌於所印書板盔內. 如有字韻內別無, 隨手令刊匠添補, 疾得完備.

作盔安字刷印法

用平直乾板一片, 量書面大小, 四圍作欄, 右邊空, 候擺滿盔面, 右邊安置界欄, 以木榍掮之. 界行內字樣, 須要箇箇修理平正. 先用刀削下諸樣小竹片，以別器盛貯，如有低邪，隨字形襯墊徒念切㩲之，至字體平穩，然後刷印之．又以椶刷順界行竪直刷之，不可橫刷，印紙亦用椶刷順界行刷之．此用活字板之定法也．

前任宣州旌德縣尹時，方撰≪農書≫，因其字數甚多，難於刊印，故尚巳(己)意命匠創活字，二年而工畢．試印本縣志書，約計六萬餘字，不一月而百部齊成，一如刊板，使知其可用．後二年，予遷任信州永豐縣，挈而之官．是≪農書≫方成，欲以活字嵌印，今知江西見行命工刊板，故且收貯，以待別用．然古今此法未有所傳，故編錄于此，以待世之好事者，爲印書省便之法，傳於永久．本爲≪農書≫而作，因附于後．

附錄 4. 金屬活字의 中國發明說에 관한 研究*

論中國發明金屬活字說**

A Critical Investigation of the Claims over China as the Inventer of Metal Types

◁ 목 차 ▷

〈초 록 · 摘 要 · ABSTRACT〉

현재 전 세계가 공인하고 있는 금속활자의 발명은 고려인에 의하여 이루어졌다. 1377년에는 「白雲和尙抄錄佛祖直指心體要節」을 인쇄하였다. 그러나 최근 중국의 학자들은 金 시대의

到目前爲止, 世界公認金屬活字就由高麗人發明, 之後於1377年印≪白雲和尙抄錄佛祖直指心體要節≫. 但最近中方學者據金朝的紙幣銅版所合用銅字(1154年)與金代之千佛銅牌(1148年),

* 1. 曺炯鎭, "金屬活字의 中國發明說에 관한 研究", 한국과학사학회, 제51회전국역사학대회과학사부, 2008. 388-394.
2. 曺炯鎭, "金屬活字의 中國發明說에 관한 研究", 「書誌學研究」 제42집(2009. 6), 105-135.

** 1. 曹炯鎭, "對中方學者說中國發明金屬活字的商榷", 中華民國淡江大學, 全球化與漢語文化國際學術研討會, 「全球化與漢語文化國際學術研討會: 全球化與數位化下華語文化的內容創意與傳播論文集」(臺北縣: 中華民國淡江大學文學院, 2005), 159-179.
2. 曹炯鎭, "論中國發明金屬活字說", 中國四川大學公共管理學院・韓國江南大學校, 第4回 亞細亞와 發展: 宗教와 文化 國際學術大會, 2007. 67-83.
3. 曹炯鎭, "紙幣印版與千佛銅牌能否做活字版?", 中國北京大學新聞與傳播學院, 東方印跡: 中韓日雕板印刷國際學術研討會, 2015. 27-30.

지폐 인출용 동판에 사용한 銅字(1154년)와 金 시대의 千佛銅牌(1148년)에 근거하여 금속활자는 중국인에 의하여 발명되었다고 주장하고 나섰다.

主張說金屬活字是由中國人發明.

본 연구는 그 주장을 논평하고, 활자인쇄술에 관한 기본 개념에 대하여 명확히 정의를 내렸다.

本文評論其主張, 且要弄淸楚有關活字印刷術之定義.

(1) 활자와 활자인쇄술은 宋 시대의 畢昇에 의하여 膠泥活字로 발명되었다.

(1) 活字與活字印刷術是由宋代畢昇以膠泥活字發明.

(2) 활자인쇄술은 ① 활자의 제작, ② 조판, ③ 인출, ④ 해판과 재사용 등 네 단계의 원리를 갖추어야 한다.

(2) 活字印刷術之原理可分四個階段: ①活字製造, ②排版, ③刷印, ④解版以再使用.

(3) 畢昇의 膠泥활자와 膠泥활자인쇄술·고려인의 金屬활자는 완전한 발명이다. 木활자와 木활자인쇄술·金屬활자인쇄술은 개량이다.

(3) 畢昇之膠泥活字與膠泥活字印刷術·高麗人之金屬活字是完整的發明, 而木活字與木活字印刷術·金屬活字印刷術是改良.

(4) 지폐 동판에 사용한 銅字와 千佛銅牌는 활자인쇄술로 간주할 수 없다.

(4) 紙幣銅版所合用銅字與千佛銅牌就不算活字印刷.

끝으로 결론을 먼저 내려놓고, 그 근거를 찾아서 억지로 합리화시키려는 목적성 연구는 옳은 연구 태도가 아니다.

最後想提醒一個, 先下結論, 再找其所據, 以勉强合理化的目的性硏究態度, 就不應該的.

요어 · 關鍵詞: 金屬活字의 發明, 「白雲和尙抄錄佛祖直指心體要節」, 「新印詳定禮文」跋, 「南明泉和尙頌證道歌」跋, 紙幣銅版, 「御施策」, 千佛銅牌, 活字의 定義, 活字印刷術의 定義.

It is currently acknowledged around the world that metal type was invented by the people of Goryeo dynasty. In 1377, they printed *Baekun whasang chorok puljo chikchi shimch'e yojol* in metal type. Recently, however, Chinese scholars have argued that the metal type was invented by the Chinese based on the bronze characters in the bronze plate used for issuing paper currencies (1154) and Qianfo Bronze Plates of the Jin Dynasty (1148).

This study critically reviews the arguments, and clearly defines the basic concepts of typography.

(1) Types and typography were first invented in the form of clay types by Sheng Bi in Song Dynasty.

(2) Typography should satisfy the principles of four distinct stages; that is, ① production of type, ② typesetting, ③ brushing, and ④ disassembling of printing plate and its reuse.

(3) The clay type and its typography by Sheng Bi as well as metal types by Goryeo men are complete inventions, whereas wooden types, wooden type typography and metal type typography are improvements.

(4) The bronze characters used in bronze plates for paper currencies and Qianfo Bronze Plates should not be considered as typography.

Finally, intentional research that draws conclusions first and seeks evidence to forcibly rationalize them is not the right research attitude.

Key words: invention of metal type, *Baekun Whasang Chorok Puljo Chikchi Shimch'e Yojol*, *Sinin Sangjeong Yemun* postscript, *Nammyeongcheon Whasang Songjeungdoga* postscript, bronze plate for paper currency, *Yushice*, Qianfo Bronze Plate, definition of type, definition of typography

1. 緖 言

영국의 철학자 Francis Bacon(1561-1626)은 인류 문명의 발전에 가장 큰 영향을 미친 과학발명으로 제지술·인쇄술·화약·지남침 등의 네 가지를 들었다. 그 후 영국의 사학자 Arnold Toynbee(1889-1975)는 이 네 가지의 과학발명이 공교롭게도 모두 중국인에 의하여 이루어진 것임을 증명하였다.

인쇄의 개념에 대하여 동양과 서양은 약간의 인식 차이를 보인다. 동양은 목판인쇄와 활자인쇄를 모두 인쇄로 간주하지만, 서양은 활자인쇄만을 인쇄로 간주한다. 목판인쇄술의 발명에 대하여는 이를 발명한 주체·시기·장소 등을 알 수 없다. 다만 인쇄술 발명의 전제가 되는 묵즙의 사용·제지술·탁본·인장·불인의 유행·부적의 사용 및 당시 사회의 요구와 현존 초기 인쇄물 등에 근거하여 대략 서기 700년경에 발명되었을 것으로 추론하고 있다. 活字인쇄술은 목판인쇄의 불편한 점, 즉 조각한 문자를 다른 곳에 사용할 수 없는 死字인쇄라는 점을 개량하기 위하여 발명되었다. 이는 宋 시대의 畢昇에 의하여 膠泥활자로 慶曆 연간(1041-1048)에 발명되었다. 그 원리는 「夢溪筆談」에 수록되어 있다.[1] 그 후, 목활자는 줄곧 元 시대의 王禎에 의하여 安徽省 旌德縣尹의 재임(1295-1300) 중에 출현한 것으로 알려졌으며, 大德 2(1298)년에 「旌德縣志」를 인출하였다.[2] 금속활자

1. 緖 言

英國的哲學家Francis Bacon(1561-1626)提出過對人類文明發展, 影響最大的科學發明就有四項: 造紙術·印刷術·火藥·指南針. 之後, 英國的史學家Arnold Toynbee(1889-1975)證明此四項恰巧皆爲中國人所發明.

對印刷之槪念, 東·西方稍有不同認識. 東方則雕板與活字版皆算爲印刷, 西方則活字版才算印刷. 對雕板印刷術之發明, 就無法知道其發明的人·時期·地點等. 僅據其發明前提: 墨汁之使用·造紙術·拓印·印章·佛印之流行·符呪之使用及當時社會需求與現存早期印刷品, 可推測大約發明於公元700年左右. 爲了改良雕板印刷之不便, 卽爲所雕刻文字不能用在別地方的死字印刷, 以發明活字印刷術. 此則由畢昇以膠泥活字發明於慶曆年間(1041-1048). 其原理皆收錄在≪夢溪筆談≫.[1] 之後, 木活字就一直認爲由王禎任安徽旌德縣尹時(1295-1300)出現, 於大德2(1298)年印≪旌德縣志≫.[2] 金屬活字就由高麗人發明, 之後於1377年印≪白雲和尚抄錄佛祖直指心體要節≫(簡稱≪直指≫).[3]

1) (宋)沈括 著, 胡道靜 校證, 「夢溪筆談校證」(臺北: 世界書局, 1961), 卷18, 技藝, 板印書籍條.

2) (元)王禎, 「農書」, 卷22, 造活字印書法.

는 고려 인에 의하여 발명된 후, 1377년에 「白雲和尙抄錄佛祖直指心體要節」(「直指」로 약칭)을 인출하였다.[3)]

이 같은 인식에 대하여 1990년대에 이르러 일대 도전적인 주장이 나타났다. 중국인이 발명했다는 목판인쇄술에 대하여 일부 한국의 학자[4)]는 「無垢淨光大陁羅尼經」(현재는 704~751년 사이에 인출된 것으로 잠정 결론)에 근거하여 목판인쇄술이 한국인에 의하여 발명되었을 가능성이 있다고 주장하였다. 王禎이 처음 제작한 것으로 알려진 목활자에 대하여는 카라호토에서 출토된 西夏文 목활자본 「德行集」(1194~1205년 사이에 인출) 등[5)]에 의하여 새로운 도전에 직면하고 있다. 한국의 고려인이 발명한 금속활자에 대하여 潘吉星은 金 시대의 지폐 인출용 동판에 사용한 銅字(1154년)에 근거하여,[6)] 魏志剛은 金 시대의 千佛銅牌(1148년)에 근거하여[7)] 금속활자는 중국인에 의하

這樣認識到了1990年代，有了一大挑戰性主張．對中國人發明雕板印刷，部分韓方學者[4)]據≪無垢淨光大陁羅尼經≫(目前暫認爲704-751年間刻印)，主張說雕板印刷可能由韓國人發明．對王禎始製木活字則在黑水城出土了西夏文木活字本≪德行集≫(1194-1205年間印)等，[5)] 便面臨新的挑戰．對韓國高麗人發明金屬活字則潘吉星據金朝的紙幣銅版所合用銅字(1154年)；[6)] 魏志剛據金代之千佛銅牌(1148年)，[7)] 主張說金屬活字是由中國人發明．

---

3) 현존 最古의 금속활자본 景閑和尙 저 「白雲和尙抄錄佛祖直指心體要節」(프랑스국립도서관소장, MSS극동부, 109) 권말 간기: 宣光七(1377)年丁巳七月 日 淸州牧外興德寺鑄字印施. 「直指」는 2001년 9월 4일에 UNESCO에 의하여 세계기록유산으로 등재되었다.
現存最早的金屬活字印本書景閑和尙所著≪白雲和尙抄錄佛祖直指心體要節≫(法國國立圖書館藏, MSS 遠東部, 109)卷末有刊記: 「宣光七(1377)年丁巳七月 日 淸州牧外興德寺鑄字印施.」. ≪直指≫於2001年9月4日被由聯合國敎育科學文化組織(UNESCO)指定爲世界記錄遺産.

4) 1. 孫寶基, "韓國印刷技術史", 高麗大學校民族文化硏究所 編, 「韓國文化史大系」(서울: 高麗大學校民族文化硏究所, 1970), 974-975.
2. 김성수, "한국목판인쇄의 기원연대에 관한 연구", 「書誌學硏究」 10(1994. 12), 425-478.
金聖洙, <韓國 木板印刷의 起源年代에 關한 硏究>, ≪書誌學硏究≫10(1994. 12), 頁425-478.

5) 史金波・雅森吾守爾 共著, 「中國活字印刷術的發明和早期傳播: 西夏和回鶻活字印刷術硏究」(北京: 社會科學文獻出版社, 2000), 42-43.

6) 潘吉星, "論金屬活字技術的起源", 「科學通報」 43:15(1998. 8), 1583-1594. 이 논문을 약간 수정하여 「中國出版」 1998:11(총제95기)(1998. 11), 42-45와 1998:12(총제96기)(1998. 12), 40-43.에 다시 게재하였다.
潘吉星, <論金屬活字技術的起源>, ≪科學通報≫43:15(1998. 8), 頁1583-1594. 將此文章稍修又分登在≪中國出版≫1998:11(總第95期)(1998. 11), 頁42-45; 1998:12(總第96期)(1998. 12), 頁40-43.

7) 魏志剛, "關于我國金屬活字版(公元1148年)技術與物證", 中國印刷博物館 編, 「(1997年第三屆)中國印刷史學術硏討會文集(1997)」(北京: 印刷工業出版社, 1997), 130-133.

여 발명되었다고 주장하였다.

금속활자와 관련하여, 세계가 공인하고 있는 고려인의 발명에 대한 중국 측 학자의 반론은 활자란 무엇인가의 정의를 내릴 필요를 느낀다. 따라서 본 연구는 중국학자가 주장하는 금속활자의 중국발명설에 대하여 논평하고, 아울러 활자인쇄술에 관한 기본 개념에 대하여 명확히 정의를 내리고자 한다.

關於金屬活字, 世界公認高麗人發明之, 但部分中方學者所提反論, 便促使下什麽是活字的定義. 故本論文針對中方學者主張中國發明金屬活字說, 提出評論, 想弄清楚有關活字印刷術之定義.

2. 世界公認의 金屬活字와 그 發明年代

2. 世界所公認金屬活字與其發明年代

2.1 世界公認의 金屬活字와 그 印本(「直指」, 1377년)

2.1 世界所公認金屬活字與其印本書(≪直指≫, 1377年)

현재 세계가 공인하고 있는 최초의 금속활자와 그 인본 서적은 한국의 조선 시대 태종 3(1403)년에 주조한 계미자와 「十一家註孫子」[8] 등 그의 인본 서적이다. 이는 UNESCO가 현존 인본 서적의 실물과 「朝鮮王朝實錄」·「增補文獻備考」 및 기타 개인 문집 등에 수록된 주자발 등 문헌 기록에 근거하여 공인한 것이다. 그러나 금속활자에 대하여, 서양에서는 여전히 독일의 Gutenberg가 1455년경에 발명하였다고 여기고 있으며, 동양에서는 고려인이 13세기 초에 발명하였다고 여기고 있다.

世界所公認最早的金屬活字與其印本書是韓國朝鮮朝太宗3(1403)年所鑄癸未字與其印本書≪十一家註孫子≫等.[8] 此爲由UNESCO據現存印本書實物與≪朝鮮王朝實錄≫·≪增補文獻備考≫及其他個人文集所收鑄字跋等文獻記錄以認定的. 但對金屬活字, 西方人仍認爲德國的谷騰堡於1455年左右發明, 東方人認爲高麗人於13世紀初發明.

8) 지금까지 알려진 계미자본은 14종이 있다. 그중 가장 이른 것이 1409년에 인출된 「十一家註孫子」이다.
至今已知癸未字本有14種, 其中最早的爲1409年所印≪十一家註孫子≫.

1972년 프랑스 국립도서관이 UNESCO가 제정한 세계 도서의 해를 기념하기 위하여 도서전시회를 개최하였다. 이 전시회에 「直指」를 출품하였는데,[9] 그 권말에 "宣光七(1377)年丁巳七月 日 淸州牧外興德寺鑄字印施"라는 간기가 있다(<서영 1>, 圖錄附錄-서영 1 참조). 이로 인하여 지금까지 금속활자를 Gutenberg가 발명하였다고 여기던 서양 유럽의 여러 나라는 모두 금속활자는 한국의 고려인에 의하여 발명되었으며, Gutenberg보다 78년이나 이르다는 것을 인정하지 않을 수 없게 되었다.

1972年法國國立圖書館爲了紀念UNESCO所定世界圖書之年，主辦過書展. 在此書展公開了≪直指≫,[9] 其卷末有刊記: 「宣光七(1377)年丁巳七月 日 淸州牧外興德寺鑄字印施.」(參見<書影1>, 圖錄附錄-書影1). 前此認爲金屬活字是谷騰堡發明的西方歐洲諸國都不得不承認金屬活字是由韓國高麗人發明的, 竝比谷騰堡早78年.

현재까지 금속활자의 발명 문제에 대하여 세계가 공인한 한국의 고려인이 발명하였다는 사실은 유효하다.

到目前爲止, 對金屬活字之發明問題, 世界所公認韓國高麗人發明是仍有效的.

<書影 1> 「白雲和尙抄錄佛祖直指心體要節」, 卷下 第39葉上葉, 刊記

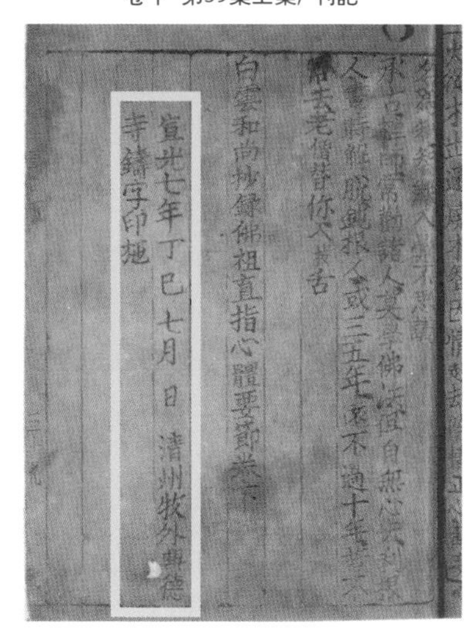
白雲和尙抄錄佛祖直指心體要節卷下

宣光七年丁巳七月 日 淸州牧外興德寺鑄字印施

9) 1. Bibliotheque Nationale, *Le Livre*, Paris: 1972.
2. 프랑스 국영 TV, 1972. 6. 1. 20:00 뉴스. 法國國營廣播電臺 1972年 6月 1日 下午 8時 新聞.

2.2 韓國學者의 金屬活字 發明年代說(1232년 이전)

2.2 韓方學者所說金屬活字 發明年代(1232年以前)

인쇄 발달사를 연구하는 한국의 학자는 꾸준히 새로운 자료를 다음과 같이 제시하고 있다.[10]

研究印刷發展史之韓方學者, 不斷提出新資料,[10] 如下:

(1) "複"자 실물(<사진 1> 참조)

(1) "複"字實物(叄見<照片1>)

이는 1913년 10월 7일 개성의 덕수궁박물관이 일본인 골동상 赤星佐七로부터 구입한 것으로, 고려 왕릉에서 발굴한 고려활자라고 전해지고 있는데, 합금 성분에 의하면 1126년부터 1232년 사이에 주조된 것이다.

這是1913年10月7日開城德壽宮博物館自日本古董商赤星佐七買到的, 傳言是自高麗王陵中掘出的高麗活字, 據金屬合金成分爲1126年至1232年之間所鑄的.

<사진 · 照片 1> 고려활자라고 알려진(傳言高麗活字之)
"複"(韓國國立中央博物館所藏) · "𩑠"(北朝鮮開成歷史博物館所藏) 活字 實物

(2)「新印詳定禮文」 발문

(2) ≪新印詳定禮文≫ 跋

「東國李相國後集」 권11에 수록된 李奎報가 晋陽公을 대신하여 쓴「新印詳定禮文」 발문 끝에 "果於遷都(江華島)之際(1232년) …… 遂用鑄字印成二十八本"(<사진 2> 참조)이라고 기록되어

≪東國李相國後集≫卷11所收李奎報代晋陽公行之≪新印詳定禮文≫跋尾:「果於遷都(江華島)之際(1232年),……遂用鑄字印成二十八本.」(叄見<照片2>), 據此跋文與其他歷史記錄, 得知鑄字印成

10) 曹炯鎭,「中韓兩國古活字印刷技術之比較硏究」(臺北: 學海出版社, 1986), 34-36 .

있다. 이 발문과 기타의 역사 기록에 의하면 「新印詳定禮文」 50권을 활자를 주조하여 28부를 인출하고 또 이 발문을 쓴 것이 1234년(晋陽侯 책봉)부터 1241년(이규보 사망) 사이라는 것을 알 수 있다. 여기에서 주목할 점은 강화도 천도 이후는 몽골 병이 침입한 전란 중이므로 금속활자의 주조 기술을 발명할 겨를이 없을 때다. 그러므로 금속활자의 주조 및 인쇄 기술은 강화도 천도 이전에 이미 가지고 있었을 것으로 짐작할 수 있다.

≪新印詳定禮文≫50卷28本, 且撰寫此跋文, 係於1234年(冊封晋陽侯)至1241年(李奎報卒)之間. 要注意的是遷都江華以後, 因蒙古兵入侵的戰亂中, 應當無暇發明鑄字. 故可推測鑄字印書技術是在遷都江華以前已有之.

<사진 · 照片 2> 「東國李相國後集」에 收錄된 「新印詳定禮文」 跋尾

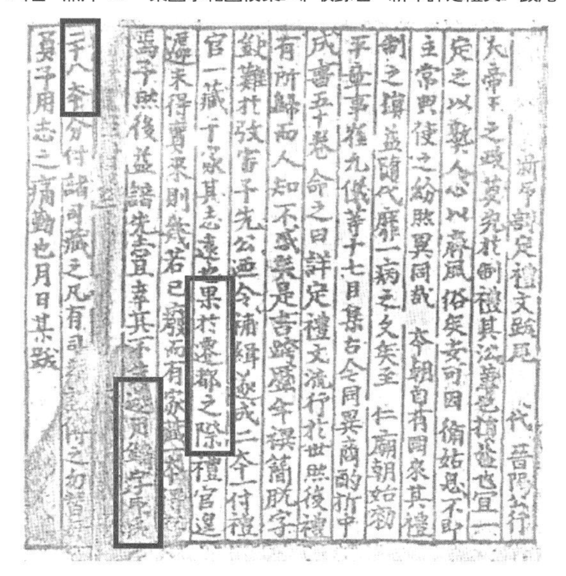

新序詳定禮文跋尾 代晉陽公行
夫帝王之政莫先於制禮其沿革損益也宜一
定之以變人心以齊風俗矣安可因循姑息不卽
主常典使之紛然異同哉本朝自有國來其禮
制之損益隨代靡一病之久矣至 仁廟朝始勑
平章事崔允儀等十七臣集古今同異商酌折中
成書五十卷命之曰詳定禮文流行於世然後禮
有所歸而人知不惑矣是書跨歷年禩簡脫字
缺難於考審予先公迺令補緝遂成二本一付禮
官一藏于家其志遠矣果於遷都之際禮官遑
遽未得賚來則幾若已廢而有家藏一本在
焉予然後益諳先志且幸其不失遂用鑄字印成
二十八本分付諸司藏之凡有司者謹傳之勿替
負予用志之痛勤也月日某跋

(3) 「南明泉和尙頌證道歌」 발문

고려 주자본의 복각본인 「南明泉和尙頌證道歌」(「證道歌」로 약칭, 현존)의

(3) ≪南明泉和尙頌證道歌≫ 跋文

高麗鑄字本的覆刻本≪南明泉和尙頌證道歌≫(簡稱≪證道歌≫, 現傳)卷

권말에 다음의 발문이 수록되어 있다. "於是募工重彫鑄字本, 以壽其傳焉, 時巳亥九月上旬, 中書令晋陽公崔 怡 謹誌"(<서영 2> 참조). "巳亥"는 己亥의 잘못으로 1239년이다. "募工重彫鑄字本"의 뜻은 주조활자본을 새로이 복각한다는 것이므로, 복각본의 저본이 되는 주자본은 마땅히 이 이전이 되어야 하며, 아마도 강화도 천도 이전에 이미 주자 인쇄되었을 것으로 짐작할 수 있다. 이 문장을 달리 해석하여 "이에 장인을 모집하여 중조함으로써, 주자본으로 하여금 오래 전해지도록 하였다"로 해석하면 복각본의 저본이 되는 주자본은 1239년에 인출한 것이 된다.

末所收跋文:「於是募工重彫鑄字本, 以壽其傳焉. 時巳亥九月上旬, 中書令晋陽公崔 怡 謹誌.」(叁見<書影2>), 「巳亥」是己亥之誤, 是1239年. 「募工重彫鑄字本」之文意是將鑄造活字本重新覆刻的, 故可推想其爲底本的鑄字本應在此之前, 可能是在遷都江華以前已鑄印了. 另一種解釋法, 若可解釋爲「於是募工重彫, 鑄字本以壽其傳焉.」, 則其爲底本的鑄字本是印行於1239年.

<書影 2> 「南明泉和尙頌證道歌」(鑄字本의 覆刻本), 第44葉上葉, 跋文

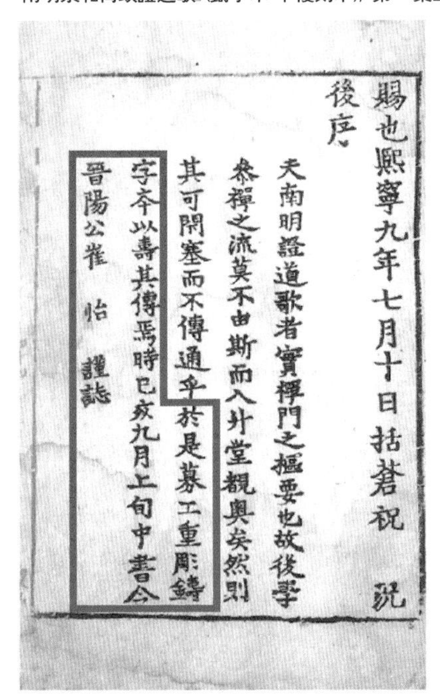
賜也熙寧九年七月十日括蒼祝 況
後序
夫南明證道歌者實禪門之樞要也故後學
叅禪之流莫不由斯而入升堂覩奧矣然則
其可閉塞而不傳通乎於是募工重彫鑄
字夲以壽其傳焉時巳亥九月上旬中書令
晉陽公崔 怡 謹誌

이상을 종합하면 한국 측 학자는 고려인이 1232년 강화도 천도 이전에 금속활자를 발명하였다고 주장하고 있다.

總之, 韓方學者主張說金屬活字之發明是由高麗人於1232年遷都江華以前的.

3. 中國學者의 金屬活字 中國發明說

3. 中方學者的中國發明金屬活字說

3.1 潘吉星의 金屬活字技術 起源說

3.1 潘吉星的金屬活字技術起源說

3.1.1 지폐목판과 밀랍판

3.1.1 紙幣木雕版與蠟版

潘吉星이 금속활자 기술의 근거로 삼고 있는 지폐동판을 이해하기 위하여 그 원류를 살펴보면 아래와 같다.

爲瞭解潘吉星所據金屬活字技術的紙幣銅版, 略說其源流如下:

3.1.1.1 지폐의 목판인쇄[11]

3.1.1.1 紙幣木雕版印刷[11]

(1) 宋·金 시대의 지폐

(1) 宋·金代紙幣

중국에서 가장 일찍 사용한 지폐는 交子이다. 그 목적은 당시의 무거운 鐵錢을 대체하기 위해서이다. 交子는 10세기 北宋 시대에 四川의 민간 상인에 의하여 탄생하였으므로 私交子로 불렸다. 仁宗 天聖 원(1023)년에 정부가 인수하여 관리하였다. 天聖 2(1024)년에 정부가 정식으로 官交子를 발행하였다. 大觀 원

中國最早出現的紙幣是交子, 其目的是代替當時笨重的鐵錢, 它誕生于公元10世紀的北宋時期, 由四川的民間商人, 故稱爲私交子. 到仁宗天聖元(1023)年政府決定收歸官辦, 天聖二(1024)年政府正式發行官交子. 大觀元(1107)年改發錢引. 錢引爲多色彩印, 花紋圖案均印刷精美, 是紙幣套色印

11) 1. 馬貴斌·張樹棟 共著, 「中國印鈔通史」(西安: 陝西人民出版社, 2015), 42-83.
2. 張樹棟·龐多益·鄭如斯 共著, 「中華印刷通史」(北京: 印刷工業出版社, 1999), 284-294.

(1107)년에 錢引으로 개정 발행하였는데, 채색과 문양 도안이 모두 아름답게 인쇄되어 지폐 채색인쇄의 비조로 칭한다. 南宋의 주요 지폐는 會子와 關子이다.

金 시대에는 貞元 원(1154)년부터 宋을 모방하여 交鈔를 발행하였다. 貞祐 3(1215)년에는 貞祐寶券으로 개정 발행하였으며, 그 후에도 貞祐通寶・興定寶泉・元光重寶・元光珍貨(비단에 인쇄)・天興寶會를 계속 발행하였다.

刷的鼻祖. 南宋另一種主要紙幣是會子與關子.

金代自貞元元(1154)年, 倣宋制發行交鈔, 貞祐三(1215)年改發貞祐寶券, 後又陸續發行貞祐通寶・興定寶泉・元光重寶・元光珍貨(用綾印製)・天興寶會.

(2) 지폐인판의 재질

南宋의 지폐인 會子는 배나무를 조각하여 인출하였는데, 「晦庵先生朱文公文集」 권19: "당시에 배나무 목판 하나와 칼로 10일 만에 조성하였다."라는 기록에 의하여 알 수 있다.

지폐 발명 초기에는 주로 목판으로 인쇄하였다. 그러나 목판은 많은 양을 찍을 수 없는데, 지폐의 인쇄량은 대단히 많아서 목판으로는 수요를 만족시킬 수 없었다. 자연히 지폐 인쇄량의 꾸준한 증가에 따라서 수요에 적응하고 지폐의 도안 일치를 보증하기 위하여 점차 금속판을 사용하게 되었다.

지폐 인쇄용 금속인판은 이미 南宋의 關子지폐 인판 때 출현하여, 이후 약간의 특수한 역사 시기에 목판을 사용한 외에는 줄곧 금속인판이 주류를 이루었다. 대부분의 금속인판은 銅版이고 간혹 鉛版이 있다.

(2) 紙幣印版的材質

南宋紙幣會子就用梨木雕刻來印出, 此便據≪晦庵先生朱文公文集≫卷十九記載: 「當時, 將梨木板一片與輝, 十日雕造了.」, 可得知.

紙幣發明之初, 主要採用木雕版印刷, 但木雕版不可印量太多, 而紙幣印量極大, 木雕版無法滿足要求, 自然隨着紙幣印刷量的不斷增大, 爲了適應需求竝保證紙幣的圖文一致, 逐步採用金屬版印刷.

爲紙幣印刷的金屬印版已自南宋關子鈔版出現, 以後除了若干特殊歷史時期採用了木雕版印刷之外, 一直用金屬印版, 成了主流. 大部分金屬版爲銅質的, 間有鉛質.

3.1.1.2 밀랍판인쇄

3.1.1.2 蠟版印刷

(1) 밀랍판 주형

(1) 蠟版模子

중국의 동판인쇄는 이미 8세기에 있었다. 동판인쇄를 위하여는 우선 동판을 주조하여야 하고, 동판을 주조하려면 주형을 먼저 만들어야 한다. 이 주형은 밀랍이나 목판으로 만들므로, 이 밀랍 주형은 인쇄에 사용하든 안 하든 동판 전에 이미 밀랍판이 있었다고 할 수 있다.

中國銅版印刷已於8世紀有之. 爲了銅版印刷, 當然先要鑄銅版, 要鑄銅版, 先要做模子. 此模子便以蠟或木做, 故此蠟模盡管用不用於印刷, 可說銅版之前, 已有蠟版.

(2) 밀랍판인쇄

(2) 蠟版印刷

(宋)何薳의 「春渚紀聞」 권2 "畢漸越諗"에

(宋)何薳, ≪春渚紀聞≫, 卷2, <畢漸越諗>中記載:

> 畢漸이 장원급제하고, 越諗이 차석에 급제하였을 때, 전보 제작에 급하여 밀랍판을 조각하여 찍었다. 그런데 漸 자 주형의 氵변에 먹이 묻지 않아서 전달하는 자가 크게 부르기를 '장원 畢斬 차석 越諗'이라 하니 듣는 자가 무슨 말인지 몰랐다. 그 후 越諗이 역모로 죽임을 당하니 이것이 곧 畢斬越諗이다.

> 畢漸爲壯元, 越諗第二. 初唱第, 而都人急于傳報, 以蠟板刻印. '漸'字所模, 點水不著墨. 傳者厲聲呼云: '壯元畢斬第二人越諗.' 識者皆云不祥. 而後, 諗以謨逆被誅, 則是畢斬越諗也.

문장 내 역사 사실의 진위와는 무관하게, 밀랍판을 만든 것은 사실이다. 何薳은 北宋 神宗(1068-1085) 후기에서 南宋 高宗(1127-1162) 전기에 살았으므로 「春渚紀聞」의 기록은 모두 北宋 때의 일이다. 따라서 밀랍판의 출현 시기는 北宋이 될 것이다.[12)]

文章內歷史事實的眞僞就不用管, 但作爲蠟板則是事實的. 何薳大約生活在北宋神宗(1068-1085)後期至南宋高宗(1127-1162)前期. 其筆記≪春渚紀聞≫所記, 全爲北宋一代之事. 因此, 關于蠟板出現時期, 應爲北宋.[12)]

12) 楊倩描, "雕板印刷術中的蠟板", 「中國科學史料」 第9卷 第3期(總第40期)(1988. 6), 26.

3.1.2 金屬活字技術 起源說

潘吉星은 자신의 논문[13]에서 중국이 금속활자를 발명하였다는 증거를 제시하고 있는데, 이를 요약하면 다음과 같다.

(1) 紙幣銅版에 사용한 銅字 (1154년)

중국의 동판인쇄는 唐 시대 開元 연간(713-741)까지 소급할 수 있는데, 이 동판인쇄와 비금속활자 인쇄를 기초로 하여 12~13세기부터 금속활자인쇄가 발전하였다. 기술적인 측면에서 보면, 금속활자는 한 글자만 있는 금속인판으로 간주할 수 있으므로 여러 문자나 그림을 포함한 금속인판을 주조할 수만 있다면 낱개의 금속활자는 손쉽게 주조해 낼 수 있다. 다시금 활자기술의 원리를 가하여 금속활자 인판을 배열하여 인쇄에 사용하면 바로 금속활자 인쇄가 된다. 다시 말하면 금속활자인쇄는 동판인쇄와 비금속활자 기술의 기초에서 12~13세기에 발전한 것이다.

중국은 세계에서 가장 일찍 지폐를 발행한 국가인데, 동판인쇄는 또 대규모로 지폐의 인쇄발행에 사용되었다. 宋 시대와 金 시대의 지폐는 모두 주조한 동판으로 특수하게 만든 종이에 인쇄하였는데, 판면에는 지폐명 · 가치 · 유통구역 · 발행기관 · 제조 시기 · 위조엄금 및 고발자 포상 등 문자가 장식용 문양 도안과 함께 있다. 이러한 내용은 모두 사전에 동판에 주조된 것인데, 다만 위조를 방지하기 위하여 취한 기타

3.1.2 金屬活字技術起源說

潘吉星在<論金屬活字技術的起源>一文裏,[13] 提出了中國發明金屬活字之所據, 將其摘要如下:

(1) 紙幣銅版所合用銅字 (1154年)

中國銅版印刷可追溯到唐代開元年間(713-741), 在此銅版印刷和非金屬活字印刷的基礎上, 從12-13世紀發展了金屬活字印刷. 從技術上看, 可以將金屬活字看作是只含一個字的金屬印版, 只要能鑄出含許多文字或圖像的金屬印版, 就能很容易地鑄出單個金屬活字. 再加活字技術原理排成金屬活字印版, 用于印刷, 就成金屬活字印刷了. 卽說金屬活字印刷是在銅版印刷和非金屬活字技術的基礎上, 從12-13世紀發展出來的.

中國是世界上最早發行紙幣的國家, 銅版印刷還大規模用于印發紙幣. 宋 · 金代的紙幣皆以銅鑄印版印在特製紙上, 版面上有幣名 · 面値 · 流通區域 · 印發機構 · 印造時間 · 嚴禁僞造及告發者賞等文字, 還有裝飾性花紋圖案. 這些內容都事先鑄在版上, 但爲防僞造, 還採取其他措施, 除加蓋官印外, 還爲每張紙幣加設字號 · 料號等保密編號, 同時也表示發行數量. 此外還有印造 · 發行機關負責官員的保密花押

13) 潘吉星(1998).

의 조치로 관인을 찍는 것 외에도 지폐의 낱장마다 字號·料號 등의 보안 일련번호를 주었고, 동시에 발행 수량을 표시하였다. 이 밖에도 제조·발행기관 책임자의 보안 서명이 있다. 이러한 부분은 기타의 내용과 함께 동시에 동판에 주조된 것이 아니고, 동판에 오목한 홈을 남겨두었다가 인출할 때 그에 상응하는 문자를 활자로 오목한 홈에 채워 넣어서 완전한 인판의 판면을 형성할 수 있었다. 활자를 사용한 까닭은 채워 넣은 활자의 자적이 모두 정확하게 일치하도록 하기 위해서였다. 인판은 구리로 주조하였으므로 인판에 채워 넣은 활자는 자연히 구리로 주조한 동활자일 것이다. 그러므로 宋·金 시대의 지폐는 동판인쇄와 동활자인쇄의 두 가지 기술이 결합된 산물이며, 동활자도 역시 지폐의 발행을 따라서 장기간 대규모로 응용될 수 있었다.

(簽名). 這些部分不與其他內容同時在銅版上鑄出, 而是在印版上留出凹空, 待監印刷時再將相應的字以活字塡塞于凹空處, 才能形成完整版面. 之所以用活字, 是爲保證要塡入的字字迹嚴格一致. 因印版爲銅鑄, 版上塡充的活字自然是銅鑄活字, 因此宋·金的紙鈔是銅版印刷和銅活字印刷兩項技術相結合的産物, 而銅活字也隨紙幣的發行獲得長期的大規模應用.

「宋史」 食貨志에 의하면 北宋 시대에는 1023년부터 정부에 益州交子務를 설치하여 관영의 交子를 발행하였으니, 이것이 곧 최초의 지폐다. 1107년에는 交子務를 錢引務로 바꾸고 지폐도 錢引으로 개칭하였다. 그러나 北宋의 인판은 오늘날 전해진 것이 없다. 南宋(1127-1279)도 關子와 會子를 발행하여 법정통화로 사용하였다. 紹興 31(1161)년부터 乾道 4(1168)년 사이에 杭州에서 인판을 주조하였다(<사진 3> 참조). 그 판면의 상부에는 "壹佰拾"의 세 문자가 약간 기울어져 있는데, 자형이나 크기가 "第"·"料"와는 분명하게 달라서 인판을 주조한 후에 설치한 활자임을 알 수 있다. 金 시대에 인쇄한 지폐는 1154년에 시작되었으니, 이때부터

據≪宋史≫<食貨志>, 北宋朝自1023年官府設益州交子務, 印發官營的交子, 卽最早的紙幣. 1107年宋政府改交子務爲錢引務, 紙幣易名爲錢引. 但北宋之印版沒有遺留下來. 南宋(1127-1279)又發行關子·會子作爲法定通貨. 紹興31(1161)年至乾道4(1168)年間在杭州鑄過印版(叄見<照片3>), 其版面上部有「壹佰拾」三字略有歪斜, 字形及大小與「第」·「料」明顯不同, 是印版鑄出後放置的活字. 金代印鈔始于1154年, 則可說從1154年起已將銅活字用于印鈔了.

이미 동활자를 지폐 인쇄에 사용하였다 고 말할 수 있다.

<사진 · 照片 3> 杭州에서 鑄造된 紙幣銅版(紹興 31(1161)年에서 乾道 4(1168)年 사이).
在杭州所鑄紙幣銅版(紹興31(1161)年至乾道4(1168)年間)

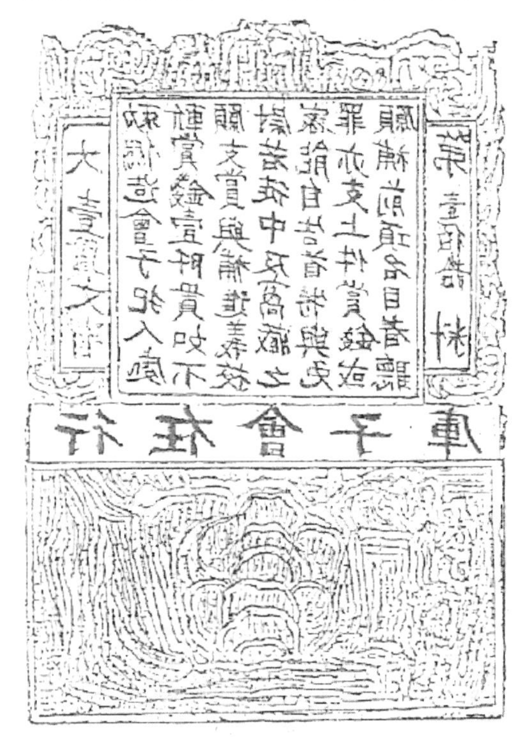

더 구체적인 증거는 金 시대 泰和 연간(1201-1209)의 交鈔인판 탁본과 1213-1214년 山東 東路의 壹拾貫 交鈔인판에 모두 오목한 홈이 남아있는 점이다. 貞祐寶券(1215- 1216) 五貫 인판의 탁본은 그 판면의 상부에 字料를 표시하는 작은 문자인 "輶"는 삽입해 넣은 동활자며, 字號 위에도 마땅히 활자가 하나 있어야 하지만 끼워

較具體的證據是金代的泰和年間(1201-1209)交鈔版拓片與1213-1214年山東東路壹拾貫交鈔版皆留有凹空. 貞祐寶券(1215-1216)五貫印版的拓片, 其版面上部表示字料之一小字「輶」爲嵌入的銅活字, 而字號上亦應有一活字, 但未放入, 又有5·6處花押, 說明已放入相應的活字. 1215年所鑄陝西東路壹拾貫交鈔印版(叄見<照片4>)亦有6處凹空,

넣지 않았고, 이 밖에도 5~6곳의 花押은 그에 상응하는 활자를 끼워 넣었을 것을 설명하고 있다. 1215년에 주조한 陝西 東路의 壹拾貫 交鈔인판(<사진 4> 참조)도 역시 6곳의 오목한 홈이 있는데, 이는 동활자를 끼워 넣기 위하여 설치한 것으로 字號·字料·花押 등을 표시하기 위한 것이다. 元·明 시대의 지폐 역시 동일하다. 이상 현존 宋·金 시대의 지폐 인쇄용 인판은 중국의 금속활자 기술이 12세기 초기에 시작하여 12~13세기에 광범하게 지폐 인쇄에 사용되었으며, 사용

是爲放銅活字而設的, 以表示字號·字料及花押等. 元·明朝的鈔票也是. 就是說現存宋·金鈔幣印版證明, 中國金屬活字技術起始于12世紀初期, 12-13世紀廣範用于印刷紙鈔, 使用銅活字有年號的較早實物資料年代爲1201-1209年.

<사진·照片 4> 金代 陝西東路 壹拾貫交鈔 印版(1215年 鑄造)

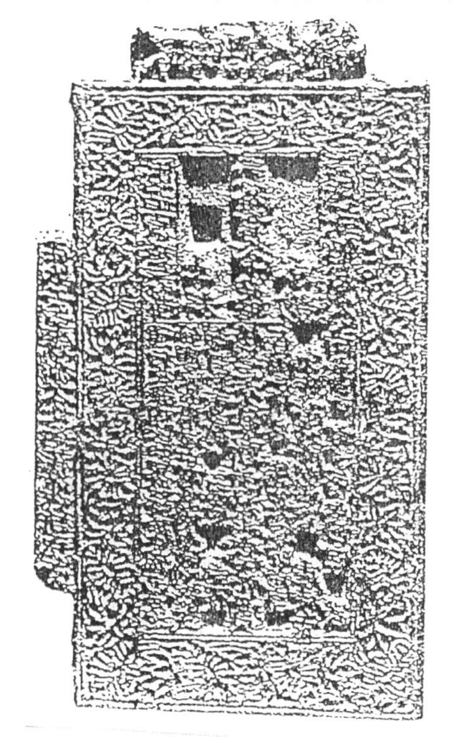

된 동활자로서 연대가 나타난 초기의 실물은 1201~1209년임을 말하고 있다.

另引用(宋)謝深甫≪慶元條法事類≫(1202年), 卷30云: 「料例, 以≪千字文≫爲號」, 說因爲≪千字文≫無一字重複者, 適于連續編號, 金鈔版用活字是沿襲宋制, 將其編號活字取自≪千字文≫.

이 밖에 宋 시대 謝深甫의 「慶元條法事類」(1202년) 권30에 기록된 "料例, 以「千字文」爲號"를 인용하면서, 「千字文」은 중복된 문자가 없기 때문에 일련번호로 적합하며, 金 시대의 지폐 인판에 사용한 활자는 宋 시대의 방법을 답습하여 그 일련번호용 활자를 「千字文」에서 취했음을 주장하고 있다.

(2) 文獻記錄

文獻資料亦提出來了. (元)黃溍(1277–1357), ≪金華黃先生文集≫, 卷41, 榮祿大夫・大司空・大都大慶壽寺住持長老・佛心普慧・大禪師・北溪延公塔銘: 「將鏤銅爲版以傳」, 他將此句解釋爲銅活字了.

문헌 자료도 제시하고 있다. 元 시대 黃溍(1277-1357)의 「金華黃先生文集」 권41, 榮祿大夫・大司空・大都大慶壽寺住持長老・佛心普慧・大禪師・北溪延公塔銘에 기록된 "구리를 조각하여 인판을 만들어서 전한다."를 동활자로 해석하였다.

(3) 朱錫活字(1186년)

(3) 錫活字(1186年)

他又提出南宋景定5(1264)年金銀現錢關子版是由錫合金製成, 南宋孝宗淳熙13(1186)年以錫版印刷佛經呪等件, 說南宋代亦有了錫活字印刷.

그는 또 南宋 景定 5(1264)년 金銀現錢關子인판이 주석 합금으로 제작된 점과 南宋 孝宗 淳熙 13(1186)년에 주석판으로 불경・부적 등을 인쇄한 점을 들어 南宋 시대에 주석활자 인쇄가 있었다고 주장하고 있다.

潘吉星如上所述紙幣印版與其所用銅字之金屬活字技術的看法, 便在≪中國金屬活字印刷技術史≫更仔細添補傍證而持續.[14]

潘吉星의 이상과 같은 지폐인판과 그에 사용한 銅字에 관한 금속활자 기술의 주장은 「中國金屬活字印刷技術史」에서 더욱 자세하게 방증을 추가로 제시하면서 계속되었다.[14]

---

14) 潘吉星, 「中國金屬活字印刷技術史」(瀋陽: 遼寧科學技術出版社, 2001), 3-84.

3.2 潘吉星과 魏志剛의 金屬活字 韓國發明說 부인

潘吉星과 魏志剛은 그들의 논문[15]에서 한국이 금속활자를 발명하였다는 한국 측 학자의 주장을 부인하였다. 그 내용을 요약하면 다음과 같다.

(1) "㠜"자 실물

한국 측 학자들이 근거하고 있는 이 실물 물증에 대하여, 그는 네 가지의 반론을 제시하고 있다. ① 발굴조사보고서가 없어서 믿을 수 없다. ② 금속의 합금 성분이 비록 海東通寶(1102년)와 비슷하지만, 합금 성분이 비슷하다 하여 반드시 동일 시대의 산물은 아니며 합금 성분이 비슷하면서 시대가 다른 사례도 적지 않다. ③ 이 문자는 드물게 쓰이는 벽자이거나 또는 "覆"의 이체자로서 10세기 이후의 문헌에 거의 보이지 않는다. ④ 이의 외형이 가지런하지 않고 배면에는 매우 큰 타원형 홈이 오목하게 있으며, 평양 국립역사박물관이 소장[16]하고 있는 "㛃"(<사진 1> 참조)도 역시 동일하다. 이것이 활자라면 다음의 세 가지 조건에 부합해야 한다. 즉 양각반체자로서 문자면이 평평해야 한다. 정면은 정방형 또는 장방형으로 각 변의 각도가 90°여야 한다. 부분 또는 전체의 몸체가 입방체 또는 장방체여야 한다. 이 점에서 이는 활자가 갖추어야 할 형태적인 특징을 갖추지 못하였다.

3.2 潘吉星·魏志剛否認韓國發明金屬活字說

潘吉星·魏志剛兩位又在 <金屬活字印刷發明于韓國碼?>一文裏,[15] 否認了韓方學者主張韓國發明金屬活字說, 將其摘要如下:

(1) "㠜"字實物

對韓方學者所據此物證實物, 他反論說①沒有發掘調査報告, 不可靠. ②金屬合金成分雖與海東通寶(1102年)相近, 但合金成分相近不一定同一時代之産物, 合金成分類似而不同時代的例證也不少. ③這個字是冷僻字, 或爲"覆"之異體字, 10世紀以後文獻中少見. ④此物的外形不整齊, 背面有很大的橢圓形凹槽, 平壤國立歷史博物館所藏[16] "㛃"(叁見<照片 1>)亦同. 活字應符合下面三個條件, 即說陽文反體, 字面平整. 正面是正方形或長方形, 各邊角呈90°. 部分或全體字身呈立方體或長方體. 因而此物就不具備活字所應有的形體特證.

15) 潘吉星·魏志剛 共著, "金屬活字印刷發明于韓國嗎", 「中國印刷」 1999:1(總第73期)(1999. 1), 55-59.

16) 기실은 개성 역사박물관 소장이다. 其實是開城歷史博物館所藏

(2) 「新印詳定禮文」과 「證道歌」의 발문

이규보가 진양공을 대신하여 행한 "「新印詳定禮文」 발미"에 대하여, 두 가지의 반론을 제시하고 있다. ① 이 발문은 "「新印詳定禮文」 跋尾 代晋陽公行"이라고 제하고 있는데, 이규보가 이 발문을 기초할 때 최이는 晋陽侯였으며 1242년에야 작위가 진양공으로 승진하였는데, 이규보는 이보다 이른 1241년에 죽었으므로 진양공을 대신하여 발문을 쓰는 것은 불가능하다. 그러므로 만약에 이규보가 쓴 것이라면 진양공이라고 칭하지 않아야 하며, 진양공이라고 칭하려면 이규보의 대필일 수 없다. 이 사료의 유용성과 신빙성에 문제가 있다. ② 이때의 고려왕조는 조그마한 강화도로 총망히 피난하여야 하는 전란 시기에 「詳定禮文」 28부를 인출하기 위하여 강화도에서 대량의 금속활자를 주조할 가치가 있으며 또한 주조할 가능성이 있는가?

「證道歌」의 권말에 수록된 "中書令晋陽公崔 怡 謹誌"의 발문에 대하여는 다섯 가지의 반론을 제시하고 있다. ① 최이의 중간본 및 저본이 된 "주자본"은 모두 오늘날 전하지 않고 있다. 일산문고 소장의 현존본은 후기의 목판본으로 비록 활자본은 아니지만 각 행의 문자 배열이 가지런하지 않고 각 문자의 크기가 고르지 못하여 목판본의 보편적인 특징을 갖추지 못하고 있다. 그러나 한국 측 학자가 최 씨의 목판본은 "주자본"을 저본으로 했고, 후세의 목판본(현존본)은 다시 최 씨의 목판본을 저본으로 했다고 해석하는 것은 추측일 뿐이

(2) ≪新印詳定禮文≫與≪證道歌≫之跋文

對李奎報代晋陽公行之「≪新印詳定禮文≫跋尾」, 反論說①此跋文題爲「≪新印詳定禮文≫跋尾 代晋陽公行」, 李奎報起草此跋文時, 稱崔怡爲晋陽侯, 直到1242年才升爵位爲晋陽公, 李奎報在這之前卒于1241年, 不可能代晋陽公寫跋. 故若李奎報所寫, 不該稱晋陽公, 如稱晋陽公就不該是李奎報代筆. 此史料之可用性與可信性成了問題. ②此時高麗王廷匆匆避難于小小的江華島, 兵荒馬亂時期是否値得或是否有可能, 只爲分發28本≪詳定禮文≫, 就在島上鑄大量金屬活字?

對≪證道歌≫卷末所收「中書令晋陽公崔 怡 謹誌」跋文, 反論說①崔怡重刊本及所據「鑄字本」都未流傳下來, 一山文庫藏現傳本爲後期刻本, 它雖非活字本, 各行字却排列不整齊, 各字大小不一, 顯得失常, 韓國學者所解釋崔刻本摹刻「鑄字本」, 後世刻本(現傳本)又摹刻崔刻本, 這只是猜測, 缺乏證據. ②己亥(1239)年時崔怡是晋陽侯, 又怎能自稱爲「晋陽公」? 違史實的. ③跋文內多處出現不該有的誤字, 如恬蒼誤爲「括蒼」; 夫誤爲「天」; 升誤爲「外」; 己亥誤爲「巳 亥」; 閉塞作「閇塞」, 此字早已停用; 雕作「彫」, 此異體字也少用. ④

며 증거가 부족하다. ② 己亥(1239)년에 최이는 진양후였는데, 어떻게 스스로 "진양공"이라고 칭할 수 있는가? 역사 사실에 어긋나고 있다. ③ 발문 중에 여러 곳에서 있어서는 안 될 오자가 보인다. 예를 들면 恬蒼을 "括蒼"으로, 夫를 "天"으로, 升을 "外"로 己亥를 "巳亥"로, 閉塞을 "閇塞"으로 했는데 이 문자는 일찍이 사용하지 않고 있고, 彫를 "雕"로 했는데 이 이체자는 거의 사용하지 않는다. ④「詳定禮文」 발문에 의하면 주자는 1232년 강화도 천도 이후에 시작하였고,「證道歌」 발문에 의하면 주자는 강화도 천도 이전에 시작하였다 하여, 이 두 발문은 스스로 모순일 뿐만 아니라 서로 간에 모순을 보이고 있다. ⑤ 만약에 최이가 1234~1238년 사이에 강화도에서 이미 "주자"로「禮文」을 인출하였다면, 1239년에「證道歌」를 간행할 때, 왜 이 기존의 금속활자를 사용하지 않고 도리어 강화도에서 장인을 모집하여 목판을 새겼으며 그것도 "주자본"을 모각해야 했는가? 이는「詳定禮文」이 활자판이 아닌 주조한 동판이거나, 또는「證道歌」 주자본이 宋朝에서 전래된 것이 아니라면 말이 통하지 않는다.

據≪詳定禮文≫跋, 鑄字始自1232年遷都于江華島之後, 據≪證道歌≫跋, 鑄字又起于遷都江華島之前, 此二跋不但自相矛盾, 還相互矛盾.⑤假如崔怡1234-1238年在島上已用「鑄字」印過≪禮文≫, 又爲何在1239年不用這批現成的活字印≪證道歌≫, 却偏要在島上募工刻木板, 還要摹刻「鑄字本」? 這是難以講通的, 除非≪詳定禮文≫是銅鑄整版而非銅活字版, 或≪證道歌≫鑄字本由宋代傳入.

이상을 종합하면, 潘吉星의 결론은 宋 시대부터 明 시대 초기(12~14세기)의 지폐 인쇄 과정에서 중국의 금속활자 기술은 지속적으로 발전하여 왔다는 것이다.

總之, 潘吉星的結論是從宋至明初(12-14世紀)的印鈔過程中, 中國金屬活字技術持續發展的.

3.3 기타의 金屬活字 起源說

(1) 「御施策」(元 시대 至正 初年 1341-1345)

張秀民은 일찍이 중국 국가도서관이 소장하고 있는 「御施策」(不分卷, 1책,

3.3 其他的金屬活字起源說

(1) ≪御試策≫(元至正初年 1341-1345)

張秀民曾將中國國家圖書館所藏≪御試策≫(不分卷, 1冊, 27274號 4817)

<書影 3> 「御施策」(中國國家圖書館 所藏), 第1葉上葉

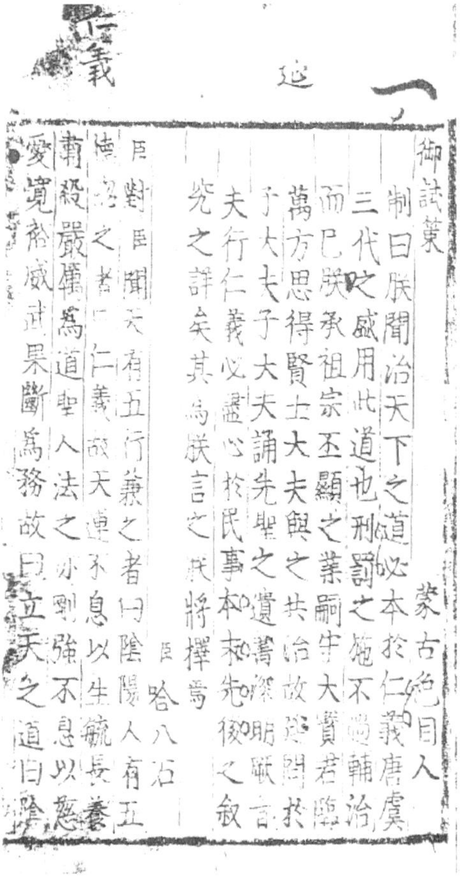

27274호, 4817)(<서영 3>, 圖錄附錄-서영 68 참조)을 사변의 모서리가 크게 벌어져 있고, 문자의 가로줄이 맞지 않으며, 먹색의 농담이 고르지 않은 점과,[17] 책지의 지질이 潔白厚實한 조선지와는 달리 宋元판에서 많이 보이는 특징과,[18] 조선의 동활자와는 자형과 크기가 같지 않은 점에 근거하여 元 시대의 동활자본으로 감정하였다.[19] 이에 대하여 谷祖英은 자체와 지질에 근거하여 조선활자본으로,[20] 蔡美彪는 15세기 중엽의 조선활자본으로,[21] 房兆楹은 1333~1368년 사이에 인출된 조선본으로 감정하였다.[22] 그러나 潘吉星은 長瘦形 인서체·크게 벌어진 사변의 모서리·고르지 못한 먹색농담·삐뚤어진 문자 배열·작은 활자의 보자·흑구 쌍어미의 판심·책지의 후박·지색·지질·지문 등의 특징에 근거하여 張秀民의 주장에 동의하였을 뿐만 아니라 더 나아가 元 시대의 至正 연간(1341-1367)의 초기인 1341~1345년 사이에 北京에서 출판되었다고까지 하였다.[23]

(叄見<書影3>, 圖錄附錄-書影68)據四角大缺口, 字列不整, 墨色不均,[17] 紙質不像潔白厚實的朝鮮紙, 而有宋元板之特點,[18] 字形與大小不同與朝鮮銅活字, 鑑定爲元朝銅活字本.[19] 當時谷祖英據字體與紙質爲朝鮮活字本,[20]・蔡美彪以爲15世紀中葉朝鮮活字本[21]・房兆楹判爲1333-1368年間所印朝鮮本.[22] 但潘吉星便據長瘦字字體・四角大缺口・墨色不均・文字行列不整・小活字補字・黑口雙魚尾・紙張厚薄・紙色・紙質・紙紋等特點來同意張秀民, 竝說它爲元至正初年(1341-1345)在北京出版的.[23]

---

17) 張秀民, "中朝兩國對於活字印刷術的貢獻", 「(天津)大公報」 1953年 2月 20日 史學週刊, 第3面.

18) 1. 張秀民, "中國印刷術的發明及其對亞洲各國的影響", 「光明日報」 1952年 9月 30日.
    2. 張秀民, 「張秀民印刷史論文集」(北京: 印刷工業出版社, 1988), 19, 31.

19) 張秀民, "銅活字的發明與發展", 「光明日報」 1954年 3月 6日 第3面. 그러나 최종적으로는 元代木活字本으로 수정하였다(但最後修訂爲元代木活字本). 張秀民, 「張秀民印刷史論文集」, 214.

20) 谷祖英, "銅活字和瓢活字的問題", 「光明日報」 1953年 7月 25日, 史學, 第9號.

21) 蔡美彪, "銅活字與印刷術起源問題", 「光明日報」 1954年 1月 9日. 史學, 第21號.

22) Fang Chao-Ying. *On Printing in korea*, (1967), cited by Tsien Tsuen-Hsuin, *Paper and Printing*. See: Joseph Needam, *Science and Civilisation in China*. V:1(Taipei: Caves Books, 1986), 327.

23) 潘吉星, 「中國・韓國與歐洲早期印刷術的比較」(北京: 科學出版社, 1997), 88-90.

(2) 金 시대의 千佛銅牌(1148년)

羅振玉(1866-1940)이 편찬한 「金泥石屑」(2권, 附說 1권)에 "金千佛銅牌"(<사진 5> 참조)를 수록하고 있는데, 附說에는 다음과 같은 설명이 있다:

(2) 金代之千佛銅牌(1148年)

羅振玉(1866-1940)所纂輯≪金泥石屑≫(2卷, 附說1卷)收錄「金千佛銅牌」(叅見<照片5>), <附說>有說明如下:

<사진 · 照片 5> 金代의 千佛銅牌(1148年)

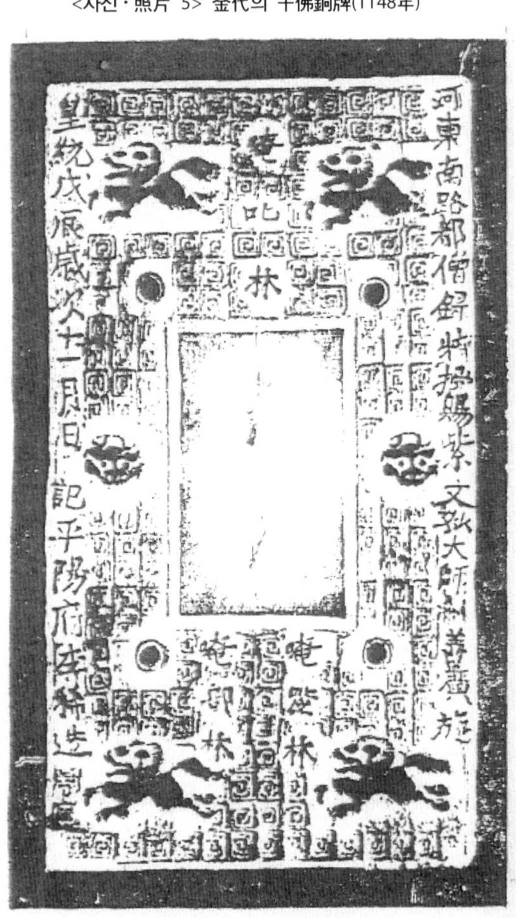

千佛銅牌는 대부분이 문자가 없는데, 이것은 皇統紀年과 李稀가 제작하였다는 題字 1행이 있으며, 활자로 배열하여 된 것이므로 활자판으로서 현존하고 있는 가장 앞선 것이다. 내가 일찍이 고활자 하나를 입수하였는데, 석고로 만들었고 한 치 남짓 정도로 얇으며 위에는 손잡이가 있어서 꿸 수 있는데, 北宋의 것으로 의심된다. 沈存中은 畢昇이 활자를 만들었다고 기록하고 있고, 王禎은 「農書」에서 그 방법을 자세하게 기록하고 있다. 그러나 모두 손잡이가 있어서 꿸 수 있다고는 하지 않고 있고, 또 점토로 활자를 만들었다고 말하고 있는데, 점토는 인쇄에 부칠 수 없으니, 이제 석고를 점토로 오해하였음을 알 수 있다. 이를 부록으로 기록하여 인판의 원류를 연구하는 자에게 알리고자 한다.[24)]

「千佛銅牌, 多無文字, 此有皇統紀年及李稀造題字一行, 用活字排集成之, 乃活版傳世之最先者. 古活字予曾得一枚, 以石膏爲之, 薄分許, 上有紐可貫穿, 疑是北宋物, 沈存中記畢昇作活字, 王禎又記之≪農書≫中, 述其法蓋詳, 然皆不言有紐以聯貫之, 又言用泥爲字, 泥不任印刷, 今乃知爲石膏誤以爲泥也. 附識於此以告世之考刊版原始者.」.[24)]

戈公振은 「中國報學史」에서 이를 인용하여 "金 시대의 금속활자판"이라고 하였다.[25)] 魏志剛은 「中國報學史」에 인용된 것을 다시 인용하면서 중국이 金 시대에 금속활자를 발명하였다고 주장하였다. 제시한 근거는 도판의 여러 곳에 높낮이가 고르지 못하고 문자 배열이 삐뚤어진 점이다.[26)]

戈公振在≪中國報學史≫引此爲「金代之金屬活字版」.[25)] 魏志剛再引≪中國報學史≫所引, 主張中國就在金代已發明金屬活字版, 所提根據爲此圖中的多個圖版高低不平, 且排列歪斜.[26)]

---

24) (淸)羅振玉, 「金泥石屑」, 卷上, 金之類(上海: 倉聖明智大學, 1916年 影印線裝本, 「藝術叢編」1-6, 傅斯年圖書館古籍線裝書 991.05 401 Ⅴ.1-6, 및 933.2 909.; 1916年 上虞羅氏影印線裝本, 「楚雨樓叢書」初集: 4. 傅斯年圖書館 990.8 909 Ⅴ.4).

25) 戈公振, 「中國報學史」(上海: 商務印書館, 1927, 1928, 1935, 1955, 1999, 臺灣版).

26) 魏志剛(1997).

4. 活字印刷術과 그 發明의 定義

4.1 活字와 活字印刷術의 定義

중국 측 학자의 의견을 보면 먼저 활자와 활자인쇄의 정의를 내려야 이 문제를 해결할 수 있음을 느낀다. 다시 말하면 어떠한 기능을 갖추기 이전에는 활자의 전제 단계인 인장으로 간주해야 하며, 어떠한 기능을 갖춘 이후에야 비로소 활자로 간주할 수 있는가를 구별해야 한다. 활자와 활자인쇄의 정의는 畢昇의 활자 발명 원리에서 정리해 낼 수 있다. 沈括의 「夢溪筆談」, 권18, 技藝, 板印書籍조에 수록된 내용은 네 단계로 구분된다.

제1 단계는 활자 製作(낱개로, 복수로)이다. "膠泥로 문자를 새기되 돈 입처럼 얇게 하고 매 문자마다 하나로 만들어서 불에 구워서 굳게 한다...... 매 문자마다 모두 여러 개가 있는데, 예를 들면 之·也 등 문자는 20여 개가 있어서 한 판 안에서 중복될 경우에 대비한다......기이한 문자 등 준비되지 않은 것은 얼른 조각하여 짚불로 구우면 순식간에 완성된다. 만약에 복수로 갖추지 못하면 거의 인쇄할 수가 없다." 다시 말하면 매 문자를 낱개로 만들어야 하고 또 복수로 갖추어야 한다. 이것이 곧 활자다.

제2 단계는 組版(한 판의 활자를 조립)이다. "우선 철판을 설치하고, 그 위에 송지·밀랍·종이 재 등으로 채운 다음, 인쇄하려면 인틀을 철판 위에 안치한 후, 활자를 가득 배열한다. 인틀에 가득 차서 한판이 되면, 불로 이

4. 活字印刷術與其發明之定義

4.1 活字與活字印刷術之定義

看中方學者的意見, 就感到需要先下活字之定義, 才能解決此問題, 卽說要區別具備如何功能以前僅能算是印章, 具備如何功能以後就算是活字. 活字與活字印刷之定義就可自畢昇所發明原理挑出來. 沈括的≪夢溪筆談≫, 卷18, 技藝, 板印書籍條所收內容, 可分四個階段.

第一階段爲製造活字(單個的·複數的):「用膠泥刻字, 薄如錢脣, 每字爲一印, 火燒令堅......每一字皆有數印, 如之·也等字, 每字有二十餘印, 以備一板內有重複者......有奇字素無備者, 旋刻之, 以草火燒, 瞬息可成, 因若未備重複者, 幾乎不可印刷.」. 卽說每字該作成單個的, 且要備複數的. 這便爲活字.

第二階段爲排版(將一板上活字組合):「先設一鐵板, 其上以松脂·蠟和紙灰之類冒之, 欲印則以一鐵範置鐵板上, 乃密布字印, 滿鐵範爲一板, 持就火煬之, 藥稍鎔, 則以一平板按其面, 則字平如砥, 若止印三·二本, 未爲簡

를 가열한다. 인납이 약간 녹을 때 평평한 판자로 활자의 문자면을 누르면 활자가 숫돌처럼 평평해진다. 만약에 2~3부만 인쇄하려면 간단하지 않지만 수십 백 천부를 인쇄하려면 지극히 신속하다." 다시 말하면 원고대로 한 판의 활자를 배열하되 문자면을 고르게 하고, 견고하게 하여 인출에 부친다. 이 단계는 활자인쇄를 위하여 생략할 수 없으며, 또한 전체의 활자인쇄 과정에서 가장 숙련된 기술과 가장 긴 시간을 필요로 하여 활자의 제작보다도 더 중요하다.

易, 若印數十百千本, 則極爲神速.」. 卽說照原稿排字, 令字面均勻, 再令堅固以付刷出. 此階段是爲了活字印刷不可或缺的, 竝在全部活字印刷過程當中, 需要最熟練的技術與最長時間, 比活字製造更要緊.

제3 단계는 印出(墨汁을 칠하고 찍어내기)이다. "평상시에 두 개의 철판을 만들어서 한 판이 인쇄할 때 다른 한 판은 활자를 배열하니, 이 인판이 끝나면 다음 판이 갖추어져서 번갈아 사용하면 순식간에 완성할 수 있다." 다시 말하면 조판이 끝난 인판에 묵즙을 칠하고 종이를 얹어서 찍어내는 것이다. 이 과정은 목판인쇄와 별 차이가 없다.

第三階段爲刷印(塗墨, 刷出):「常作二鐵板, 一板印刷, 一板已自布字, 此印者纔畢, 則第二板已具, 更互用之, 瞬息可就.」. 卽說在排好之印板上塗墨, 布紙, 刷出之. 此過程則與雕板印刷差不了多少.

제4 단계는 再使用(解版하여 재사용에 대비)이다. "다 인출했으면 다시금 불로 인납을 녹여서 손으로 털어내면, 활자가 떨어져 나와서 인납도 묻지 않는다. 사용하지 않으면 종이로 붙여두는데 한 운을 한 첩으로 하여 나무 칸 상자에 보관한다." 다시 말하면 인쇄가 끝난 인판의 활자를 해판하여 원위치로 환원하고 보관하여 인쇄에 재사용할 수 있도록 대비하는 것이다. 만약에 조판 등의 문제로 인쇄가 끝난 후, 해판하여 재사용할 수 없으면, 활자인쇄의 실험작으로는 간주할 수 있어도 진정한 활자인쇄로는 간주할 수 없다. 반드시 재사용할 수

第四階段爲再使用(拆開, 以備再用):「用完再火令藥鎔, 以手拂之, 其印自落, 殊不沾污. 不用則以紙貼之, 每韻爲一貼, 木格貯之.」. 卽說將印完之印板上活字, 拆開, 還原, 貯存, 以備再使用印. 若因排板等問題, 印完之後不可拆開以備再使用, 頂多只能算爲活字印刷之實驗作, 不可算爲眞正的活字印刷. 必定要能再使用, 所以不是死字而是活字, 發明活字印刷之主要理由不就是雕板上文字只用在固定位置的死字印刷之故嗎?

있어야 하며 그래서 死字가 아닌 活字이다. 활자인쇄를 발명한 주된 이유가 목판상의 문자가 고정된 위치에서밖에 사용할 수 없는 死字인쇄이기 때문이 아니었던가!

이상을 종합하며 활자인쇄의 원리를 분석한 결과 상술한 네 단계를 갖추어야 비로소 활자인쇄로 성립될 수 있고, 만약에 어느 한 단계라도 갖추지 않으면 활자인쇄로 간주할 수 없다.

總之, 分析活字印刷之原理, 要具備上述四個階段, 才能成立活字印刷, 若缺某一階段, 就不算活字印刷.

4.2 活字와 活字印刷術 發明의 定義

4.2 活字與活字印刷術發明之定義

활자인쇄는 상술한 네 단계를 거쳐야 하고 또 그 결과물을 인출해 낼 수 있어야 활자의 제작도 활자인쇄술도 성공한 것으로 간주할 수 있다. 그 결과물을 인출해 내는 데에 실패한 활자는 비록 제작해 내었다 할지라도 실험작으로밖에 간주할 수 없으며 성공한 활자로는 인정할 수 없다. 활자는 비록 성공적으로 제작하였다 할지라도 인출에 실패하였다면 그 의의가 없기 때문이다. 그러므로 활자인쇄에 우선 성공하여야 비로소 그 활자가 발명인가 아닌가를 검토할 수 있으며, 더 나아가 그 활자인쇄의 기술이 발명인가 아닌가도 검토할 수 있다.

活字印刷應經上述四個階段, 且能夠印出其結果來, 活字製造才算成功, 活字印刷術也才算成功的. 失敗印出其結果的活字, 雖能夠造出來了, 就僅能算實驗作, 而不算成功的活字了. 活字就成功地製造了, 但失敗印出了就沒其意義之故. 所以活字印刷術要先成功, 才値得商榷其活字是否算發明, 再來商榷其活字印刷術是否發明的.

발명은 그 대상물 또는 기술을 완성함에 있어서 이념이나 원리상에서 과거에 없던 새로운 독창이 발현되어야 한다. 활자의 경우는 이를 제작하는 방법이 재질에 따라서 달리 나타나므로 그 제작원리의 독창성 여부에 따라 발명 여부를 판단할 수 있다. 활자인쇄술

發明是製作物質或完成技術時, 理念或原理上, 應發現過去沒有的獨創性. 就活字來說, 其製作方法隨材料不同而各不同, 故據製作方法的獨創性, 才可判斷其爲發明與否. 如此區別活字與活字印刷術發明之理由, 便爲活字製作原理與活字印刷術的原理完全不同

의 경우는 인쇄 과정상의 기술적 독창성 여부에 따라 발명 여부를 판단할 수 있다. 이처럼 활자와 활자인쇄술의 발명을 구분하는 이유는, 활자의 제작원리와 활자인쇄술의 원리가 완전히 다르기 때문이다.

之故.

宋 시대의 畢昇이 활자인쇄술을 발명할 때 사용한 재료는 교니로써 조각의 방법으로 낱개의 활자를 제작하였다. 이는 완전한 제작원리의 독창이므로 교니활자는 마땅히 발명이라고 할 수 있다. 이 교니활자를 이용한 인쇄술은 네 단계라는 인쇄원리의 독창이므로 교니활자인쇄술도 마땅히 발명이라고 할 수 있다.

宋朝畢昇發明活字印刷術時, 所用材料爲膠泥, 據以刻法製成單個的字, 此爲完整的製作原理之創始, 故膠泥活字應算爲發明. 用此膠泥活字之印刷術是四個階段的印刷原理之創始, 故膠泥活字印刷術應算爲發明.

그 후, 사용한 활자의 재료는 목재다. 즉 12세기의 西夏文 목활자와 元 시대 王禎의 목활자다. 이 목활자의 제작 방법은 의문의 여지 없이 조각이다. 그런데 畢昇의 교니활자의 제작 방법이 조각이며 또 목활자를 실험한 적이 있을 뿐만 아니라 수백 년 이전부터 이미 목판을 조각해 왔기 때문에 목활자의 제작 방법상 새로운 원리가 없으므로 목활자는 발명으로 간주하기 어렵다. 만약 발명으로 간주한다면 곧 畢昇의 것일 것이다. 이 목활자를 이용한 인쇄술은 교니활자인쇄술과 같은 원리이므로 목활자인쇄술은 발명으로 간주할 수 없으며 개량으로 간주할 수 있다.

之後所用活字材料爲木材, 卽爲12世紀的西夏文木活字與元朝王禎的木活字. 此木活字之製法沒疑問是刻的. 而畢昇之膠泥活字製法爲刻的, 又實驗過木活字, 且自數百年以前已雕刻過書板來, 木活字之製法上沒有新的原理, 故木活字就難算爲發明, 若要算發明則由畢昇的了. 用此木活字之印刷術是與膠泥活字印刷術相同原理, 故木活字印刷術不應算爲發明, 可算爲改良.

고려인이 제작한 金屬活字의 제작 방법은 鑄造다. 먼저 어미자를 만들고 이것으로 주형을 제작하여 금속 용액을 주입한 후, 마무리 손질을 하여 완성한다. 이 제작원리는 교니활자나 목활자와 완전히 다르다. 그러므로 고려인이 제작한 금속활자는 발명으로 간주할

高麗人所製金屬活字之製法爲鑄造. 先作字模, 以此作鑄型, 鑄入金屬鎔液, 修整以完成. 此製作原理與膠泥活字・木活字完全不同, 故高麗人所製金屬活字應算爲發明. 用此金屬活字之印刷術是與膠泥活字印刷術相同原理, 故金屬活字印刷術不應算爲發明, 可算

수 있다. 이 금속활자를 이용한 인쇄술은 교니활자인쇄술과 같은 원리이므로 금속활자인쇄술은 개량으로 간주할 수 있다.[27)]

爲改良.[27)]

5. 金屬活字의 中國發明說에 대한 論評

5. 論中國發明金屬活字說

5.1 紙幣印出用 銅版에 병용한 銅字

동판으로 지폐를 인쇄할 때 동판의 홈에 끼워 넣어서 사용한 낱개의 銅字는 활자인가 아닌가? 이 문제는 전술한 활자인쇄의 원리에 근거하여 판단하면 쉽게 알 수 있다. 지폐인쇄용 동판에 병용한 몇 개의 銅字는 활자인쇄의 제1

5.1 紙幣印出用銅版所竝用銅字

用銅版印刷紙幣時, 以插進銅版凹洞合用單個的字是否活字? 此點可據上述活字印刷之原理來判斷, 就可得知. 紙幣印刷所用銅版上合用之幾粿銅字, 就沒牽涉到活字印刷之第一·第二階段原理, 只有第三·第四階段才有關. 尤其

---

27) 금속활자인쇄술의 '발명' 여부에 관하여, 지금까지는 활자의 제작 목적이 서적 인쇄에 있고 인쇄에 성공해야 활자 제작도 성공했다고 할 수 있으므로 활자와 인쇄술을 동일시하여 금속활자와 금속활자인쇄술을 모두 발명이라고 하였다. 아직도 이러한 의견에 동의하는 학자가 적지 않다. 그러나 저자는 금속활자와 금속활자인쇄술을 세밀히 구분하여 각각의 기술적 원리와 이념을 살피고자 한다. 왜냐하면, 금속활자는 금속활자인쇄술의 기술 과정에서 제작 영역에 속하며, 인쇄술의 성공 여부를 좌우하는 핵심 기술은 조판 영역이다. 금속활자는 어미자 제작-주형 제작-금속 용액 주입-수정 완성의 과정을 통한 '주조'라는 획기적인 방법으로 제작하였으므로 교니활자나 목활자의 제작 방법인 조각과 달라서 '발명'임에는 이론의 여지가 없다. 금속활자인쇄술은 그 원리가 활자 제작-조판-인출-해판 후 재사용이라는 기술적 과정을 거친다. 이 원리는 교니활자나 목활자인쇄술과 비교할 때 새로운 이념의 도입은 없다. 다만 조판 방법·묵즙 등 세부적인 부분에서 분명히 나타나는 기술적 발전은 '발명'이라기보다는 '개량'이라고 판단한다. 關於金屬活字'發明', 至今認爲活字製作目的爲書籍印刷, 印刷成功才算活字製作亦成功, 故同樣看待活字與印刷術, 說金屬活字與金屬活字印刷術都是發明, 尙有同意此看法的學者. 但著者想要細分金屬活字與金屬活字印刷術, 分析各自之技術原理與觀念. 因爲金屬活字是屬於金屬活字印刷術過程中的製作部分, 而左右印刷術成功之核心技術爲排版部分. 金屬活字便經字模製作-鑄型製作-金屬鎔液注入-修整之'鑄造'過程的新方法來製作, 此爲膠泥活字與木活字之彫刻完全不同, 故沒異論其爲'發明'. 金屬活字印刷術就其原理爲活字製作-排版-刷印-拆版以再使用的技術過程. 此原理與膠泥活字或木活字印刷術相比就沒有革新, 僅在排版法·墨汁等部分過程上所出現的技術發展就可算'改良'而非'發明'.

· 제2 단계의 원리와는 관계되지 않고, 제3 · 제4 단계의 원리만이 관련된다. 특히 제1 단계의 제작원리에 관하여, 이 동판은 "「千字文」의 중복된 문자가 없는 것"을 병용하여, 문자의 중복에 대비하여야 한다는 활자의 개념이 없다. 이는 곧 오히려 활자인쇄의 원리를 완전히 위반한 것이다. 이 점에서 활자인쇄는 결코 동판인쇄에서 발전해 온 것이 아님을 알 수 있다. 중국 측의 여러 학자들도 활자인쇄는 목판인쇄에서 발전해 온 것임을 인정하고 있다.[28] 만약에 문자의 중복에 대비하여야 한다는 개념이 없는 점만 본다면, 인장의 범주로 간주하여야 할 것이다. 또 낱개의 금속활자는 한 글자만 있는 금속인판으로 볼 수도 없을 뿐만 아니라, 여러 문자나 그림을 포함한 금속인판을 응용하여 한 글자만 있는 금속인판, 즉 낱개의 금속활자를 주조한다 해도, 이는 동판의 응용 범주에 속할 수는 있어도 활자의 응용은 아니다.

關於第一階段製造原理, 此銅版就合用「≪千字文≫無一字重複者」, 尙未有要備文字重複的活字之槪念, 此就反而完全違反活字印刷原理, 從此可知活字印刷絶不是自從銅版印刷發展的. 諸多中方學者也承認活字印刷就自從雕板印刷發展出來的.[28] 若僅看沒有要備文字重複的槪念, 就應算爲印章之範疇的了. 且各個金屬活字不但不能看待有一個字的金屬印版, 而且雖應用包括多個文字或圖畫的金屬印版, 鑄造出有一個字之金屬印版, 卽爲一個金屬活字, 此寧可屬於銅版應用範疇, 絶非活字之應用.

제2단계인 조판 원리에 관하여, 이 동판은 한두 개의 낱자를 홈에 채워 넣는 문제만 있을 뿐, 다수의 활자를 배열하여 조립하여야 한다는 문제는 없다. 潘吉星이 스스로 언급한 중에도 역시 "오목한 홈에 채워 넣기 · 끼워 넣기 · 집어넣기" 등의 단어만 있을 뿐, 배열해 넣는다는 말은 없다. 이는 곧 潘吉星 자신도 마음속으로는 부지불식간에 이 동판은 인판에 여러 개의 활자를 배열한 것이 아니라 오목한 홈에 한두 개를 채워 넣어서 활자인쇄로 간주할 수 없다고 인식하고 있으면서도, 입으로만

關於第二階段排版原理, 此銅版則僅有塡充一 · 二單個字之問題, 而沒有排列多數活字以組合之問題. 潘吉星自己說的也是僅有「塡塞于凹空 · 塡充 · 嵌入 · 放入」等語, 沒言及到 "排入". 此就意味着潘吉星自己心裏不知不覺中認爲此銅版不是在印版上排列很多活字, 而是在凹空裏塡充一 · 二字, 應當不算活字印刷, 而口頭就牽强附會地講是活字印刷的. 王禎≪農書≫<造活字印書法>也僅提過「排」, 沒提塡 · 放等, 其意則應將很多活字排列以印出的. 此銅版若要算排字版, 連其他文字皆該不

28) 史金波 · 雅森吾守爾 공저(2000), 12.

견강부회 하여 활자인쇄라고 말하는 것을 의미한다. 王禎의 「農書」 造活字印書法도 “배열(排)”을 언급했을 뿐이며, 채우기(塡)나 집어넣기(放) 등은 언급하지 않았다. 이는 다수의 활자를 배열하여 인출하여야 한다는 것을 의미한다. 이 동판을 만약에 활자판으로 간주하려면 기타의 문자까지 모두 동판을 이용하지 말고 활자를 이용하여야 한다. 그러므로 이것은 활자인쇄로 간주할 수 없다.

저자는 목판본 「中庸章句大全」(불분권, 1책, 사주단변, 10행 18자, 소자쌍행, 백구, 상 하향 이엽화문단어미, 총 145엽, 권말에 “戊子新刊嶺營藏板”의 간기가 있다.)을 소장하고 있는데, 제 114엽하엽에는 마모가 심하여 6개의 소자(제3행 제11자 우측의 “者”・제7행 제12자 좌측의 “賢”・제8행 제11자 좌측의 “或”・제8행 제12자 우좌측의 “典巳”・제9행 제12자 우측의 “足”)를 파내고 새로 조각한 문자를 끼워 넣어서 먹색이 주변의 문자보다 매우 진하다. 특히 그중 4개의 문자(賢・典・巳・足)는 180° 거꾸로 되어있어서, 이는 끼워 넣은 것이며 교정을 위한 것이 아님이 명백하다(<서영 4> 참조). 지폐인쇄용 동판에 병용한 銅字를 만약에 활자로 간주하고, 또 이 동판을 활자판으로 간주한다면, 이 「中庸章句大全」에 끼워 넣은 木字도 활자로 간주해야 하고, 이 제114엽도 활자판으로 간주해야 하지 않겠는가?

더 나아가 이 동판에 병용한 낱개의 동자를 만약에 발명으로 간주하려면 마땅히 그 제작 방법에 새로운 원리를 갖추고 있음을 제시하여야 한다. 왜냐하면, 그 제작 방법이 만약에 조

要用版, 而要用活字. 故此不應算爲活字印刷.

著者個人所藏一部刻本≪中庸章句大全≫(不分卷, 1冊, 四周單邊, 10行18字, 小字雙行, 白口, 上下向二葉花紋單魚尾, 共145葉, 卷末有「戊子新刊嶺營藏板」牌記), 其葉百十四下葉因磨損太多, 其中6個小字(第3行第11字右“者”・第7行第12字左“賢”・第8行第11字左“或”・第8行第12字右左“典巳”・第9行第12字右“足”)就挖去而以新刻字塡充, 墨色比周圍字濃得濃, 其中4個字(賢・典・巳・足)就倒塡, 明白是塡充上的而非爲了校改的(叄見<書影4>). 紙幣銅版所合用銅字若算活字, 且紙幣印刷所用銅版若算活字版, 難道說此≪中庸章句大全≫所塡上的字也該算活字, 且此葉也該算活字版嗎?

再者此銅版合用的單個的字若要算是發明, 應提出其製法要具新原理, 因其製法若用刻的, 便不是發明, 而是應用或改良而已之故. 但對宋代與金初的紙幣銅版所合用銅字, 沒說明具體的製

<書影 4> 「中庸章句大全」(朝鮮戊子新刊嶺營藏板), 第114葉下葉

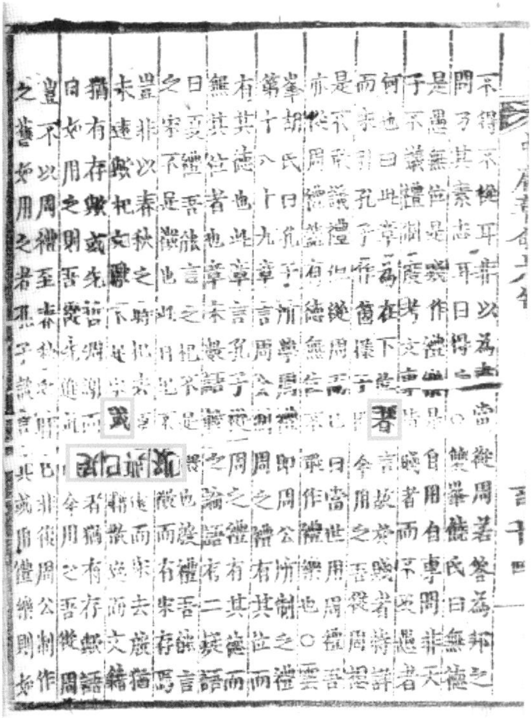

각한 것이라면 이는 곧 발명이 아니고 응용 또는 개량일 뿐이기 때문이다. 그러나 宋 시대와 金 시대 초기의 지폐동판에 병용한 동자는 그 구체적인 제작 방법을 설명하지 않고 있다. 예를 들어 明 시대 江蘇 無錫지역의 華씨와 安씨 가문이 제작한 금속활자는 그 제작 방법이 조각이다.29) 이는 시대가 늦어서 이미 발명 운운할 수도 없지만, 만약에

法. 比如明朝江蘇無錫地域之華・安兩家所製金屬活字, 其製法爲刻的.29) 它爲時代晩, 已不可提及什麽發明, 但假定爲時代早, 也是用過與膠泥活字・木活字相同雕刻製法, 故不應算爲發明, 也不算改良, 只能算爲好奇之發露.

29) 明 嘉靖11(1532)年 華從智刻, 隆慶6(1572)年 華察續刻本, (明)華方・華察 輯錄, 「華氏傳芳續集」, 권15에 수록된 喬宇의 "會通華處士墓表": "乃範銅爲版, 鏤錫爲字(이에 구리를 주조하여 인판을 만들고 주석을 조각하여 활자를 만들었다)."

시대가 이르다고 가정한다 해도 교니활자나 목활자와 같은 조각방법을 이용하였으므로 발명으로는 당연히 간주할 수 없는 개량이며, 단지 호기심의 발로로 간주할 수 있을 뿐이다.

이상을 종합하면, 宋 시대와 金 시대의 지폐인쇄용 동판에 병용한 동자는 모두 활자 범위 내의 것이 아니며, 따라서 활자인쇄는 더더욱 거론할 수조차 없다.

總之, 宋・金代之鈔版所合用銅字皆不是活字範圍之內, 更不能提及活字印刷了.

5.2 "複"자 실물

5.2 "複"字實物

潘吉星은 이에 대하여 네 가지의 이유를 제시하면서 활자임을 부인하였다. 저자는 네 번째 이유인 이 실물의 외형이 활자가 갖추어야 할 특징을 갖추지 못하였다는 점에는 동의하지 않는다. 왜냐하면, 후대의 활자 중에 형태가 가지런하지 못한 것이 적지 않은데, 이는 부착방식으로 조립하는 활자는 육면이 그렇게 방정할 필요가 없기 때문이다.

그러나 첫째, 출처가 분명하지 않은 점으로, 비록 고려 시대 도읍지였던 개성 근교의 고려 무덤에서 출토된 것이라고는 하나, 이는 근거 없는 설일 뿐이다.[30] 둘째, 한 개뿐인 점으로 활자일 가능성은 크지 않다. 만약에 이것이 활자라면 마땅히 다량이어야 한다. 셋째, 금속의 합금 성분이 같다고 해도 반드시 같은 시대의 산물인 것은 아니다. 왜냐하면, 과거에는 금속의 제련기술이 뛰어나지 못하여,

潘吉星對此提出四項理由, 否認是活字. 著者雖不同意第四項此物的外形, 不具備活字所應有的形體特徵, 因後代活字當中, 形體不整齊的亦不少. 此爲因以附着方式排字之活字便不用六面那麽方正之故.

但第一, 來源不明, 雖聽說是自高麗朝首都開城市近郊的高麗墳墓出土, 但此爲傳言而已.[30] 第二, 只是一粿, 故活字之可能性不大, 若是活字的話, 應有大量的. 第三, 金屬合金成分同, 不一定是同一時代之産物, 因過去金屬提煉技術不高明, 若原鑛産地同, 雖時代不同而合金成分相近之可能性大. 第四, 此字是不常用文字, 活字印本上尚未發現用此活字之字跡. 由此四點, 認爲可能不是活字.

---

30) "複"활자 실물에 대하여, 혹자는 발굴조사 보고서가 있다고 하나, 이는 발굴 유물이 아니다. 따라서 발굴조사 보고서는 존재할 수 없다. 이는 李王家 시절에 구입한 것이다.
對"複"活字實物, 或說有發掘報告, 但此不是發掘文物, 故不會存在之. 此爲李王家時所購.

원광의 광산이 같으면, 비록 시대가 다르다 할지라도 합금 성분은 비슷할 가능성이 크기 때문이다. 넷째, 이 문자가 자주 사용하는 문자가 아닌 점으로, 활자본에서 아직 이 실물의 자적이 발견되지 않았다. 이 같은 네 가지 관점에 비추어 보면 아마도 활자가 아닐 것으로 판단된다.

개인적으로 이것은 일본인이 한국인을 속이기 위하여 해동통보 등 유사한 청동 기물로 거의 사용하지 않는 문자를 사이비 활자처럼 주조하여 고려 무덤에서 출토한 것이라고 속여서 고가에 팔려고 한 것이 아닌가 의심한다. 이같이 추측하는 이유는 두 가지가 있다. 첫째, 배면의 움푹 들어간 반구형 형태가 다른 활자에서는 볼 수 없는 유일한 모양이다. 둘째, 활자의 배면은 조판 기술과 관계가 있는데, 이것의 배면의 형태는 조판상의 아무런 기능을 발휘할 수 없을 만큼 조판문제와 별 관계가 없다. 이는 아마도 일본인이 조선 활자의 배면이 움푹 들어갔다는 말만 듣고, 실은 터널 형태로 배면이 들어간 것을 알지 못한 채 모조한 결과 이 같은 半球形 형태가 되었을 것이다.

著者個人懷疑此爲由日本人爲了騙韓國人, 用海東通寶等類似銅器物鑄造生僻文字的似是而非之物, 竝騙人說是高麗墳墓出土品而賣的. 如此推測的理由一爲此物背面凹下去的半球形狀是唯一的, 其他活字裏無法發現, 二爲活字背面是與排版技術有關係, 但此物之背面形狀就與排版問題關係不大, 又不能發揮任何功能之故. 此可能爲日本人僅據所聞朝鮮活字之背面爲凹下去, 而不知其實爲以隧道形凹下, 結果導致作成如今背面半球形狀的.

5.3 「新印詳定禮文」과 「證道歌」의 跋文

「高麗史」 권23과 권129에 의하면 최이는 고종 21(1234)년에 진양후로 책봉되었다. 「高麗史」 권23과 「高麗史節要」 권16에 의하면 이규보는 고종 28(1241)년에 사망하였다. 「高麗史」 권

5.3 ≪新印詳定禮文≫與≪證道歌≫之跋文

據≪高麗史≫卷23與卷129, 得知崔怡被冊爲晋陽侯於高宗21(1234)年. 據≪高麗史≫卷23與≪高麗史節要≫卷16, 得知李奎報卒於高宗28(1241)年. 據≪高麗史≫卷129與≪高麗史節要≫

129와 「高麗史節要」 권16에 의하면 崔怡의 작위는 高宗 29(1242)년에 晋陽公으로 승진하였다. 따라서 潘吉星이 지적한 진양공의 호칭에 관한 모순은 틀림이 없다.

「高麗史」의 기록을 보면 "晋陽侯"의 호칭은 모두 4번 출현하고, "晋陽公"의 호칭은 모두 5번 출현한다. 이 기록은 모두 호칭을 엄격하게 구별하여 기술하고 있다. 「東國李相國全集」[31] 권18, 古律詩, 제5엽상엽, 제7행; 권18, 古律詩, 제16엽상엽, 제2행; 권23, 敎書・批荅・詔書, 제17엽하엽, 제7행 등에 "晋陽侯"의 칭호가 있어서, 「全集」은 그 칭호를 정확하게 사용하고 있음을 알 수 있다.

그러나 이 「全集」의 앞부분에 수록된 후인이 편찬한 「東國李相國文集年譜」와 그 발문을 수록한 「東國李相國後集」에 출현한 崔怡의 호칭을 찾아보면, 「高麗史」나 「東國李相國全集」처럼 그렇게 엄격하게 두 호칭을 구분하고 있지 않음을 알 수 있다. 예를 들면 「年譜」 丙申(1236) 公(李奎報)年六十九조에는 "晋陽侯亦以戶籍縮歲爲辭, 勉留之."라고 되어있는데, 辛丑(1241) 公年七十四조에는 "秋七月寢疾, 晋陽公聞之, 遣名醫等問珍(診)不絶."이라고 되어있다. 이 두 단락은 모두 晋陽公 이전의 일인데도 한 곳은 "晋陽侯", 다른 한 곳은 "晋陽公"이라고 하고 있다. 또한 「東國李相國後集」 권11, 「東國諸賢書訣評論序竝贊晋陽公令述」을 보면, "晋陽公"은 3번 출현하고 "公"은 6번 출현한다. 이 「序竝贊」은 崔怡

卷16, 得知崔怡進爵爲晋陽公於高宗29(1242)年. 故潘吉星所指出晋陽公此稱呼之矛盾確是沒錯.

在≪高麗史≫正史記載裏, 「晋陽侯」之稱共出現4次, 「晋陽公」之稱共出現5次, 每個記載皆嚴格地區別此稱呼以記述下來. ≪東國李相國全集≫[31]卷18, 古律詩, 葉5上葉第7行; 卷18, 古律詩, 葉16上葉第2行; 卷23, 敎書・批荅・詔書, 葉17下葉第7行等便用「晋陽侯」, 可知≪全集≫便正確地使用其稱.

但查出載在此≪全集≫前之後人所編<東國李相國文集年譜>與收此跋文之≪東國李相國後集≫所出現崔怡之稱呼, 就不像≪高麗史≫與≪東國李相國全集≫那樣嚴格地區分此二稱呼以記述, 如<年譜>丙申(1236), 公(李奎報)年六十九條: 「晋陽侯亦以戶籍縮歲爲辭, 勉留之.」, 而辛丑(1241), 公年七十四條: 「秋七月寢疾, 晋陽公聞之, 遣名醫等問珍(診)不絶.」. 此兩條皆爲晋陽公以前之事, 而有的用「晋陽侯」, 有的用「晋陽公」. 再看≪東國李相國後集≫卷11, <東國諸賢書訣評論序竝贊晋陽公令述>, 「晋陽公」出現3次, 「公」出現6次, 此<序竝贊>爲晋陽公令李奎報寫的, 故可知不管當時崔怡之爵位爲晋陽侯, 而用的爲「晋陽公」, 可知沒嚴格地區分以述.

31) 李奎報, 「東國李相國全集」(全集 41卷 11冊, 後集 12卷 3冊), 高麗 高宗 38(1251)年 목판후쇄본(刊刻後印本), 韓國銀行 所藏本(819, 아72).

가 李奎報로 하여금 쓰도록 한 것이다. 그러므로 당시 최이의 작위가 진양후임에도 불구하고 "진양공"을 사용하고 있어서 이 칭호를 엄격하게 구분하여 서술한 것이 아님을 알 수 있다.

그렇다면 왜 이 칭호를 이렇게 엄격하게 구분하여 쓰고 있지 않은가 하는 문제는 향후 풀어야 할 연구 과제일 것이다. 저자는 잠정적으로 후인의 역사관념이 철저하지 못하여 대수롭지 않게 생각한 결과이거나, 또는 후인이 복각할 때 최고의 작위로 고쳐 쓴 때문이 아닌가 추론한다.

따라서 비록 이 이규보 문집의 일부에서 최이의 칭호를 부정확하게 사용하고 있지만, 이 문집에 기록된 "鑄字印成二十八本" 등의 역사적 사실은 부인할 수 없다. 「證道歌」의 "募工重彫鑄字本"의 역사 사실 역시 같은 이치다. 칭호의 잘못된 사용이나 발문 중의 오자나 이체자는 문집에 기록된 역사 사실의 진위 문제와는 별개이므로 기록의 가치를 훼손해서는 안 될 것이다.

또한, 중국학자는 「詳定禮文」과 「證道歌」 발문에 근거한 한국의 금속활자 발명설을 부인하면서, 「詳定禮文」을 주조한 동판으로, 「證道歌」 주자본을 宋朝에서 전래된 것이라고 주장하였다. 그러나 활자가 아니므로 동판이라거나 한국 측 사료에 모순이 있다 하여 宋本이라는 주장은 지나친 비약이다. 이렇게 주장하려면, 적어도 「詳定禮文」이 동판일 가능성이 있는 최소한의 증거와 「證道歌」 주자본도 宋本이 고려에 전래되었을 근거자료를 제시하여야 설득력이 있을 것이다. 이는 宋 시대의 활자인쇄 사례가 거의 없어서

爲何用其稱用得如此糊塗是個研究課題. 今著者推測後人沒有徹底的歷史觀念而太大意所致, 或後人覆刻時, 改用最高爵位之故.

故雖在此李奎報文集的部分地方, 崔怡的稱呼用得不正確, 但此文集所記載「鑄字印成二十八本」等歷史事實, 便不可否認. ≪證道歌≫的「募工重彫鑄字本」的歷史事實亦同. 稱呼錯用・跋文中的誤字或異體字與文集所記載歷史事實之眞僞就兩回事, 不可毁損其記載內容的價値.

另中方學者否認韓國據≪詳定禮文≫與≪證道歌≫跋文的金屬活字發明, 而主張說≪詳定禮文≫可能爲所鑄銅版, ≪證道歌≫鑄字本爲宋朝傳來的. 但因不是活字, 故爲銅版, 因史料有矛盾, 故爲宋本傳來的主張便過份誇張. 若要如此主張, 至少要提出≪詳定禮文≫可能爲銅版之起碼的證據, ≪證道歌≫鑄字本也是, 至少要提出宋本可能傳入高麗的證據, 才有說服力. 此因宋代幾乎沒有活字印刷事例, 傳入高麗之可能性不大之故.

고려에 전래되었을 가능성이 크지 않기 때문에 더욱 그러하다.

5.4 「御施策」

潘吉星이 元 시대 至正 연간의 초기인 1341~1345년 사이에 北京에서 출판하였다고 주장하는 금속활자본 「御施策」은 한국의 고려대학교 도서관(貴-148)(<서영 5>, 圖錄附錄-서영 68 참조)・연세대학교 도서관(貴313)・영남대학교 도서관(340.1과 古042의 2부) 등에 동일한 판본이 소장되어 있다. 이는 조선의 지방정부가 中宗 연간(1506-1544)에 倣乙亥小字體木活字로 인출한 것이다.[32]

이 판본을 자세히 관찰하면 목활자본 중에서 조각술의 수준은 상당한 편이라고 할 수 있다. 그러나 한 엽에 나타난 동일한 문자를 비교하면 ① 문자의 크기가 일치하지 않음을 알 수 있다. 즉 제1엽상엽의 제2행 제4자・제4행 제4자・제8행 제8자・제8행 제11자의 "朕"과 제5행 제17자・제7행 제9자의 "於"가 그것이다. 또한 ② 문자의 모양도 차이가 난다. 즉 제2행 제3자・제10행 제12자・제11행 제5자・제13행 제11자의 "曰"과 제11행 제13자・제12행 제16자의 "以"가 그것이다. ③ 심지어 서체가 장체이거나 편체인 것도 있다. 즉 제3행 제17자・제5행 제13자의 "治"・제6행 제3자・제6행 제6자의 "大"・제6행 제4자・제6행 제7자의 "夫"가 그것이다. ④ 필획의

5.4 ≪御施策≫

潘吉星所說元至正初年(1341- 1345)在北京出版的金屬活字本≪御試策≫, 韓國高麗大學圖書館(貴-148)(叄見<書影5>, 圖錄附錄-書影68)・延世大學圖書館(貴313)・嶺南大學圖書館(340.1與古042二部)等皆藏有同一板本. 此爲由朝鮮地方政府於中宗年間(1506-1544)以倣乙亥小字體木活字印出的.[32]

今仔細觀察此板本, 雖可說木活字本當中刻得相當不錯. 但比較同一頁上的同一文字, 可知①文字大小稍不一致(葉1上葉的「朕」: 第2行第4字・第4行第4字・第8行第8字・第8行第11字; 「於」: 第5行第17字・第7行第9字), ②字様也有差別(「曰」: 第2行第3字・第10行第12字・第11行第5字・第13行第11字; 「以」: 第11行第13字・第12行第16字), ③甚至有的長體而有的扁體(「治」: 第3行第17字・第5行第13字; 「大」: 第6行第3字・第6行第6字; 「夫」: 第6行第4字・第6行第7字), ④筆劃的粗細不同(「必」: 第2行第11字・第7行第6字; 「之」: 第3行第4字・第3行第12字・第4行第10字・第5行第11字), ⑤竝直橫筆劃交叉處有刀痕(「朕」: 第4行第4字; 「夫」: 第6行第7字; 「天」: 第11行第9字), ⑥不少

32) 千惠鳳, "朝鮮朝의 乙亥小字體木活字本「御施策」", 「書誌學硏究」 15(1998. 6), 42-48.

<書影 5> 「御施策」(韓國 高麗大學校圖書館 所藏), 第1葉上葉

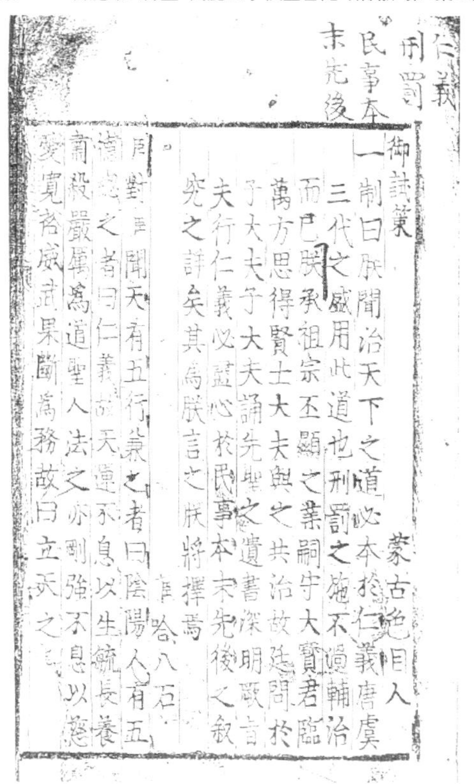
仁義 刑罰 民事本 末先後

御試策　　　　　　　　　　蒙古色目人

制曰朕聞治天下之道必本於仁義唐虞
三代之盛用此道也刑罰之施不過輔治
而已朕承祖宗丕顯之業嗣守大寶君臨
萬方思得賢士大夫與之共治故延問於
子大夫子大夫誦先聖之遺書深明厥旨
夫行仁義必盡心於民事本末先後之叙
究之詳矣其爲朕言之朕將擇焉

對　　　　　　　　　　　臣哈八石

臣對臣聞天有五行氣之者曰陰陽人有五
德施之者曰仁義故天運不息以生毓長養
肅殺嚴厲爲道聖人法之亦剛強不息以慈
愛寬容威武果斷爲務故曰立天之道

굵기가 다른 경우도 있다. 즉, 제2행 제11자・제7행 제6자의 "必"・제3행 제4자・제3행 제12자・제4행 제10자・제5행 제11자의 "之"가 그것이다. ⑤ 가로획과 세로획이 교차하는 곳에 도각의 흔적이 있는 것도 있다. 즉, 제4행 제4자의 "朕"・제6행 제7자의 "夫"・제11행 제9자의 "天"이 그것이다. ⑥ 적지 않은 문자의 필획에 목재가 튼 목리의 현상도 있다. 즉 제3행 제6자의 "用"・제5행 제14자의 "故"・제6행

字的筆劃上有木理裂開現象(「用」: 第3行第6字; 「故」: 第5行第14字; 「夫」: 第6行第4字; 「行」: 第10行第8字; 「者」: 第10行第11字; 「陽」: 第10行第14字; 「不」: 第11行第11字; 「毓」: 第11行第15字), 明白是木活字本. 可知部分中方學者鑑定木活字本與金屬活字本之水平如何, 如此犯錯之原因恐怕爲先下結論而後找其理由以勉强合理化所致.

제4자의 "夫"・제10행 제8자의 "行"・제10행 제11자의 "者"・제10행 제14자의 "陽"・제11행 제11자의 "不"・제11행 제15자의 "毓"이 그것이다. 이 같은 현상들은 목활자본임을 명백하게 증명하고 있다. 이로부터 일부 중국 측 학자의 목활자본과 금속활자본을 감별하는 능력이 어느 정도인가를 알 수 있으며, 이 같은 실수를 범하는 원인은 결론을 먼저 내린 후에 그 이유를 찾아서 억지로 합리화시킨 결과로 보인다.

5.5 金 시대의 千佛銅牌

臺北시 소재 中央研究院 傅斯年圖書館 소장「金泥石屑」에 수록된 千佛銅牌를 살펴보면, 우측에는 종서된 "河東南路都僧錄特授賜紫文妙大師⊠善廣旋" 한 행이 있고, 좌측에는 종서된 "皇統戊辰(1148)歲次十一月日 記平陽府李稀造" 한 행이 있어서, 이 천불동패는 平陽府에 거주하던 李稀가 1148년에 제작한 것임을 알 수 있다. 두 행의 문자 행렬은 분명히 가지런하지 못하고 먹색도 다소 균일하지 못하다.

이 천불동패의 소장자는 목록에 나타난 "金千佛銅牌, 秀水王氏藏"에 의하면 秀水에 거주하던 王 씨 성의 인물이라는 것을 알 수 있다. 그러나 현재 그의 행방은 알 수 없다. 기타 기물의 목록에 "某氏藏", "上虞羅氏藏本", "上虞羅氏手拓本" 등으로 저록된 것에 의하면, 羅 씨는 아마도 王 씨가 제공한 그의 탁본을 가지고 있었던 듯하다. 다시금 羅振玉이 자서에 기록

5.5 金代之千佛銅牌

今觀察位於臺北的中央研究院傅斯年圖書館所藏≪金泥石屑≫所收千佛銅牌, 其右端有一行直書的:「河東南路都僧錄特授賜紫文妙大師⊠善廣旋」, 其左端又有一行直書的:「皇統戊辰(1148)歲次十一月日 記平陽府李稀造.」, 可知此爲住平陽府的李稀製造於1148年. 兩行文字行列的確不整齊, 墨色稍不均勻.

此千佛銅牌之所藏者就據目錄:「金千佛銅牌 秀水王氏藏」, 可知是住在秀水的姓王的人, 但目前無法查考其下落. 據其他器物之目錄著錄:「某氏藏」・「上虞羅氏藏本」・「上虞羅氏手拓本」等, 羅氏就可能持有王氏所提供其拓本. 再據羅振玉自序:「其物皆世所罕道或已亡佚, 其打本亦皆一時所難致者, 編爲≪金泥石屑≫二卷.」, 可知此書爲以摹搨金石器物銘文之拓本

한 "그 기물은 모두 세상에 드물게 보이거나 이미 망실된 것이며, 그 탁본도 또한 모두 한때 고구하기 어려운 것으로, 「金泥石屑」 2권으로 편찬한다." 에 의하면 이 저술은 금석기물의 명문을 탁본하여 편집한 탁본집임을 알 수 있다. 탁본은 인쇄술 발명을 위한 전제조건의 하나로, 그 원리는 결코 인쇄술의 범주에 속하지 않는다.

編輯成的拓本集. 拓印爲印刷術發明的前提要件之一, 其原理竝非屬於印刷術範圍之內.

문자의 행렬이 가지런하지 못하고 먹색이 고르지 못한 문제에 관하여, 이 銅牌의 도판에 의하면 그 제작 기술이 그다지 뛰어나지 못함을 알 수 있다. 동판 상의 문자와 먹색은 제작 기술의 수준에 따라 반드시 모두가 가지런하고 균일한 것은 아니다. 먹색은 또한 탁본 기술의 숙련도에 따라서 균일하지 못한 현상은 흔하다. 그러므로 문자의 행렬이 가지런하지 못하거나 먹색이 균일하지 못한 현상만으로 활자판임을 증명하기에는 부족하다. 이에 대하여 "이 조그마한 동패의 문자・도안・문양은 탁본을 보니 아마 한 장의 동판에 주조한 것인데, 주조 기술이 미숙하여 문자가 삐뚤어진 것이다. 한 장의 동판에 동활자를 다시 배열할 필요는 없는 듯하다."고 말한 중국의 학자도 있다.[33]

關於文字行列不整齊與墨色不均匀, 據此銅牌之圖片, 就可知其製作技術不大高明. 銅版上的文字與墨色就依製作技術水平, 不一定皆整齊又均匀. 墨色就再依拓印技巧高不高明, 常有不均匀之現象. 故此文字行列不整齊與墨色不均匀, 不能夠證明是活字版. 對此點, 有中方學者說"這塊小銅牌的文字・圖案・花紋, 看拓片大概是一整塊銅板上鑄成的, 因爲鑄的技術差, 所以文字歪斜. 在一塊小銅板上似乎沒有再排印銅字的必要."[33]

「金泥石屑」 "附說"의 설명에 관하여, 羅振玉의 학문 수준을 의심하는 것은 아니지만, 그의 설명인 "내가 일찍이 고활자 한 개를 입수하였는데 석고로 만들었다......위에 손잡이가 있어서 꿸 수 있고......점토는 인쇄에 부칠 수 없으니, 이제야 석고를 점토로 오해하였음을 알겠다." 등의 내용

關於≪金泥石屑≫<附說>所說明, 雖不懷疑羅振玉的學問水平, 但仔細分析其說明: 「古活字予曾得一枚, 以石膏爲之......上有紐可貫穿......泥不任印刷, 今乃知爲石膏誤以爲泥也.」等語, 可知羅氏甚誤解有關活字印刷之事. 他何必僅得「一枚」, 尤其以石膏作的. 到目前爲止, 著者所目睹的所有古活字當中,

33) 張秀民(1988), 18.

을 자세히 분석하면, 羅 씨는 활자인쇄에 관하여 심히 오해하고 있음을 알 수 있다. 그는 왜 하필 "한 개"만 입수하였으며, 특히 석고로 만든 것이 없는가? 현재까지 저자가 목도한 모든 고활자 중에서 석고로 만들었거나 손잡이가 있는 것은 한 개도 없었다. 그러므로 그가 입수한 "한 개"는 아마도 활자가 아니라, 손잡이가 있는 인장류이거나 또는 인장을 주조하기 위한 어미 모형이었을 것으로 추측된다.

沒有一粿以石膏作或有紐的, 故猜他所得「一枚」可能不是活字, 而是有紐的印章類或鑄印章用的模子吧.

6. 結 論

이상으로 금속활자의 발명 문제에 대하여 여러 학자의 주장을 종합적으로 살펴보았다. 그 내용을 요약하면 다음과 같다.

(1) 활자인쇄술의 발명자

활자와 활자인쇄술은 宋 시대의 畢昇에 의하여 膠泥활자로 발명되었다.

(2) 활자인쇄술의 필요조건

활자인쇄술의 원리는 네 단계로 나눌 수 있는데, 제1 단계는 낱개이면서 복수로 활자를 제작하여야 하고, 제2 단계는 조판이며, 제3 단계는 인출, 제4 단계는 해판하여 재사용하는 것이다. 이 네 단계를 모두 갖추어야 활자 그리고 활자인쇄로 간주할 수 있다.

6. 結 論

以上針對金屬活字發明問題, 綜觀過諸多學者之論說, 將上述內容歸納如下:

(1) 活字印刷術之發明人

活字與活字印刷術是由宋代畢昇以膠泥活字發明.

(2) 活字印刷術之必要條件

活字印刷術之原理可分四個階段, 第一爲製造: 單個的, 複數的活字, 第二爲排版, 第三爲刷印, 第四爲解版以再使用. 具備此四個階段才能算是活字與活字印刷.

(3) 발명과 개량

畢昇의 膠泥활자와 膠泥활자 인쇄술·고려인의 金屬활자는 완전한 발명이다. 木활자와 木활자 인쇄술·金屬활자 인쇄술은 발명이 아니며 개량이라고 할 수 있다.

(4) 紙幣銅版과 千佛銅牌

紙幣銅版에 병용한 銅字와 千佛銅牌는 활자인쇄로 간주할 수 없으며, 동판의 응용과 拓印으로 간주할 수 있다.

(5) 教訓

중국 측 학자들이 말하는 발명권에 대하여, 이른바 발명이라는 것은 그 권리가 먼저 있어서 발명할 수 있는 것이 아니다. 누구든 먼저 만든 사람이 발명한 것이 되며 그 후에 그에게 발명에 관한 권리를 보장해 주는 것이다. 그러므로 발명권을 정확히 말하면 발명자 저작권 또는 발명자 지적 재산권이다.

한국은 작은 국가로서, 어마어마한 중국 문명에 지리적으로 밀착하고 있어서 물질문명은 물론 정신문명까지도 영향을 받지 않을 수 없었다. 따라서 한국은 중국을 이길 수 없다. 다만 구체적인 작은 문제에 있어서는 꼭 그렇지 않아서, 그 원리를 살펴야 한다.

최근 중국 측 학자의 주장을 보면, 역사적으로 금속을 사용한 모든 사례를 찾아내어 활자에 연결시키려고 하는 느낌을 지울 수 없다. 이는 먼저 결론을 내린 후 그 근거를 찾아서 억지로 합리화시키려는 목적성 연구 방법으로서 옳은 연구 태도가 아니다.

(3) 發明與改良

畢昇之膠泥活字與膠泥活字印刷術·高麗人之金屬活字是完整的發明, 而木活字與木活字印刷術·金屬活字印刷術竝不是發明而是改良.

(4) 紙幣銅版與千佛銅牌

紙幣銅版所合用銅字與千佛銅牌就不算活字印刷, 而算爲銅版之應用與拓印.

(5) 教訓

有關中方學者所說發明權, 所謂發明就不是事先有此權利, 而後才能作到的, 而是誰先作到, 定爲誰發明的, 之後給誰保障有關發明之權利. 故將發明權正確地講就是發明者著作權或發明人知識財産權的.

中國文明莫大, 韓國是小國家, 且地理上緊緊靠近, 不能不受其影響, 包括物質文明, 甚至於精神文明, 故籠統地講, 韓國就絶對贏不過中國. 但具體的小問題就不一定, 該看其原理.

看最近中方學者所主張, 就覺得將歷史上使用過金屬的所有事例皆引出來, 在活字上牽連之感. 這是先下結論, 再找其所據, 以勉强合理化的目的性研究方法, 就不應該的. 尤其將明明白白地歷史事實固意歪曲的態度,[34] 便應被批評才對. 先要具客觀的學問態度,

특히 명명백백한 역사 사실까지도 의도적으로 왜곡하는 태도는[34] 비판받아 마땅할 것이다. 우선 객관적인 학문 태도를 갖추고 연구를 진행하여야 정확하고 설득력 있는 결론을 얻을 수 있다. 또한, 상대방의 것은 아니다든가 틀렸다든가 늦다든가 하는 주장은 간접 증거일 뿐이다. 상대방을 논평하기 전에, 쌍방이 서로 자기 것을 연구함으로써 근거를 제시하여 서로의 결과를 비교하면, 누가 이른가를 알 수 있고 누가 발명한 것인가도 자연히 결정될 것이다. 이것이 비로소 진정한 연구일 것이다. 바라건대, 국수주의를 버리고 객관적인 태도와 방법으로 연구하여 정확한 결과를 도출할 수 있기를 기대한다. 이렇게 하여 진정으로 활자인쇄로 간주할 수 있는 것을 연구해 낸다면, 저자는 이미 받아들일 준비가 되어있다.

以進行研究，才能獲得正確又具說服力的結論．且對方就不是，對方不對，對方晚等等，這樣說法僅能算爲間接證據而已．尙未評論對方之前，雙方彼此要研究自己的以提出根據，互相比較其結果，就可知誰先，自動決定誰發明．這樣才算眞正的研究吧．謹希望排斥國粹主義，以客觀態度與方法來研究，能挑出正確的結果．如此研究出眞正可算爲活字印刷的，著者已準備好承認之．

34) 潘吉星(2001), 28-30.

부록 5. 금속활자의 발명국 다툼*

현존하는 세계 最古의 금속활자본은 1377년 인쇄된 「직지심체요절」이다. 제대로 부르자면 「白雲和尙抄錄佛祖直指心體要節」이라는 긴 이름. 고려 우왕 때 인쇄된 佛書다. 유네스코는 오래전 금속활자 발명국이 한국이라는 사실을 공인했다. 지난 1972년에 프랑스 국립도서관이 소장 중인 「직지심체요절」을 공개하면서 지위는 더욱 공고해졌다. 더 이상 '금속활자의 발명국이 어디인가'를 두고 학계는 논쟁을 벌이지 않았다. 적어도 중국 학자들이 이의를 제기하기 전까지는.

◇ 중국의 도전 = 최근 중국 학자들을 중심으로 '고려 발명설'에 대한 반론이 나오기 시작했다. 포문을 연 것은 潘吉星(中國科學院自然科學史硏究所) 교수. 지난 1998년 지폐 인쇄용 동판에 병용한 銅字를 증거로 내세우며 "금속활자는 중국의 발명품"이라고 주장했다. 潘 교수는 이에 앞서 1997년 9월 20일부터 10월 2일까지 서울과 청주에서 분산 개최된 동서고인쇄문화 국제학술회의에서 元 시대의 동활자본 「御施策」을 근거로 유사한 주장을 폈다가 망신을 당하기도 했다. 이튿날 고 윤병태 전 충남대 교수가 조선에서 찍은 동일한 판본인 방을해소자체목활자본 「御施策」을 내놓았기 때문이다.

금속활자 발명국을 둘러싼 논란은 한국의 지위에 중국 학자들이

* 이 글은 국민일보, 제4735호, 2004. 5. 11. 화. 16면에 "한국 문헌사의 쟁점" 제2편으로 게재되었다.

도전하는 형국을 하고 있다. 근거가 취약해 쟁점으로 부각되지는 않고 있지만, 중국 측의 집요한 관심만큼은 눈여겨봐 둘 필요가 있다. 중국 측이 내세운 근거는 두 가지다. 1148년에 제작된 '千佛銅牌'와 1154년부터 지폐 인쇄에 사용됐다는 동활자다. '천불동패'는 건강, 부귀 등을 기원하는 일종의 부적으로 그림의 좌우와 문양 사이에 모두 40여 개의 문자를 담고 있다. 현재 '천불동패'의 원판은 없고 먹으로 찍은 것만 남아있는데 그것만으로 '천불동패'가 활자본인지는 확실치 않다. 중국 측은 동판에 그림을 새기고 문자만 활자로 끼워 넣었다고 주장하고 있는데 증거는 없다.

지폐동판 역시 금속활자로 보기에는 무리가 있다. 당시 지폐는 동판에 140여 개의 문자를 조성한 뒤 일련번호, 화폐 가치 등 변화가 필요한 6~8개의 문자만을 동자로 심어 찍어냈다. 재사용됐다는 점에서 이때 사용된 동자는 활자의 범주에 포함될 수도 있다. 하지만 여기에는 활자인쇄의 핵심인 組版 과정이 불필요했다. 활자인쇄의 꽃은 조판이다. 개별 활자를 판 위에 올려놓고 이를 고정시켜 고품질의 인쇄본을 만드는 데는 숙련된 기술이 필요하다. 결론적으로 '천불동패'와 지폐동판만으로 중국이 금속활자의 새 발명국에 등극할 가능성은 없다.

◇ 활자란 무엇인가 = 중국의 주장은 '무엇이 활자인가'에 대한 논란을 촉발시켰다. 활자 이전에도 인쇄는 있었다. 목판 위에 통째로 글을 새겨서 찍는 목판인쇄의 방식으로 책을 만들었다. 고려의 「팔만대장경」이 대표적인 목판인쇄물. 여기서 한 단계 발전한 것이 활자다. 활자는 글자 하나하나를 만들어 이를 인판 위에 배열한 뒤

고정시켜 찍어내는데 가장 중요한 특징은 재사용이 가능하다는 것이다. 인판을 해체한 뒤 개별 활자를 보관했다가 다시 사용할 수 있어야 死字가 아닌 活字가 된다. 또 활자는 반드시 종이를 위에서 아래로 눌러 찍어야 한다. 종이를 아래에 놓고 찍는 건 인쇄가 아니라 印章이다.

沈括의 「夢溪筆談」을 보면 활자인쇄술을 발명한 사람은 중국 宋 시대 慶曆 연간(1041~1048)의 畢昇이다. 첫 활자는 점토를 이용한 교니활자. 다음에 등장한 것은 1200년경의 西夏文 목활자. 1298년에는 王禎이 목활자를 만들기도 했다. 宋末 元初에 중국인이 朱錫활자를 만들었는데 활자에 먹물이 잘 묻지 않아 실패했다. 다양한 실험에도 불구하고 明 시대 이전에 중국의 활자문화는 그리 발전하지 못한 것이다.

대신 중국에서는 목판인쇄가 주류였다. 이는 장기간에 걸쳐 대량생산이 필요한 지적 배경과 연관된 것으로 보인다. 금속활자와 목활자는 인출량에 약간의 차이는 있지만 모두 200부를 상한선으로 본다. 반면 목판은 파손되지만 않는다면 거의 무한대로 책을 찍어낼 수 있다. 독서 인구가 많았던 중국에서는 목판인쇄가 생산량이 제한된 활자에 비해 훨씬 경제적인 방식으로 여겨졌을 법하다.

◇ 금속활자의 발명국, 한국 = 고려는 일찍부터 금속활자에 주력했다. 고려인은 1241년 이전에 銅활자를 주조해 「詳定禮文」 등을 인쇄했고 1377년에는 「직지심체요절」을 찍기에 이른다. 조선에서는 1436년에 납으로 만든 鉛활자를, 1592년에는 鐵활자를 만들어낸다. 이렇게 조선왕조 500년간 제작된 활자가 금속활자 40여 종, 목활자

20여 종. 동서양을 막론하고 유례가 없는 일이다.

그렇다면 조선은 왜 활자, 특히 금속활자에 그처럼 매달렸던 것일까. 요즘 식으로 하자면 조선의 출판 환경은 다품종 소량 생산이었을 것으로 짐작된다. 문인 사회였던 조선은 선비를 포함한 지식 엘리트의 지적 토양이 탄탄했다. 따라서 책에 대한 수요가 다양했는데, 정작 독서 인구는 양반 계층으로 한정돼 있었다. 筆寫하기에는 많고 목판으로 찍어내기에는 적은 수요. 조선의 환경에 가장 적합한 것이 바로 활자인쇄였다.

그렇다면 왜 금속활자인가. 목활자 대신 금속활자가 발달한 것은 수명의 차이 때문으로 보인다. 목활자는 워낙 쉽게 마모되어 분량이 많은 책을 찍을 경우 처음과 끝의 문자 모양이 달라진다. 중국과 달리 조선에서 활자 제조의 자유를 인정한 것도 큰 차이였다.

하지만 과연 그것이 이유의 전부일까. 아직 한반도가 금속활자의 발명국이 된 이유는 명확히 해명되지 않았다. 고려에서 발명돼 조선에서 꽃을 활짝 피운 금속활자. 이 안에 숨은 당대의 지식 풍경을 읽어내는 것이 우리 앞에 놓인 숙제다. (국민일보 제4728호, 2004. 5. 11. 화. 16면)

부록 6. 한·중·일 典籍 교류*

베이징 도서관에서 조선 시대 책자인 「洪武正韻」을 조사하던 중 '養安院'이라는 장서인에 놀란 적이 있다. '양안원'은 도요토미 히데요시로부터 조선의 약탈 전적을 하사받은 일본인 신하 曲直瀨正琳의 장서인. 1476년 조선에서 간행된 목판본인 「홍무정운」은 임진왜란 중 일본으로 건너갔다가 어떤 경로를 거쳐 베이징에까지 흘러 들어간 것이다. 「홍무정운」만이 아니라 무수히 많은 고서적들이 고향을 떠나 이웃 나라로 흘러 들어갔다. 그 많은 책들은 어떻게 한반도와 일본 열도, 중국 대륙을 넘나들게 됐을까.

◇ 중국과의 교류, 수출한 책도 많았다

중국의 책이 처음 들어온 것은 기원 전후, 즉 삼국시대 초기인 듯하다. 箕子가 고조선에 들어올 때 「詩」·「書」·「禮」·「樂」 등과 관련한 책을 갖고 온 것이 효시. 王仁 박사가 285년에 「論語」·「孝經」·「易經」 등을 일본에 전해준 기록이 「日本書紀」에 남아있는 것으로 보아 그 전에 이미 책이 전래됐음을 알 수 있다.

책은 한자의 전래, 불교의 유입 등과 밀접한 관련이 있다. 372년에는 秦에서 고구려에 불경을, 565년에는 陳의 文帝가 신라에 불교의 경론 1,700권을 보냈다. 고구려 소수림왕, 백제 침류왕, 신라 눌지왕 때도 불경 수입의 기록이 남아있다.

---

* 이 글은 국민일보, 제4784호, 2004. 6. 29. 화. 18면에 "한국 문헌사의 쟁점" 제9편으로 게재되었다.

우리나라와 중국의 교류가 한 방향이었던 것은 아니다. 우리의 전적도 다수 중국으로 역수출됐다. 고구려가 628년 「封域圖」를 唐에 보낸 것이 책 수출의 시작. 신라는 810년에 불경을 唐에 보냈고, 고려는 959년에 중국에서 이미 유실된 「別序孝經」 등을 後周에 보냈다. 961년에는 「天殆四教儀」가 吳越 왕조에, 「대장경」은 4차에 걸쳐서 北宋에 역수출됐다. 잇따르는 내전으로 귀중한 책들이 인멸된 중국은 北宋 때인 1091년에 128종의 求書 목록을 고려에 보내 전적 구입에 나서기도 했다.

그렇게 오간 책들은 규장각에 있는 중국 고서 6,600여 종, 국립중앙도서관의 2,000종 속에 남아있다. 베이징대학 도서관 역시 한국의 고전적 300여 종을, 臺灣은 457종을 보관하고 있다. 우리와 중국의 전적 교류는 대체로 우호적이었지만 北宋 때의 시인 蘇軾(蘇東坡, 1036~1101)이 고려에 하사한 서적이 거란에 유입된다는 이유로 책 유출을 금지하라는 상소를 3번이나 올리는 등 긴장이 고조된 때도 있었다.

◇ 일본과의 교류, 일방적인 지원 혹은 약탈

일본과의 교류는 일방적이었다. 왕인 박사 이래 513년에는 오경박사가 경전을, 551년에는 불경을 전파했다. 특히 불경의 교류가 활발했는데 1105년 2종, 1267년 2종, 1388년 1종, 1392년 1종 등이 일본에 전해졌다. 조선 시대에는 일본에 사절을 79회나 파견했고, 「팔만대장경」만도 1398~1501년 사이에 18회나 전파됐다. 조선에서 건너간 책은 일본에서 유학, 주자학 등을 일으켰고 서점의 발달에도 큰 영향을 미쳤다.

하지만 임진왜란 이후 이런 우호적인 분위기는 무너졌다. 조선에 출병한 일본인 장수와 종군 승려들은 조선의 전적을 무수히 약탈해 갔고, 때로 일본군은 포로들을 동원해 책을 필사하기도 했다. 임진왜란 당시 조선에 출병한 일본의 장수는 36명. 이들의 행적을 추적하면 약탈 문서의 소재지 파악이 가능한데 도요토미 히데요시, 도쿠가와 이에야스 등을 거쳐 蓬左文庫, 天理大, 國會도서관, 彰考館文庫, 書陵部, 內閣文庫 등으로 흘러 들어갔다. 결국, 숙종 38년인 1712년 「징비록」 「간양록」 「여지승람」 등 국가 기밀과 관련 있는 전적의 일본 수출이 금지되기에 이른다. 일제 강점기 국가적 차원에서 이뤄진 전적 수탈은 아직 그 규모조차 제대로 파악되지 않았다.

이렇게 유출된 책 가운데는 국내에 없는 희귀본이 많다. 東洋文庫가 소장한 고려본 「金剛般若波羅蜜多經」, 慶應大의 고려권자본 「大方廣佛華嚴經離世問品之二」, 국회도서관의 계미자본 「纂圖互註周禮」 등이다.

더구나 이들 고서는 임진왜란 이전의 판본이 많아 사료적 가치가 크다. 특히 한국에는 아예 없거나 있어도 落帙뿐인 판본이 일본에는 완전한 형태로 남아있어 그 가치는 더욱 크다. 현재 일본의 15개 도서관에는 한국에 없는 完帙이 104종이나 소장돼있다.

반면 일본에서 수입된 전적은 많지 않다. 근대 서구 문화가 유입되기 전까지 일본의 출판문화가 후진적이었기 때문이다. 1600년 「風土記」와 1811년 「李退溪書抄」 정도. 일본이 봉건 사회에서 明治의 자본주의 개혁기로 들어서는 19세기 후반이 되면 수입이 비교적 활발해지는데 1880년 수신사 김홍집이 가져온 외교서 「私擬朝鮮策略」 등이 대표적이다.

1966년 한일회담이 조인되면서 일본 정부는 165종 852책을 반환했다. 분량도 만족스럽지 못할뿐더러 귀중본은 모두 제외돼 자료적 가치는 거의 없다. 일방적으로 주거나 빼앗기기만 하고 받아온 것은 미미한 게 한・일 전적 교류의 현실이다. 역사적으로 정상적인 교류에 의한 하사와 헌납은 인정해야 한다. 하지만 약탈과 수탈에 의한 것이라면 반드시 찾아와야 하지 않겠는가. (국민일보 제4770호, 2004. 6. 29. 화. 18면)

부록 7. 미수록 중국활자본 목록

1. 설명

여기에 수록한 목록은 저자가 중국 활자인쇄 기술사를 연구하기 위하여 각종 자료를 검색하던 중, 활자본인 점은 확인하였지만, 간행 주체・간행 시기・간행 장소・활자 재료・기타 등을 추적할 수 없어서 향후 숙제로 남겨둔 것들이다. 이들은 대부분이 간접 자료나 단편적인 기록을 통하여 입수한 것들이므로 구체적인 사항을 추적하다 보면 활자본이 아닐 수도 있다. 심지어는 서명까지도 부정확할 수 있다. 저자 자신을 채찍질하는 의미도 있고, 후학의 분발을 기대하는 의미도 있다.

배열은 서명 순으로 한다.

서명 이외에 입수한 관련 사항들은 불완전하지만, 향후 추적에 혹시 도움이 될 수 있을지 알 수 없으므로 단순 나열한다.

지극히 미약한 단서이지만, 이를 근거로 추적하면 1건이라도 더 보완할 수 있을 것으로 기대한다.

2. 목록

2.1 출처

1. 張秀民. "中國活字印刷簡史". 上海新四軍歷史研究會印刷印鈔分會 편.「活字印刷源流」. 北京: 印刷工業出版社, 1990. 6-65.

2. 羅偉國. “華氏與銅活字”. 上海新四軍歷史研究會印刷印鈔分會 편. 「活字印刷源流」. 北京: 印刷工業出版社, 1990. 159-161.
3. 鄒毅. 「證驗千年活版印刷術」. 北京: 社會科學文獻出版社, 2010.
4. 張秀民 저. 韓琦 增訂. 「中國印刷史」. 浙江: 浙江古籍出版社, 2006.
5. 기타

2.2 활자본 서명 목록

(「서명」: 출처 일련번호-쪽수-행수, 관련 단서)

「南唐書」: 1-49-아래 5, 嘉慶本, 鉉 말획 생략으로 피휘, 1-50-9: 丘는 제4 세로획 생략.

「南齊書」: 1-45-아래 3, 淸 嘯園 沈 씨 刊, 扁體 해서체.

「唐荊川先生纂輯武編」: 3-79-14, 北京 國家圖書館 소장.

「大淸一統志」: 1-45-아래 4, 道光, 常州 印, 方體 長形.

「讀史四集」: 1-49-아래 4, 楊 씨, 禎 弘 말획 피휘, 1-50-6: 乾隆본.

「東萊博議」: 3-95-13.

「同人集」: 1-46-10, 전체 小字 사용(圖錄X-서영 1).

「同治靖安縣志」: 1-47-아래 2, 擡頭法 사용 결과 상변 광곽이 곧지 않고 위로 올라가 있다.

「六美圖」: 1-46-4, 同治 庚午 1870년 인본, 약자 많이 사용, 1-47-1: “閱” 뒤집어 조판.

「琳琅秘室叢書」: 1-49-아래 3, 乾隆 이름 弘曆의 泓・顒 말획 생략으로 피휘.

「孟子編略」: 1-51-4, 安慶用坊間聚珍小字擺印本, 袖珍小本.

「名帖紀聞」: 1-46-9, 嘉慶 壬申 1812 上元 朱照廉 小云谷, 반엽 11

행 24자.

「補農書」: 1-50-1, 寧의 말획 생략하여 피휘.

「芙蓉山館全集」: 1-55-2, 光緖간, 無錫 匡寶才 集字排印.

「四本堂詩集」: 1-52-9, 乾隆간 排印, 蔡文溥의 四本堂詩集文集 1책.

「常昭合志稿」: 1-50-3, 光緖본, 恬의 말획 생략하여 피휘.

「所知錄」: 1-49-아래 8, 4-618-14, 胤을 允으로 피휘.

「水蜜桃譜」: 1-50-2, 光緖본, 貯의 말획 생략하여 피휘.

「遂安縣志」: 1-49-아래 5, 光緖 인본, 崇禎을 崇正으로 피휘.

「崇正叢書(崇禎叢書)」: 1-49-아래 8, 4-618-15, 道光본, 崇禎을 崇正으로 피휘.

「亦園子版書」: 1-46-10, 龍씨 敷文閣, 주석은 소자 비교적 작다. "제 VII장 8.1" 참조.

「鹽鐵論: 2-159-아래 1, 華 씨라고만 칭한 자.

「吳都文粹」: 1-49-아래 5, 胤 말획 생략 피휘, 1-50-9: 丘는 제4 세로획 생략으로 피휘.

「溫陵詩紀」: 1-50-2, 光緖본, 淳의 말획 생략, 또는 "氵亠口日"로 피휘.

「庸菴集」: 1-49-아래 8, 玄 피휘로 元을 사용, 弘은 宏으로 피휘.

「有竹石齋經口說」: 3-79-12, 天津圖書館 소장.

「重鐫蘇紫溪先生易經兒說」: 3-79-12, 天津圖書館 소장.

「晉史雜詠」: 1-45-아래 2, 侯官 丁 씨 排, 扁體 해서체.

「天下郡國利病書」: 1-52-14~16, 山東 陝西 각, 排印.

「秋崖小稿」: 1-46-3, 해서체.

「太上三元賜福赦罪解厄消災延生保命妙經」: 3-102-12, 쐬기 흔적.

「投壺譜」: (圖錄X-서영 2).

「黃埠徐氏宗譜」: 1-51-7, 江西 餘干.

〈색인〉

조형진(曺炯鎭 · Cho, Hyung-Jin)

중앙대학교, 문학학사
中華民國 國立臺灣大學, 문학석사
中華民國 中國文化大學, 문학박사 수학
중앙대학교, 문학박사

미국 University of Washington, Visiting Scholar
日本 帝京大學, 客員研究員
강남대학교, 교수(정년)

저서

中韓兩國古活字印刷技術之比較研究
「直指」 復原 研究
「慵齋叢話」 "活字"條 實驗 研究

中國活字印刷技術史(下)
History of Typography in China (Volume 2)

초판인쇄 2023년 9월 15일
초판발행 2023년 9월 15일

지은이 조형진
펴낸이 채종준
펴낸곳 한국학술정보㈜
주 소 경기도 파주시 회동길 230(문발동)
전 화 031) 908-3181(대표)
팩 스 031) 908-3189
홈페이지 http://ebook.kstudy.com
E-mail 출판사업부 publish@kstudy.com
등 록 제일산-115호(2000. 6. 19)

ISBN 979-11-6983-659-3 93010